Rüdiger Heim, Andrea Goldenbaum

Bewegungsbildung in Kindertageseinrichtungen

W0287760

Prof. Dr. Rüdiger Heim ist Professor für Sport und Erziehung an der Ruprecht-Karls-Universität Heidelberg und dort Direktor des Instituts für Sport und Sportwissenschaft. Zu seinen Arbeitsschwerpunkten gehören neben der empirischen Jugend- und Schulsportforschung insbesondere Fragen von Bewegung, Spiel und Sport in der Kindheit.

Andrea Goldenbaum ist Sportwissenschaftlerin, Linguistin und Literaturwissenschaftlerin und arbeitet als wissenschaftliche Mitarbeiterin am Fachbereich Erziehungswissenschaft und Psychologie der Freien Universität Berlin. Zu ihren Schwerpunkten gehören neben der empirischen Schulforschung insbesondere Fragen von Bewegung, Spiel und Sport in der Kindheit.

Frühe Kindheit | Bewegung, Körpererfahrung & Gesundheit

Rüdiger Heim, Andrea Goldenbaum

Bewegungsbildung

in Kindertageseinrichtungen

Cornelsen
SCRIPTOR

Ihre Wünsche, Kritiken und Fragen richten Sie bitte an:
Marketing, 14328 Berlin, Cornelsen Service Center,
Servicetelefon 030 / 89 785 89 29

ISBN 978-3-589-24613-7

Alle Rechte vorbehalten

© 2009 Cornelsen Verlag Scriptor GmbH & Co. KG, Berlin · Düsseldorf · Mannheim
1. Auflage 2009

09 10 11 12 13 5 4 3 2 1

Das Werk und seine Teile sind urheberrechtlich geschützt. Jede Nutzung in anderen als den gesetzlich zugelassenen Fällen bedarf der vorherigen schriftlichen Einwilligung des Verlages. Hinweis zu § 52 a UrhG: Weder das Werk noch seine Teile dürfen ohne eine solche Einwilligung eingescannt und in ein Netzwerk eingestellt werden. Dies gilt auch für Intranets von Schulen und sonstigen Bildungseinrichtungen.

Lektorat: Sigrid Weber, Freiburg
Herstellung: Renate Hausdorf, München
Layout: Claudia Adam Graphik-Design, Darmstadt
Satz: Markus Schmitz, Büro für typographische Dienstleistungen, Altenberge
Druck und Bindung: fgb, Freiburger Graphische Betriebe, Freiburg
Umschlaggestaltung: Claudia Adam Graphik-Design, Darmstadt
Titelfotografie: Anja Doehring, Lübeck
Fotos: Gerhard Schmitt, Wilhelmsfeld

Printed in Germany

Weitere Informationen finden Sie im Internet unter
www.cornelsen.de

Inhalt

Vorwort

Zu den Kindertageseinrichtungen gehören sowohl der klassische Kindergarten als auch mittlerweile Krippen und Horte. Sie alle dienen nicht nur der Betreuung und Erziehung, sondern auch der Bildung der Kinder. Als erste Stufe im Bildungssystem haben sie einen Bildungsauftrag, der von den Erzieherinnen und Leiterinnen in der täglichen Arbeit zu erfüllen ist. Um die kindlichen Bildungsprozesse zu unterstützen und zu fördern, wurden in allen Bundesländern Rahmenprogramme oder -pläne entwickelt, die den Kindertagesstätten für die pädagogische Arbeit Orientierung bieten. In diesen Programmen werden die zentralen Bildungsbereiche ausgewiesen, zu denen auch der Bildungsbereich Bewegung, Körper und Gesundheit gehört. Die dort niedergelegten Empfehlungen geben allerdings nur erste und recht grobe Hinweise für die Bewegungsbildung von Kindern.

Mit dem vorliegenden Buch wird diese Lücke geschlossen. Es bietet Erzieherinnen ein gleichermaßen systematisches wie praxisnahes Konzept, mit dem kindliche Bildungsprozesse im Hinblick auf Bewegung, Körper und Gesundheit entwickelt, unterstützt und gefördert werden können. Darüber hinaus enthält es vielfältige praktische Anregungen sowohl für das zentrale Feld körperlicher und sinnlicher Erfahrungen als auch für die Gesundheitsförderung. Die praktischen Vorschläge eignen sich insbesondere für drei- bis sechsjährige Kinder, lassen sich aber ohne großen Aufwand auch für jüngere oder ältere Kinder nutzbar machen; ebenso bereichern die pädagogischen Grundlagen und konzeptionellen Überlegungen nicht nur die Arbeit im Kindergarten, sondern auch in der Krippe und im Hort.

Unser Konzept ist weder als direkte Anleitung zum Handeln noch als Plan zu verstehen, der abgearbeitet werden muss. Vielmehr unterstützt es die Fachkräfte bei der Konzeption, Planung und Auswertung ihrer Arbeit und eröffnet vielgestaltige Handlungsmöglichkeiten in der Bewegungsbildung. Wir haben Erkenntnisse aus Theorie und Praxis verarbeitet, die zum einen Informationen und Hinweise liefern, zum anderen zur bewussten Auseinandersetzung mit den eigenen Einstellungen und Orientierungen anregen. Insofern liefert das Konzept Denkanstöße zur Entwicklung, Begründung und Absicherung der eigenen Arbeit sowie Antworten auf die Frage, wie Bildungsprozesse von Kindern im Hinblick auf Körper, Bewegung und Gesundheit pädagogisch wünschenswert unterstützt und gefördert werden können.

Unser Ansatz wurde nicht am „grünen Tisch“ entworfen, sondern in einem Projekt gemeinsam mit erfahrenen Erzieherinnen entwickelt und schrittweise verbessert: Mehr als ein Jahr lang erprobten Erzieherinnen und Kinder in sechs Kindertageseinrichtungen unsere Vorschläge und wurden dabei von uns konti-

nuierlich wissenschaftlich begleitet. Auf diese Weise flossen sowohl in der Praxis gesammelte Erfahrungen als auch die Anregungen, Vorschläge und Wünsche der Erzieherinnen in das Konzept ein. Zugleich konnte in einer wissenschaftlichen Studie die Wirksamkeit der Konzeption nachgewiesen werden: Sie unterstützt und fördert die Fähigkeiten von Mädchen und Jungen gleichermaßen, ist für Jüngere ebenso geeignet wie für Ältere, und durchschnittlich entwickelte Kinder profitieren genauso wie Kinder mit einer verzögerten oder beschleunigten Entwicklung.

Ein systematisches Konzept der Bewegungsbildung im Kindesalter erfordert zunächst die Klärung der Grundlagen. Dies leistet das anschließende Kapitel: Es widmet sich unserem Bildungsverständnis (→ Kap. 1.1), um im Anschluss (→ Kap. 1.2) die Bildungspotenziale von Bewegung, Spiel und Sport zu erläutern. Dabei wird der Blick auf die besonderen Chancen von Körper- und Bewegungserfahrungen für kindliche Bildungsprozesse gerichtet. Kapitel 1.3 leitet daraus Schlussfolgerungen für die Gestaltung der sozialen und institutionellen Umwelt im Hinblick auf die Bewegungsbildung ab.

Den Aufbau und die Elemente unseres Konzepts erläutert ausführlich das zweite Kapitel. Nach einem einführenden Überblick (→ Kap. 2.1) werden grundlegende Orientierungen für die kindliche Bewegungsbildung (→ Kap. 2.2) dargestellt. Hier findet die Leserin hilfreiche Informationen aus allgemeinpädagogischer, sportpädagogischer und schließlich methodischer Perspektive. Ergänzt werden diese Überlegungen durch eine knappe Darstellung der Sinnperspektiven von Bewegung und Sport (→ Kap. 2.3), die ihre praktische Bedeutung allerdings erst mit den auszuwählenden Inhalten entfalten, die wir als Bildungsthemen be-

So geht's

zeichnen. Der Zusammenhang zwischen Sinnperspektiven und Bildungsthemen wird durch sogenannte Bildungsschwerpunkte hergestellt, die den Erzieherinnen die zentralen (Ziel-)Orientierungen liefern (→ Kap. 2.4). Im dritten Kapitel stellen wir schließlich eine offene Praxissammlung in Form von 200 Bildungssituationen vor, die mehr oder weniger unmittelbar für die alltägliche Arbeit genutzt werden können.

Die einzelnen Abschnitte des Buches sind so geschrieben, dass sie in sich abgeschlossen und verständlich sind. Somit sollte es auch bei knapper Zeit möglich sein, das Konzept nach und nach zu lesen, zu erproben, zu reflektieren und sich darüber auszutauschen. Eine solche schrittweise Lektüre wünschen wir uns natürlich, weil sie unserem Anliegen folgt, sowohl ein systematisches Konzept als auch praktische Anregungen zu bieten. Die vorwiegend theoretisch interessierte Leserin kann sich allerdings auf die Kapitel eins und zwei beschränken. Für die in erster Linie praktisch interessierte Lektüre ist ein erster Zugang über das

Kapitel drei möglich, der hoffentlich auch das Interesse für die anderen Abschnitte weckt.

Wir haben uns redlich bemüht, auch komplizierte Gedankengänge so anschaulich wie möglich darzustellen. Daher verzichten wir um der besseren Lesbarkeit willen, wo immer es geht und verantwortbar ist, auf Anmerkungen und akribische Hinweise auf wissenschaftliche Quellen. Da auch wir das Rad allerdings nicht ganz neu erfunden haben, fließen Gedanken anderer Pädagogen an verschiedenen Stellen ein, ohne dass wir das immer im Detail kennzeichnen. Die entsprechenden Kolleginnen und Kollegen mögen uns dies im Interesse unserer Leserinnen verzeihen.

Allein hätten wir die Grundlagen für dieses Buch nicht erarbeiten können. Daher bedanken wir uns ganz herzlich bei allen Erzieherinnen und Leiterinnen der beteiligten Einrichtungen, die nicht nur mit ihrer Erfahrung und Kompetenz zum Gelingen beigetragen haben, sondern auch mit ihrer Geduld und ihrem Engagement bei den vielen Befragungen und Interviews. Unser besonderer Dank gilt auch den Kolleginnen und studentischen Mitarbeitern der sportwissenschaftlichen Institute in Magdeburg und Heidelberg, die wichtige Anregungen und Unterstützung gaben: Ulrike Burrmann, Miriam Kehne, Christine Stucke und nicht zuletzt Anja Barfuß sowie Sandra Dewald, Melanie Knecht und Raik Steingasser. Ohne Klara Schönecker-Heim und Gerhard Schmitt hätte dieses Buch auf fotografische Illustrationen verzichten müssen – auch dafür herzlichen Dank! Zudem haben wir uns bei unserer Lektorin Sigrid Weber zu bedanken, deren freundliche und umsichtige Arbeit die Lesbarkeit des Buches noch einmal entscheidend zu verbessern half. Unser ganz besonderer Dank gilt schließlich all den Kindern, die am Projekt teilnahmen, motorische und andere Tests bereitwillig absolvierten und unsere Bewegungsideen ausprobierten (und daran offensichtlich viel Freude hatten)!

Rüdiger Heim
Andrea Goldenbaum

Heidelberg und Berlin im November 2008

1 Grundlagen der Bewegungsbildung von Kindern

In diesem Kapitel finden sich die theoretischen Grundlagen unseres Konzepts. Sie bedürfen vielleicht in manchen Passagen eines zweiten Lesens, sind aber für die systematische Entwicklung unserer Konzeption von Bewegungsbildung unerlässlich. Zunächst erläutern wir unser Bildungsverständnis und entwickeln daraus die bildenden Möglichkeiten und Chancen von Bewegung, Spiel und Sport. Darauf basierend stellen wir dann Konsequenzen und Anregungen für die konzeptionelle Gestaltung von Kindertageseinrichtungen vor. Hierzu wenden wir uns zunächst der sozialen Umwelt, also den Beziehungen zwischen Kindern und Erzieherinnen zu. Hinweise zur Gestaltung der institutionellen Umwelt – damit meinen wir Zeiten, Räume und Materialien – schließen dieses Kapitel ab.

In den letzten Jahren ist immer deutlicher geworden, dass die herkömmliche Vorstellung, wie Kinder aufwachsen, zunehmend brüchig geworden ist und der modernen Wirklichkeit nicht mehr gerecht wird. Versorgung, Betreuung und Erziehung können offensichtlich nicht mehr allein in der Familie gewährleistet werden. Und auch die hierauf aufbauende Schule kommt ihrem Bildungsauftrag nur unzureichend nach, wie wir aus den internationalen Schulleistungsuntersuchungen wissen. Neue Formen des Zusammenlebens wie Patchwork-Familien, gewandelte Erziehungsvorstellungen und gewachsene berufliche Anforderungen an die Eltern stellen das Gelingen von Betreuung, Erziehung und Bildung immer mehr in Frage. Demgegenüber hält sich hartnäckig die irrige Vorstellung, Betreuung, Erziehung und Bildung von Kindern seien in einer aufsteigenden zeitlichen Abfolge an sorgsam voneinander getrennten Orten zu organisieren: *Betreuung* und Pflege seien besondere Aufgabe und Herausforderung in der frühkindlichen Phase und fielen der Familie zu. Bei *Erziehung* handle es sich um die Einübung von Regeln und Verhaltensweisen insbesondere im Vorschulalter, die in Familien oder Kindergärten stattfände. *Bildung* dagegen gehöre in die Schule und könne erst ab einem entsprechenden Alter vermittelt werden.

Das in diesem Buch zugrunde gelegte Verständnis nimmt die Veränderungen des Aufwachsens auf und betont den inneren Zusammenhang zwischen Bildung, Betreuung und Erziehung. Der Bildung kommt dabei nach unserer Auffassung die herausragende Rolle zu. Bildungsprozesse spielen sich nämlich nicht nur in dafür vorgesehenen Räumen und Organisationen ab oder zu bestimmten Zeiten, Lebensabschnitten oder im Zusammenhang eigens entwickelter Methoden und Verfahren. Sie unterliegen auch keinen zeitlichen, sozialen und räumlichen Begrenzungen, sondern sind in die Gesamtheit der Lebenszusammenhänge der Kinder eingebunden.

1.1 Grundlegendes Bildungsverständnis

Herausragende Bedeutung für die Bildung im gesamten Lebenslauf kommt der Kindheit und daher auch den Kindertageseinrichtungen zu. Neben der Familie legen sie die Grundlagen für spätere Bildungsprozesse, stellen wichtige Weichen für die Zukunft, für Erfolge wie Misserfolge im weiteren Bildungsgang. Denn es gibt wohl keinen Lebensabschnitt, in dem sich der einzelne Mensch so rasch, so vielfältig und so umfassend entwickelt wie im Kindesalter.

Bildung muss man sich dabei in zweifacher Hinsicht vorstellen: sowohl in Bezug auf den einzelnen Menschen als auch auf die Gesellschaft, in der er lebt. Bildung meint daher einerseits einen Prozess, in dessen Verlauf alle Kräfte und Fähigkeiten des Kindes mit dem Ziel angeregt werden, sich selbsttätig die Welt anzueignen und eine eigene Persönlichkeit zu entfalten. Es geht also darum, allen Menschen die gleiche Chance zu geben, eine selbstständig handlungsfähige Person zu werden.

Eigene Lösungen finden

Andererseits dient Bildung der Bewahrung und Entwicklung der Gesellschaft, indem das notwendige Wissen und Können sowie bedeutsame Werte vermittelt werden. Denn Bildung ist die zentrale Grundlage der Überlieferung und Weiterentwicklung unseres kulturellen Erbes, der Herstellung und Gewährleistung der gesellschaftlichen Ordnung und des Zusammenspiels der Generationen. Diese gesellschaftliche Aufgabe von Bildung kann allerdings – und das ist in Deutschland seit mehr als zwei Jahrhunderten der besondere Kerngedanke – allein auf dem Wege der Bildung des einzelnen Menschen erreicht werden: Seit Wilhelm von Humboldt meint Bildung die individuelle Höherentwicklung des Menschen, die nach der eigenen Vervollkommnung strebt und damit zugleich einen Beitrag zur Verbesserung der Gesellschaft und ihrer Verhältnisse leistet. Hiermit ist zum einen die Erwartung verknüpft, dass jeder Mensch fähig werde, sich kompetent in Kultur und Gesellschaft einzubringen. Zum anderen erhofft man sich, dass individuelle Bildung zur Kultivierung und Zivilisierung der Gesellschaft beitrage. Mit Bildung sind daher immer auch (bewertende) Vorstellungen von der Gesellschaft und ihren Wandlungen wie auch Vorstellungen vom Menschen und seiner individuellen Entwicklung verbunden.

Zudem betont dieses an Humboldt anschließende Verständnis die Entwicklung einer Person in einem weit umfassenden Sinne: Alle Kräfte des Menschen sollen in einem ausgewogenen Verhältnis zueinander gebildet werden. Jede Einseitigkeit soll vermieden und eine „proportionierliche Bildung der Kräfte zu einem Ganzen“ angestrebt werden. Es geht also darum, nicht nur ausgewählte Bereiche der kindlichen Anlagen und Kräfte – etwa die geistigen oder intellektuellen – anzuregen, sondern alle Potenziale, d. h. zugleich die sinnlichen, emotionalen, ästhetischen, sozialen, moralischen und eben auch die körperlichen zu erschließen. Daher sind Bewegung, Spiel und Sport zum Ziel- und Gegenstandsbereich von Bildungsprozessen zu zählen.

Bewegungsbildung in Kindertagesstätten darf im Hinblick auf die gesellschaftliche Seite die vielfältigen Formen von Bewegung, Spiel und Sport nicht aus dem Blick verlieren. Sicherlich geht es in dieser Altersphase nicht darum, den Kindern bestimmte Sportarten wie Fußball oder Gerätturnen und die damit verbundenen Techniken und Fähigkeiten zu vermitteln. Sportarten und ihre Elemente stehen aber am zeitlichen Horizont des Bildungsprozesses.

Bildung im Kindesalter muss also die Teilhabe an der Kinderkultur ermöglichen und gleichzeitig die zukünftige Teilhabe am Leben der Jugendlichen und Erwachsenen berücksichtigen. Denn Bewegungs- und Sportaktivitäten nehmen nicht nur unter Kindern und Jugendlichen den dominanten Anteil der Freizeit ein, sondern gehören zu einem wünschenswerten, aktiven und gesunden Lebensstil auch im Erwachsenenalter. Deshalb muss Bildung im Kindesalter beides leisten: Gegenwarts- und Zukunftsorientierung. Eine gegenwartsorientierte Bewegungsbildung findet ihren Niederschlag in dem Bemühen, die Kinder mit ihrem Körper und seiner Entwicklung, mit altersgerechten Fragen ihrer Gesundheit vertraut zu machen sowie die Fähigkeiten und Fertigkeiten für eine aktive Teilnahme an den Aktivitäten der Kindergemeinschaft (etwa Bewegungsspiele) zu fördern. Zukunftsorientierung verweist zum einen auf Körper- und Gesundheitsthemen, die im Jugend- und Erwachsenenalter Bedeutung erlangen werden. Zum anderen legt sie nahe, die Kinder so zu fördern, dass sie später am Sport der Jugendlichen und Erwachsenen individuell befriedigend teilnehmen können. In diesem Sinne leistet auch die Bewegungsbildung im Kindesalter einen Beitrag zur Weitergabe des kulturellen Erbes.

Eine Verknüpfung von Gegenwarts- und Zukunftsorientierung bietet unser Konzept, indem es sich in Gestalt der Bildungsthemen eben nicht an Sportarten, sondern an kindgerechten Bewegungsfeldern orientiert, die aber gleichwohl auf den Sport der älteren Kinder und Jugendlichen verweisen. Gleichfalls bieten die an späterer Stelle vorgestellten Sinnperspektiven und das Prinzip der Mehrperspektivität vielfältige Möglichkeiten, Gegenwarts- und Zukunftsorientierung praktisch zu verbinden.

Die gesellschaftliche Aufgabe der Bewegungsbildung geht aber über die Weitergabe der Sportkultur hinaus. Denn verschiedene wissenschaftliche Studien weisen darauf hin, dass es um die motorischen Fähigkeiten unserer Kinder mittlerweile nicht so gut bestellt ist, wie wir uns das wünschen. Zudem verdichten sich die Hinweise auf eine besorgniserregende Zunahme von Gewichtsproblemen unter Heranwachsenden. Steht dabei im Kindesalter noch das Übergewicht im Mittelpunkt, gesellen sich im Jugendalter auch unterschiedliche Formen von Essstörungen in Richtung magersüchtigen Verhaltens hinzu. Es ist bislang noch nicht ausreichend darauf hingewiesen worden, dass bereits etwa 20 % der elfjährigen Mädchen und Jungen (!) Symptome einer Essstörung zeigen (Hölling & Schlack 2007). Im späten Kindesalter oder zu Beginn der Jugendphase finden sich also nahezu genauso viele Heranwachsende mit Auffälligkeiten im Essverhalten wie übergewichtige und adipöse Kinder. Vor dieser Problemlage darf eine richtig verstandene Bewegungsbildung im Kindesalter nicht die Augen verschließen. Daher geht es in unserem Konzept auch darum, bereits im Kindergartenalter den Umgang mit dem eigenen Körper zu einem wichtigen Bestandteil von Bildungsprozessen zu machen. Schon in dieser Altersphase können Körper- und Schönheitsideale, Bewegungs-, Ernährungs- und Gesundheitspraktiken in kindgerechter Form angesprochen werden. Bewegungsbildung kann allerdings auch in diesem Sinne – und damit ist auf die individuelle Seite ver-

Ernährung nicht vergessen

wiesen – nur auf dem Wege der Entwicklungsförderung des einzelnen Kindes erfolgen.

Bildung in Bewegung, Spiel und Sport erstreckt sich also auch auf die Fähigkeiten, den eigenen Körper sensibel wahrzunehmen, die Möglichkeiten der Sinneswahrnehmungen zu erweitern, Begrenzungen der Sinneseindrücke zu erkennen und verantwortlich mit dem eigenen Körper umzugehen.

Charakteristisch für unser Konzept von Bildung ist ferner die Vorstellung von einem aktiven Prozess, in dem sich das einzelne Kind eigenständig und selbsttätig bildet. Dies ist allerdings nur in der Auseinandersetzung des Kindes mit seiner sozialen, kulturellen und natürlichen Umwelt möglich, sodass Bildung entsprechend anregende (Bildungs-)Gelegenheiten voraussetzt. Im Hinblick auf die soziale Umwelt kann Bildung vor dem Hintergrund der Selbsttätigkeit daher nur als Prozess der Ko-Konstruktion verstanden werden. Auch Kinder entwickeln und überprüfen ihre eigenen Deutungen und Vorstellungen der Welt im Austausch mit anderen und entwickeln so tragfähige Konzepte und Weltbilder. Bildung auch im Hinblick auf Bewegung, Spiel und Sport ist daher – gerade im Kindesalter – Selbst-Bildung im Rahmen gemeinschaftlicher Gestaltung und Konstruktion.

„Bei uns muss man sich den Tag so vorstellen: Die Kinder sind die Akteure und die Erzieher sind die Begleiter. Und der Begleiter wird manchmal auch Akteur, der immer weiß, wann darf ich mich in eine Situation einmischen und wann nicht." Leiterin, 40 Jahre

Bildung bezeichnet auf der Seite des Kindes den für jeden Menschen charakteristischen Prozess der Aneignung von Welt und der damit verbundenen Entwicklung der eigenen Person. Dabei handelt es sich um einen aktiven und subjektiven Prozess, bei dem das (zunächst) Fremde in Eigenes verwandelt wird. Aneignung verlangt Auswahl, Gestaltung, Deutung und Interpretation. Bildung bedeutet also, sich selbsttätig in ein Verhältnis zur Welt setzen: zu Dingen, Personen und Phänomenen. Dies betrifft nicht nur die äußere, sondern auch die innere Welt: also Deutungen und Bedeutungen, Phantasien und Vorstellungen, körperliche Kräfte und Fähigkeiten. Sich bilden heißt daher auch für jedes Kind, sich ein Bild von der Welt und ein Bild von sich selbst zu machen.

Kinder sind aktive Lerner schlechthin. Sie ordnen neue Wahrnehmungen und Erfahrungen vor dem Hintergrund bereits vorhandener Erfahrungen ein und deuten sie. Jedes Kind entwickelt so eigene Konzepte des Verstehens und der Konstruktion von Sinn. Grundsätzlich, insbesondere aber im Kindesalter, bedarf es dabei sozialer Unterstützung und Anregung, verlässlicher Beziehungen und des Austauschs mit Erwachsenen wie Altersgenossen. Dies gilt auch für Bewegung, Spiel und Sport. Dabei geht es aber nicht um Belehrung, Eingriff oder gar Zwang, sondern um Anregung. Denn die Kräfte und Fähigkeiten sollen sich entfalten (von Hentig 2004, S. 39): Sie sind schon vorhanden und können nicht produziert oder „eingepflanzt“ werden. Gleichwohl darf man sich unter Entfaltung kein bloßes Vor-sich-hin-Wuchern verstehen, sie erfordert auch im Kindesalter Form, Disziplin und Engagement.

1.2 Bildungspotenziale von Bewegung, Spiel und Sport

Die Möglichkeiten und Chancen von Bildung im Zusammenhang mit Körper, Bewegung, Spiel und Sport sind vielfältig und komplex. Mit Hilfe von Bildungsdimensionen und Bildungszielen lassen sie sich ordnen.

Da Bildung sich als Aneignung von und im Bezug zur Welt vollzieht, können zunächst verschiedene Bereiche der Weltbezüge im Sinne von Bildungsdimensionen beschrieben werden:

- Im *kulturellen* Bezug geht es um die Aneignungen der kulturellen Welt, also um den Erwerb des kulturellen Erbes, der Traditionen und Errungenschaften unserer Gesellschaft. Im Zusammenhang mit Bewegung, Spiel und Sport stehen also die überlieferten Traditionen von Bewegungs- und Sportspielen, des Tanzes, der Gymnastik, aber auch der Sportarten im Mittelpunkt.

- Im *naturwissenschaftlichen Weltbezug* werden Aneignungsprozesse zusammengefasst, die sich auf die natürlichen oder die von Menschenhand geschaffenen Dinge der materiellen Welt beziehen. Bei Bewegung, Spiel und Sport machen Kinder etwa erste und grundlegende Erfahrungen im Umgang mit der physikalischen Welt: Sie erleben zum Beispiel Gewicht und Schwerkraft, Geschwindigkeit und Beschleunigung am eigenen Leib oder beim Bewegen von Gegenständen. Sie lernen fundamentale biologische Vorgänge des Körpers wie Atmung, Herzschlag oder Schwitzen, Belastung und Ermüdung kennen.
- Im *sozialen Weltbezug* werden Aneignungen beschrieben, die im Zusammenhang mit der sozialen Ordnung der Gesellschaft, insbesondere den Regeln des sozialen Umgangs, der zwischenmenschlichen Beziehungen und der Gestaltung des Gemeinwesens stehen. Sie spielen auch in unserem Zusammenhang eine wichtige Rolle, weil Spiel und Sport zumeist nur dann gelingen, wenn die Kinder die Regeln der Kooperation und der Konkurrenz einhalten.
- Im *humanen Weltbezug* stehen die Bezüge zur subjektiven Welt im Mittelpunkt, die auf die eigene Person gerichtet sind. Angesprochen sind also sowohl Aneignungen der Innenwelt des Kindes, insbesondere seiner Gefühle, Gedanken und Phantasien, als auch solche des eigenen Körpers, vor allem seiner Wahrnehmungen, Empfindungen und Ausdrucksmöglichkeiten, aber auch seiner Kräfte, Fähigkeiten und Beschränkungen.

Die Aneignungsprozesse in diesen vier Bildungsdimensionen werden dem Kind allerdings erst dann zugänglich, wenn es entsprechende Kompetenzen in altersgerechter Form entwickelt, die damit korrespondieren.

Kulturelle Kompetenzen

Das Kind bedarf kultureller Kompetenzen im Sinne sprachlich-symbolischer Fähigkeiten, das geschichtlich-kulturell angehäufte Wissen und Können zu entdecken, die Welt mittels Sprache sinnhaft zu erschließen, zu deuten, zu verstehen und sich sprachlich in ihr zu bewegen. Kulturelle Kompetenzen lassen sich vor allem im Zusammenhang mit sinnlich-gestalterischen Momenten von Bewegung und Sport (z. B. Tanz) entfalten. Angesichts der schwindenden Bedeutung körperlicher Fähigkeiten in der Berufs- und Arbeitswelt einerseits und der Aufwertung von Körperpräsentation und -praktiken andererseits gewinnen zudem

Beim Springen sich selbst und die Welt erfahren

über den Sport hinausweisende Kompetenzen an Bedeutung: Kulturelle Muster im Umgang mit dem Körper, Schönheits- und Körperideale, Bewegungs-, Ernährungs- und Gesundheitspraktiken sowie körperliche Elemente des Lebensstils bedürfen mittlerweile eines tiefer gehenden Verstehens. Besondere Bedeutung erfährt dieses Kompetenzbündel im Zusammenhang mit der Migration, weil sich kulturelle Fremdheit gerade auch an Bewegungs- und Körpermodellen entzündet. Deshalb ist es wichtig, kultur- und zum Teil religionsfundierte Körper- und Bewegungsmuster zu verstehen und sich mit ihnen auseinanderzusetzen.

Instrumentelle Kompetenzen

Das Kind benötigt instrumentelle Kompetenzen im Sinne von Fähigkeiten, die Welt der Natur und der Materie sowie die Welt der Waren, Produkte und Werkzeuge in ihren inneren Zusammenhängen zu erklären, mit ihr umzugehen und sich in der äußeren Welt der Natur und der stofflichen Dinge zu bewegen. In Bewegung, Spiel und Sport können etwa verschiedene Geschwindigkeiten und Formen der Fortbewegung (Gehen, Laufen, Hüpfen usw.), Probleme des Gleichgewichts und der Handhabung von Bewegungs-, Spiel- und Sportgeräten gelernt, aber auch im Hinblick auf elementare physikalische Vorgänge erfahren und verstanden werden. Zudem lassen sich biologische Mechanismen des menschlichen Körpers, wie die Veränderung der Atmung, des Herzschlags oder des Schwitzens, bei körperlicher Belastung erleben und begreifen.

Soziale Kompetenzen

Das Kind braucht soziale Kompetenzen im Sinne kommunikativer Fähigkeiten, um die soziale Umwelt wahrzunehmen, sich mit anderen handelnd auseinanderzusetzen, an der sozialen Welt teilzuhaben und an der Gestaltung des Gemeinwesens mitzuwirken. In unserem Zusammenhang können entsprechende Kompetenzen im Umgang mit Regeln, unterschiedlichen (Spiel-)Rollen, aber auch im Umgang mit Gefühlen und Unterschieden sowie der Bewältigung von Konflikten erworben werden.

Personale Kompetenzen

Das Kind muss personale Kompetenzen im Sinne von Wahrnehmungs- und gestalterischen Fähigkeiten erwerben, um eine eigene Persönlichkeit zu entwickeln, sich als eigene Person wahrzunehmen und einzubringen, mit sich und seiner Innenwelt der Gedanken und Gefühle sowie mit seiner Körperlichkeit umzugehen. Im Hinblick auf Bewegung, Spiel und Sport ist also an die motorischen Fähigkeiten und Fertigkeiten zu denken. Aber auch die Fähigkeiten der Wahrnehmung des eigenen Körpers und seiner gestalterischen Möglichkeiten, des Umgangs mit dem eigenen Körper und der Gesundheit spielen eine Rolle.

Es ist eine alte pädagogische Erkenntnis, dass kognitives Verstehen, körperliche Bewegung und Wahrnehmung zusammenhängen. Diese Einsicht wird auch durch neuere entwicklungspsychologische Forschungen bestätigt. Allerdings muss die häufig im Anschluss an die Arbeiten von Piaget vorgetragene Formel, das Greifen komme vor dem Be-Greifen, mittlerweile eingeschränkt werden. Denn bereits Säuglinge verfügen offenbar über gedankliche Konzepte und Theorien ihrer Alltagswelt. Dennoch ist es für das Kind, insbesondere im Kindergartenalter, charakteristisch, dass sich die grundlegenden sprachlichen und symbolischen Kompetenzen erst entwickeln. Daher kommt vorsprachlichen, also vor allem körper- und bewegungsbezogenen Bildungsvorgängen eine ebenso wichtige Bedeutung zu wie der sprachlichen Bildung und dem Aufbau von Symbolsystemen. Da Kinder hauptsächlich über den handelnden Umgang mit Personen, Dingen und Situationen lernen, sind gerade in den ersten Lebensjahren vielfältige Möglichkeiten zum Bewegen, Fühlen und Tasten, Riechen und Schmecken, Sehen und Hören eine entscheidende Voraussetzung für erfolgreiche Bildungsprozesse: Bildung ist demnach Erkenntnistätigkeit mit allen Sinnen.

Bewegung ist ein fundamentales Bedürfnis von Heranwachsenden, insbesondere Kindern. Sie ist nicht nur Selbstzweck, sondern drückt das elementare Verlangen aus, sich mit der Welt auseinander zu setzen, sich zu bilden. Kinder lernen daher nicht nur die Bewegungen selbst, das Sitzen, Greifen, Krabbeln, Laufen, Hüpfen und Springen, Rollen, Fangen und Werfen, Hängen, Schaukeln und Stützen, Balancieren und Klettern kennen und einschätzen, sondern damit auch gleichzeitig die Welt, sich selbst und andere.

Bewegung fordert das ganze Kind heraus

Mit anderen Worten: Kinder sind Körper- und Bewegungslerner schlechthin. Die Bewegung ist dabei nicht nur Gegenstand der kindlichen Aktivität, sondern ermöglicht ihm ein besonderes Verhältnis zu sich selbst, zu seinem Körper, zu seiner dinglichen und sozialen Umwelt. Dieser eingängige, aber gleichwohl recht abstrakte Sachverhalt lässt sich an einem Beispiel erläutern, das wir Karlheinz Scherler (1975, S. 141) verdanken: Das Kind, das im Schaukeln Bewegungserfahrungen sucht, begnügt sich ja nicht allein damit zu schaukeln. Es beginnt vielmehr, bald mit den Orten und Zeitpunkten des Abstoßens am Boden zu experimentieren, es variiert den Zeitpunkt und die Stärke der Rücklage des Oberkörpers, es verändert die Griffhöhe der Hände am Seil, es beschleunigt das Pendeln mit energischem Beinschwung, oder es verlangsamt sein Schwingen durch eine spannungslose Körperhaltung. In diesem Sinne heißt Bildung, das Prinzip des Schaukelns zu erfahren und zu erkennen. Zudem ermöglichen Bewegungen erste Schritte der Unabhängigkeit: Entscheidungen, zu gehen oder zu bleiben, Objekte zu halten oder fallen zu lassen, körperliche Nähe zu suchen oder zu vermeiden, können als elementare Formen autonomen Handelns verstanden werden. Bewegungserfahrungen eröffnen daher im Kindesalter individuelle und unersetzbare Bildungsprozesse und stellen deshalb einen ganz eigenen Wert dar. Dies ist umso bedeutsamer in einer Zeit, in der immer häufiger von einem eklatanten Bewegungsmangel und Gewichtsproblemen unter Heranwachsenden die Rede ist.

Darüber hinaus belegen neuere Forschungsergebnisse recht eindeutig, dass intensivierte Bewegungsangebote den gesamten Bildungsprozess im Kindesalter unterstützen können. National und international liegen mehr als 200 Untersuchungen zum Einfluss körperlich-sportlicher Aktivitäten auf das kognitive Lernen vor. Sie verweisen fast durchgängig auf positive Wirkungen oder Zusammenhänge, zumindest auf keine negativen. Einerseits deuten verschiedene Studien darauf hin, dass erhöhte, aber dennoch maßvolle Bewegungsaktivitäten die unmittelbar nachfolgenden Lernleistungen erhöhen: So führen körperlich-sportliche Aktivitäten – bei einer angemessenen Belastungsdosierung – generell zu Durchblutungssteigerungen in verschiedenen Gehirnregionen. Bei Grundschülern ist eine erhöhte Aufmerksamkeit und Konzentration im Unterricht zu beobachten, wenn dieser im Anschluss an eine bewegungsaktive Pause erfolgte. Andererseits bieten Bewegungsangebote die Möglichkeit, auch mittel- und langfristig die intellektuelle und Persönlichkeitsentwicklung der Kinder zu fördern. So konnte Zimmer (1981) zeigen, dass motorisch geförderte Kinder im Vorschulalter eine höhere Intelligenzleistung erzielen als Kinder ohne besondere Bewegungsförderung. Jüngere Studien berichten über positive Effekte auf das Selbstbewusstsein, die Einstellung zum Lernen und die Leistungsmotivation oder über eine generelle Verbesserung der Lernleistungen. Die Befundlage ist recht eindeutig: Bewegungsbildung vermag auch die Bereiche der kindlichen Entwicklung jenseits des Körperlichen unmittelbar und langfristig positiv zu unterstützen. Allerdings konnte bislang die Forschung noch nicht in wünschenswerter Klarheit deutlich machen, welche Bewegungsaktivitäten, in welchem Umfang, in welcher Häufigkeit und mit welcher Intensität anzubieten sind, um positive Wirkungen auf den kindlichen Bildungsprozess zu entfalten. Insgesamt finden sich in diesem Zusammenhang lediglich Hinweise, dass ein abwechslungsreiches, vielseitiges, die Neugier der Kinder aktivierendes und am entdeckenden Lernen orientiertes Bewegungsangebot günstigere Effekte zeigt als herkömmliche Sportübungen. Dem trägt das hier vorgelegte Konzept in Aufbau, Systematik und praktischen Anregungen Rechnung.

1.3 Konsequenzen für die Gestaltung von Kindertageseinrichtungen

Wie wir im vorangegangenen Abschnitt dargelegt haben, bietet Bewegung grundsätzlich vielfältige Möglichkeiten zur Anregung, Unterstützung und Förderung kindlicher Bildungsprozesse. Allerdings sind aus pädagogischer Perspektive bestimmte Voraussetzungen notwendig, damit diese Potenziale wirksam werden können. Diese betreffen zum einen die *soziale* und zum anderen die *institutionelle Umwelt*: Je nachdem, wie die Erzieherin sowohl Beziehungen und Interaktionen zwischen sich und den Kindern als auch Zeiten, Räume und Material in der Kindertageseinrichtung gestaltet, kann sie Bildungsprozesse anregen, unterstützen und fördern oder hemmen, be- und verhindern.

Im Folgenden geben wir Hinweise, wie Bildungsprozesse durch die Gestaltung der sozialen Beziehungen und institutionellen Räume angeregt und unterstützt werden können. Sie sind zum Nachdenken über die eigene Praxis, zur Diskussion zwischen den Fachkräften und zur Umsetzung in Kindertagesstätten gedacht. Dafür ist es unerlässlich, dass sich Erzieherinnen immer wieder alleine und im Team mit zwei Fragen beschäftigen, deren Antworten nach einem intensiven Austausch der pädagogischen Fachkräfte im pädagogischen Konzept der Einrichtung auf- und fortgeschrieben werden sollten:

- Wie ist mein Bild vom Kind?

„Uns ist es einfach wichtig, dass die Kinder immer selbst Erfahrungen sammeln. Das ist ganz wichtig. Ja, und dass sie auch ihr logisches Denken entwickeln. Ja, dass sie sich auch ausprobieren können und die Möglichkeit haben, sich zu entwickeln. Und das haben wir auch in unserem Konzept stehen. Ja, dass wir die Kinder so annehmen, wie sie sind."

Leiterin, 59 Jahre

- Wie ist meine Rolle als Erzieherin?

„Meine Rolle als Erzieherin sehe ich in einer begleitenden Funktion der Kinder. Meine Aufgabe ist, auf die Bedürfnisse der Kinder einzugehen und die Begabungen zu nutzen und die Kinder dadurch zu fördern."

Erzieherin, 40 Jahre

1.3.1 Die soziale Umwelt – Beziehungen und Interaktionen

Die Gestaltung der sozialen Umwelt umfasst die Beziehung und die Interaktionen, also die Handlungen und Kommunikation, zwischen Erzieherin und Kind. Wie Erzieherinnen dies umsetzen, ergibt sich aus ihren Antworten auf die oben gestellten Fragen nach dem Bild vom Kind und dem eigenen Rollenverständnis.

Aus pädagogischer Sicht sind folgende Aspekte hinsichtlich der Gestaltung der sozialen Umwelt wünschenswert:

- Das Schaffen verlässlicher Beziehungen
- Die Wahl des Dialogs als Form der Interaktion
- Die Beantwortung der Themen der Kinder
- Die Zumutung von Themen durch die Erzieherin.

Schaffen verlässlicher Beziehungen

Ohne die Schaffung verlässlicher Beziehungen ist Bildung nicht möglich. Im Austausch mit anderen (Kindern und Erwachsenen) konstruieren und überprüfen Kinder individuelle Entwürfe und Deutungen. Auf diese Weise entwickeln sie tragfähige (Selbst-)Konzepte und Weltbilder. Von daher ist die Selbst-Bildung jedes Kindes stets in soziale Bezüge eingebunden. Die Gestaltung von Beziehungen bildet somit den Kern der auf Bildung ausgerichteten Arbeit von Erzieherinnen.

Kinder entwickeln und erweitern die Strukturen, mit denen sie die Welt erfassen, selbsttätig aus ihren Erfahrungen mit anderen Menschen und mit den Dingen. Am wichtigsten dabei ist, die Bedeutung dessen zu erfahren, was sie erleben. Dies geschieht im Prozess des sozialen Austausches. Bildung in diesem Sinne ist Selbst-Bildung in und durch Beziehungen.

Vor diesem Hintergrund wird deutlich, dass die Einstellungen und Gefühle von Erwachsenen hinsichtlich bestimmter (Bildungs-)Themen das Kind beeinflussen. Wie positiv oder negativ die Themen „Bewegung“, „Körper“ und „Gesundheit“ von der Erzieherin bewertet werden und emotional besetzt sind, wirkt sich auf die Arbeit in diesem Bildungsbereich aus: Davon hängt es ab, wie die Erzieherin auf Themen der Kinder reagiert, welche Themen sie ihnen zumutet und wie sie Zeiten, Räume und Material gestaltet. Insofern ist die Reflexion – und nicht die Unterdrückung – der eigenen Einstellungen und Gefühle den (Bildungs-)Themen gegenüber unerlässlich. Das bloße Abarbeiten eines Bildungs-

Mit Freude beteiligt sein

programmms oder -konzepts ohne (emotionales) Beteiligt-Sein der Erzieherin wird fruchtlos bleiben.

Darüber hinaus sind verlässliche Beziehungen so bedeutsam, weil Beziehungskonzepte im sozialen Kontext entwickelt werden. Die Eltern-Kind-Beziehung ist hierbei grundlegend. Im Rahmen dieser ersten Bindung werden relativ stabile Wahrnehmungsmuster und Wertschätzungen ausgebildet, die Erwartungshaltungen und emotionale Bedürfnisse beeinflussen. Diese komplexen Beziehungsstrukturen bestimmen das soziale Handeln. Sie sind jedoch kein starres Gerüst, sondern können durch neue und andere Erfahrungen in Interaktionen, zum Beispiel mit Erzieherinnen, erweitert und verändert werden. Entsprechende Handlungserfahrungen lagern sich als Lernprozesse in den Beziehungs- und Selbststrukturen ein, sodass soziale Beziehungen als Lernkontexte aufzufassen sind.

Verlässliche Beziehungen bieten Sicherheit. Sie schützen und unterstützen das Kind bei seinen Bildungsbemühungen, ermöglichen das Ausprobieren, das Sammeln eigener (körperlicher) Erfahrungen und „Fehler". Die Erzieherin kann für das Kind eine entscheidende Bezugsperson sein, die sicherstellt, dass es sich auf den Weg des Entdeckens, Erkundens und Erforschens machen kann. Insofern ist die Gestaltung verlässlicher Beziehungen auch mit einer weiteren Bildungsvoraussetzung verbunden: Lernen sollte lustvoll sein und entsprechend gestaltet werden. Jedes Kind möchte aus eigenem Antrieb neue Erfahrungen machen, etwas herausfinden, etwas können. Die erfolgreiche Bewältigung einer schwierigen Aufgabe macht glücklich und führt zu Lust auf mehr und neue Herausforderungen. Ähnlich beschreibt es Elfriede Hengstenberg für den Bewegungsbereich:

„Wir alle kennen diese ursprünglichen Regungen der Kinder, die immer wieder darauf hinauslaufen, allein probieren zu wollen! Wir sollten nur noch mehr darum wissen, daß diese unermüdliche Überwindung von Widerständen aus eigener Initiative dem Kind jene Spannkraft verleiht, die wir ihm zu erhalten wünschen, und daß die Freude an der Auseinandersetzung mit Schwierigkeiten nur darauf beruht, daß es selbständig beobachten, forschen, probieren und überwinden durfte." (Hengstenberg 2002, S. 15)

Der Dialog als Form der Interaktion

Die Wahl des Dialogs als Form der Interaktion ist Voraussetzung für die selbsttätige Aneignung der Welt und die Entfaltung der Persönlichkeit. Denn „Kinder brauchen Partner, die auf ihre Welt- und Selbsterfahrungen reagieren" (Schäfer 2003, S. 35). Indem Erzieherinnen Kinder in ihrem Tun interessiert begleiten, ihre (Um-)Wege beim Erforschen der Welt ernst nehmen und sich mit ihnen darüber austauschen, was für sie bedeutungsvoll ist, unterstützen sie Selbst-Bildungsprozesse der Kinder. Voraussetzung dafür ist, dass Erwachsene wahrnehmen, beobachten und sich davon ansprechen lassen, was Kinder machen und äußern. In diesem Sinne ist Beobachtung auch eine Form des Dialogs.

Ebenso wichtig für die Anregung und Unterstützung von Selbst-Bildungsprozessen ist es, dass Erzieherinnen den Kindern ihre Sicht auf die Dinge und die Welt, ihre Meinungen, ihre Grenzen, ihre bedeutsamen Themen mitteilen und sich mit ihnen darüber austauschen. Durch diese Erfahrungen aus der Begegnung und dem Dialog mit (anderen) Menschen erweitern und differenzieren sich die Strukturen und Muster, mit denen Kinder ihre Welt erfassen.

Insofern besteht der pädagogische Dialog zwischen Erwachsenen und Kindern aus zwei ineinander verschränkten Formen: (a) der Beantwortung der Fragen der Kinder und (b) der Zumutung von Themen durch die Erzieherin. „Beide Formen (...) gehen ineinander über, kaum dass die Interaktion begonnen wurde und doch unterscheiden sie sich in grundlegender Weise, indem sie die unaufhebbare Differenz zwischen den Generationen und ihren verschiedenen Verantwortlichkeiten präsentieren." (Laewen & Andres 2002b, S. 124) Dem Prinzip des Dialogs folgend – also im gemeinsamen Tun und im Austausch zwischen Erzieherin und Kind – muss daher ebenso Raum für die Themen der Kinder gegeben werden wie für die Bildungsthemen der Erwachsenen.

Unabhängig davon, ob die Interaktion durch die Zumutung oder Beantwortung eines Themas in Gang gesetzt wird, besteht die Aufgabe der Erzieherin im pädagogischen Dialog darin, stets auf die Reaktionen und Antworten der Kinder zu achten, diese anzuerkennen und sich in ihren weiteren Überlegungen und Handlungen darauf zu beziehen. Es geht somit nicht darum, einen vorgefertigten Ablaufplan umzusetzen. Im Mittelpunkt steht vielmehr, die je eigenen Ressourcen, Potenziale und Bildungswege von Kindern und Erwachsenen im gemeinsamen Handeln und Austausch anzuerkennen, zu nutzen und zu unterstützen.

Vor diesem Hintergrund liegt der Unterschied zwischen der Zumutung und der Beantwortung von Themen weniger im Verlauf der pädagogischen Interaktion als in der Themenwahl. Ausgangspunkt der Interaktion zwischen Erzieherin und Kind ist im ersten Fall ein Thema aus Erwachsenenperspektive, im zweiten Fall eines, das aus Kinderperspektive bedeutsam ist.

Beantwortung der Themen der Kinder

Beantwortung der Themen der Kinder heißt, ihre Themen aufzugreifen und eine darauf bezogene Interaktion zu gestalten (z. B. ein kurzer Dialog oder ein längerfristiges Projekt). Im Verlauf ihrer Selbst- und Weltkonstruktion ergeben sich für Kinder Fragen, die sie (handelnd) lösen möchten. Hierin sind für die Erzieherin die Themen zu erkennen, mit denen sich die Kinder befassen (in der Regel mehrere zur gleichen Zeit), und ihre Aufgabe besteht darin, sich auf diese – etwa das Klettern – einzulassen und sie auch zu ihren (Bildungs-)Themen zu machen.

Interaktionsschritte der Erzieherin bei der Beantwortung von Themen der Kinder können zum Beispiel in Form der Wiederholung dessen erfolgen, was das Kind gesagt hat (aktives Zuhören) oder in Gestalt des Nachfragens zu einem geäußerten oder beobachteten (Bewegungs-)Thema. Dadurch macht das Kind die Erfahrung, mit seinem Thema anerkannt zu werden. Darüber hinaus transportiert die Erzieherin mit ihren Fragen durch Hervorhebung oder Vernachlässigung bestimmter Aspekte zugleich individuelle und kulturelle Deutungen. Somit fließen – ausgehend vom Thema des Kindes – das Weltverständnis der Erzieherin und ihre Themen ein, die insofern „Zumutungen“ von Erwachsenen sind.

Schwieriger ist das Beantworten von Themen u.a. dann, wenn Kinder ihre Themen nicht sprachlich formulieren (können) oder die Erzieherin die Zusammenhänge nicht kennt, aus denen heraus das Kind sein Thema entwickelt hat. Dann sind von der Erzieherin Interpretationsleistungen erforderlich, die aus ihren systematischen Beobachtungen der Kinder resultieren. Im fachlichen Austausch mit Kolleginnen werden die dokumentierten Beobachtungen ausgewertet und interpretiert, um daraus Handlungen abzuleiten. Diese Aufgabe stellt sich den Erzieherinnen täglich. In diesem Sinne ist eine entscheidende Voraussetzung für die Beantwortung der Themen deren „Erkennen" durch die Erzieherin.

Die Themen der Kinder sind vielfältig und betreffen letztlich das gesamte Geschehen in ihrer Welt. Sie können sich aus ihrer Entwicklung (z.B. laufen, hüpfen oder klettern lernen), aus dem sozialen Miteinander (z.B. Freundschaft oder Konflikt), dem Umgang mit Material (z.B. mit Bällen oder Geräten), aus ihrer familiären Erfahrungswelt (z.B. Scheidung der Eltern oder Geburt eines Geschwisterkindes) und anderem mehr ergeben. Kinder beschäftigen sich mit naturwissenschaftlichen, mathematischen, philosophischen, künstlerischen und sozialen Fragen ebenso wie mit ihrem Körper, ihrer Gesundheit, ihren Sinneswahrnehmungen und ihren Bewegungen.

Das sich bewegende Kind ist ein Bild, dem wir im alltäglichen Ablauf einer Kindertageseinrichtung immer wieder begegnen. Von daher ist davon auszugehen, dass das Sich-Bewegen allgemein ein wichtiges Thema für Kinder ist. Aus der systematischen Beobachtung dessen, was die Kinder machen, wie sie sich untereinander austauschen, welche Ideen sie einbringen, welches Material sie einbeziehen und mit welchen Bewegungsformen sie experimentieren, kann gedeutet werden, welches konkretere (Bewegungs-)Thema für das jeweilige Kind bedeutsam ist.

Was sich dabei jedoch in seinem Innern abspielt, wie die Bewegungs- und Wahrnehmungsmuster organisiert sind und ablaufen, das können wir lediglich auf der Grundlage

Kooperieren oder verstecken?

theoretischer Modelle vermuten. Insofern ist für eine „stimmige" Interpretation der dokumentierten Beobachtungen eines Kindes neben der Perspektivenübernahme und der Selbstreflexion nicht nur der Austausch mit Kolleginnen besonders wichtig, sondern auch theoretisches Wissen, um das Handeln des Kindes einzuordnen und richtig zu verstehen. Aus einer stimmigen Interpretation des Beobachteten kann dann pädagogisches Handeln abgeleitet werden, das zum Thema des Kindes passt.

Zumutung von Themen

Die Zumutung von Themen bedeutet, dass die Erzieherin ein ihr wichtiges Thema in die Interaktion mit den Kindern einbringt, ohne von ihnen zu erwarten, dass sie sich in einer vorgegebenen Weise damit beschäftigen (Laewen & Andres 2002b) und ohne dass die Kinder ein entsprechendes Interesse bzw. Bedürfnis gezeigt haben. Würde die Erzieherin nur die Themen der Kinder aufgreifen, blieben zahlreiche Bereiche ausgespart, die deren Neugier und den Forschergeist wecken oder (Bildungs-)Herausforderungen sein können. Zudem könnten den Kindern Bereiche unseres kulturellen Erbes, also Traditionen, Werte und Wissensbestände unserer Gesellschaft, verschlossen bleiben, mit denen sie in ihrer familiären Umgebung nicht in Berührung kommen.

Was kann ein zugemutetes Thema sein? Grundsätzlich können alle von den Erzieherinnen einer Kindertageseinrichtung als bedeutsam erachteten Themen als Herausforderungen an die Kinder herangetragen werden. Die Auswahl ist somit von den jeweiligen Überlegungen und Entscheidungen eines Teams abhängig. Die Themen sind allerdings nicht beliebig auszuwählen, sondern sollten professionell – also persönlich, kulturell und gesellschaftlich – begründbar sein. Folgende allgemeine Themen und Angebote können Herausforderungen im Bildungsbereich „Körper, Bewegung und Gesundheit" für Kinder darstellen:

- Die Kinder haben täglich die Möglichkeit, eigene Bewegungsformen zu entwickeln.
- Mit den Kindern werden regelmäßig Ausflüge in die Umgebung der Kindertageseinrichtung unternommen. Die Kinder versuchen, von einer bestimmten Stelle den Rückweg oder einen Wegabschnitt zu finden.
- Die Kinder haben im Gruppenraum die Möglichkeit, Wahrnehmungserfahrungen zu machen.

- Mit den Kindern werden Gespräche über den Körper, seine Fähigkeiten und Funktionen oder Krankheit und Gesundheit geführt.
- Den Kindern wird die Möglichkeit geboten, Erfahrungen mit (kulturell) unterschiedlichen Essgewohnheiten und Tischsitten einzubringen und zu sammeln.
- Die Kinder haben täglich die Möglichkeit, ihre Gefühle und Eindrücke zum Ausdruck zu bringen.

Die Einstellungen und Gefühle der Erzieherin gegenüber dem zugemuteten Thema beeinflussen Engagement und Interesse der Kinder. Verbindet sie ein persönliches Interesse oder gar persönliche Leidenschaft mit ihm, wird es ihr eher gelingen, das Kind mit dem Gegenstand ins Gespräch zu bringen, als wenn sie ihn ohne besondere Begeisterung – gleichsam als didaktische Pflichteinheit – präsentiert, weil er dem konzeptionellen Auftrag entspricht. Kinder spüren, ob sich Erwachsene für das ausgewählte Thema interessieren. Das heißt nicht, dass die Erzieherin Expertin dafür sein muss und alle Fragen der Kinder beantwor-

Mit den Kindern Gespräche führen

ten kann. Wichtig ist vielmehr, das Thema authentisch einzubringen. Dabei kann die Erzieherin selbst interessierte Entdeckerin, Forscherin und Künstlerin sein.

In der Bewegungsbildung wäre etwa zu fragen, was die Erzieherin mit den Themen „Bewegung", „Körper" oder „Gesundheit" verbindet und welchen Zugang sie zum entsprechenden Thema hat. Hat sie keinen Bezug dazu, findet sich vielleicht im Team eine Kollegin, die über Erfahrungen oder Wissen verfügt oder Interesse daran hat, mit den Kindern dieses Thema zu bearbeiten.

Nachdem das Thema festgelegt ist, das den Kindern „zugemutet" wird, eröffnet sich die Frage, wie dies geschehen kann. Da es dabei mehr um Erfinden und künstlerisches Hervorbringen geht als um die Abarbeitung eines Plans, kann in diesem Zusammenhang auch von *Inszenierung* gesprochen werden. Kindern können Themen in Morgenkreisen, als Projektvorschlag oder in Form eines Spiels angeboten werden, aber auch durch die spezielle Gestaltung von Zeiten, Räumen und Material, indem die Kinder zum Beispiel selbst bestimmen, wann sie frühstücken, einen Bewegungsraum zur Verfügung haben und Rollschuhe nutzen können.

Ob die Kinder die angebotenen Themen annehmen und welche Kinder sich für welche Themen interessieren, darauf hat die Erzieherin nur begrenzten Einfluss. Hilfreich ist es jedoch, wenn die Erzieherin sich in ihrem weiteren Handeln von den Reaktionen und Antworten der Kinder leiten lässt, „wenn alle am Thema Interessierten ihre Gedanken und Eindrücke äußern können und im miteinander Sprechen und Tun jedes Kind eine ihm eigene Begegnung mit dem Gegenstand erleben kann" (Laewen & Andres 2002b, S. 131). So kann das von der Erzieherin zugemutete Thema zum Thema des Kindes werden, mit dem es sich gemäß seiner individuellen Möglichkeiten beschäftigt. Die Bereitstellung einer Bühne, auf der die Kinder ihre Deutungen und Antworten auf jeweilige Themen sowie ihr weiteres Umgehen damit herausfinden können, ist aus pädagogischer Sicht eine empfehlenswerte Form, die Interaktion mit Kindern zu gestalten.

1.3.2 Die institutionelle Umwelt – Zeiten, Räume, Material

Zur Anregung, Unterstützung und Förderung kindlicher Bildungsprozesse ist neben der Gestaltung der sozialen Umwelt die Gestaltung der institutionellen Umwelt durch die Erzieherinnen von entscheidender Bedeutung. Je nachdem, ob und wie sie den Kindern Zeiten, Räume und Materialien in der Kindertagesstätte zur Verfügung stellen, wie sie Räume gestalten und welches Material sie anbieten, initiieren, unterstützen oder hemmen bzw. verhindern sie die Selbst-Bildungsprozesse von Kindern. „Erwachsene werden also von Anfang an gebraucht, aber nicht, damit sie Babys und kleinen Kindern etwas ‚beibringen', sondern damit sie die Lebensbedingungen und Alltagszusammenhänge, in denen (...) Kinder leben, so gestalten, dass die Kinder die Kräfte, die sie haben, neugierig forschend einsetzen können." (Schäfer 2003, S. 34)

Zeiten, Räume und Materialien für Bewegung entfalten ihre Wirkung hinsichtlich körperlicher Wahrnehmungs- und Bewegungserfahrungen bzw. im Hinblick auf Bildungsprozesse in der Bewegungsbildung nur, wenn in der Einrichtung auch ein bewegungsfreundliches Klima herrscht. Das kann u.a. dann entstehen, wenn Erzieherinnen um die Bedeutung von Bewegung für kindliche Bildungs- und Entwicklungsprozesse wissen oder sich selber gerne bewegen. Ein bewegungsfreundliches Klima kann weder verordnet werden, noch entsteht es allein durch die Einrichtung eines Bewegungsraums oder das Anbringen einer Kletterwand im Gruppenraum. Vielmehr sind die Einstellungen und Gefühle der Erzieherinnen gegenüber der Bewegungsbildung, ihre Bewegungs- und Sportbiographien, ihre Körpererfahrungen sowie ihr Nachdenken und ihr Austausch darüber ausschlaggebend.

Zeiten

Bildungsprozesse lassen sich weder auf bestimmte Zeiten beschränken noch zu bestimmten Zeiten anordnen. „Der eigene Zeitrhythmus, das eigene Aktivitätstempo, das nur selber spürbare Bedürfnis nach dem Wechsel von Anspannung und Entspannung – das sind alles Dimensionen der Individualität." (Knauf 2005, Absatz 62) Kinder benötigen je nach Phase und Situation unterschiedlich viel Zeit für die Beschäftigung und Auseinandersetzung mit sich und den Dingen. Von daher ist zur Unterstützung von Selbst-Bildungsprozessen die Berücksichtigung individueller (zeitlicher) Bedürfnisse in Kindertageseinrichtungen wichtig.

Gleichzeitig erfährt die individuelle Freiheit in Kindertagesstätten Einschränkungen. Das Zusammenleben in der Gemeinschaft erfordert von jedem Kind und jeder Erzieherin Anpassungsleistungen. Äußere Zeitrahmen sind somit unerlässlich und geben Kindern zudem verlässliche Orientierungen. Darüber hinaus sind Zeiten sowohl zur Beantwortung der Themen der Kinder als auch für die Zumutung von Themen durch die Erzieherin im Bildungsprozess bedeutsam.

Vor diesem Hintergrund benötigen Kinder sowohl freie und offene als auch regelmäßig inszenierte Bewegungsgelegenheiten, die im Folgenden auch als „Bewegungsangebote“ bezeichnet werden. In den freien Bewegungszeiten, die Kindern täglich möglich sein sollten, können sie ihren Bewegungsdrang allein oder mit anderen ausleben, Neugierde und Interesse entfalten und befriedigen, mit ihrem Körper sowie mit Materialien und Geräten experimentieren, Neues erfinden und entdecken. Indem Kinder so das Neue durch eigenes Tun in die bestehenden Erfahrungen integrieren – oder in der Sprache des Entwicklungspsychologen Jean Piaget: assimilieren –, treiben sie ihren Bildungsprozess aktiv voran.

„Beim Spielen und Bewegen, da haben die Kinder wirklich viele, viele Freiräume, wo sie sich ausprobieren, austesten können, sich eben entwickeln können. Und wenn sie kommen: Mach mal, tu mal, hilf mal. Da stehen wir dann zur Seite, unterstützen die Kinder, helfen, halten uns aber auch zurück, wenn sie wieder allein weitermachen können.“

Erzieherin, 45 Jahre

Im Rahmen regelmäßig inszenierter Bewegungssituationen können Erzieherinnen beobachtete Themen der Kinder aufgreifen bzw. Kindern Themen zumuten. Neue Situationen werden inszeniert, auf die Selbst-Gelerntes übertragen und durch die das Bewegungsrepertoire erweitert werden kann. Durch die bewusste Einstellung auf neue Umweltsituationen und die Anpassung bereits bekannter Muster an die neuen Erfahrungen, nach Jean Piaget Prozesse der Akkomodation, erweitern Kinder ihre Fähigkeiten ebenso wie ihr Bild von der Welt.

Für den Bereich „Körper, Bewegung und Gesundheit“ ergeben sich hinsichtlich der Zeitgestaltung in der Kindertagesstätte zum Beispiel folgende Fragen:

Freie Bewegungsgelegenheiten

- Wann dürfen sich die Kinder bewegen und wann nicht?
- Wie werden die zeitlichen Bedürfnisse der Kinder berücksichtigt, z. B. im Hinblick auf Bewegung, Ruhe, Schlafen, Essen und Körperkontakt?
- Wie viel Zeit haben die Kinder, um sich frei zu bewegen?
- Wann findet ein Bewegungsangebot statt? Wie lange dauert es?
- Wie viel Zeit verbringen die Kinder im Freien?
- Haben die Kinder Zeit, sich mit ihrem Körper zu beschäftigen?
- Wird den Bedürfnissen der Kinder nach körperlicher Nähe entsprochen?

Bewegung sollte Bestandteil täglichen Lebens in Kindertagesstätten sein. Weder mehrmals in der Woche noch täglich durchgeführte kürzere, von der Erzieherin angebotene „Turnstunden“ reichen aus, Kinder in ihrem Bedürfnis zu befriedigen, sich die Welt durch Bewegung anzueignen. Bewegung kann auch beim Malen stattfinden, wenn das Kind auf dem Bauch liegt und mit den Beinen in der Luft wackelt. Eine Laufrunde durch das Außengelände kann aufgestaute Energien abbauen und ermöglicht dem Kind wieder, in Ruhe und konzentriert ein Bilderbuch anzuschauen. „Kinder sollten jederzeit ihrem Bedürfnis nach Bewegung nachkommen können.“ (Zimmer 2003a, S. 164) Damit sie dabei andere Kinder nicht stören, die sich mit anderen Themen beschäftigen, ist eine entsprechende Raumgestaltung notwendig.

Räume

Räume beeinflussen Kinder und ihre Bildungsprozesse: Idealerweise vermitteln sie ihnen sowohl Geborgenheit, Sicherheit und Orientierung als auch Anregungen und Herausforderungen zum Erkunden und Experimentieren sowie zum Erproben von sozialen Rollen und Gemeinschaftsritualen. In diesem Sinne wird in der Reggio-Pädagogik der Raum – neben den Kindern und den Erzieherinnen – als dritter Erzieher bezeichnet.

Wie die Räume in der Kindertageseinrichtung gestaltet sind und von den Kindern genutzt werden (dürfen), entscheidet mit darüber, ob Kinder in ihren „Bildungsbewegungen“ und in ihrer Bewegungsentwicklung unterstützt oder behindert werden. „Räume sprechen eine deutliche Sprache: Sie geben Auskunft über die Gestalter, die Benutzer, über ihre Beziehung zueinander und über das Geschehen, das ein Raum zuläßt oder behindert.“ (Kazemi-Veisari 1996, S. 37 f.) Bewegung braucht Raum als überschaubar gestaltete, „vorbereitete Umgebung“ (im Sinne der Montessori-Pädagogik) sowohl im Rahmen offener Bewegungsgelegenheiten als auch inszenierter Bewegungssituationen. Zu fragen ist etwa:

- Bieten die Räume den Kindern Gelegenheit zur Entwicklung, Erprobung und Ausdifferenzierung ihrer motorischen Fähigkeiten (z. B. durch unterschiedliche Ebenen, Hängematten, Treppen, Schrägen, Kletterwände)?
- Ist mindestens ein Bewegungsraum vorhanden und für die Kinder frei zugänglich?
- Können sich die Kinder im Gruppenraum auch einmal schnell und großräumig bewegen?
- Welche Räume können für Bewegungsgelegenheiten nutzbar gemacht werden (z. B. Flure, Eingangshallen und selten genutzte Nebenräume)?
- Ermöglicht das Außengelände den Kindern vielfältige Bewegungen (z. B. klettern, rutschen, hangeln und balancieren)?
- Können Räume (von Kindern und Erwachsenen) umgestaltet werden (z. B. in Kletterdschungel, Verkleidungszimmer, Zirkus, Labyrinth, Luftballonzimmer, Sternenzimmer, Schloss)?
- Werden durch die Gestaltung der Räume die Interessen der Kinder aufgenommen und angeregt?
- Besteht die Möglichkeit, eine nahe gelegene Sporthalle zu nutzen?
- Gibt es nahe gelegene öffentliche Plätze (z. B. Rasenfläche, Bolzplatz oder Basketballfeld), Schwimmbäder oder Eislaufhallen, die genutzt werden können?

Ebenso wichtig wie Räume und Platz für Bewegung sind Orte für Ruhe und ungestörte Tätigkeiten. Kinder brauchen dies, um innehalten, nachdenken und nachspüren zu können, denn Bildungsprozesse finden nicht nur in der sichtbaren handelnden Auseinandersetzung mit der Umwelt statt, sondern auch in ruhigen Phasen, in denen sie Eindrücke und Erlebnisse verarbeiten.

Um sich ganz auf ein Thema einzulassen, konzentriert einer Tätigkeit nachzugehen, etwas auszuprobieren, neue Ideen zu entwickeln, brauchen Kinder störungsfreie Bereiche. Zu fragen wäre etwa:

- Gibt es innerhalb oder außerhalb der Gruppenräume Bereiche, in denen Kinder ihren Interessen in Ruhe und ungestört nachgehen können?
- Gibt es Orte der Stille zum Träumen, Entspannen und Nachdenken?

- Gibt es im Außengelände Bereiche, in denen Kinder ungestört ihren Interessen nachgehen können (z. B. Platz zum Ball spielen, Bereiche im Sand, auf denen keine Großgeräte stehen oder Klettermöglichkeiten, Büsche zum Verstecken, Flächen mit Neigung)?

„Wir haben einen Märchen- und Traumraum, in dem die Kinder liegen können, Entspannungsmusik oder Märchen hören oder eine Erzieherin liest eine Geschichte vor, je nachdem. Und wenn dann dort Kinder einschlafen, wissen die Kinder, sie können liegen bleiben, und die anderen, die nicht mehr wollen, gehen ganz leise raus." Leiterin, 47 Jahre

---

Ferner benötigen Kinder Raum, um den eigenen Körper zu erkunden, seine Fähigkeiten und Grenzen kennen zu lernen, lustvolle und angenehme Körpererfahrungen zu machen. Fragen, die sich dazu hinsichtlich der Raumgestaltung ergeben, sind u. a.:

- Haben Kinder die Möglichkeit, sich im Ganzkörperspiegel zu betrachten?
- Sind Fotos der Kinder auf Augenhöhe angebracht?
- Gibt es Orte zum Kuscheln und Massieren?
- Haben die Kinder Platz für großräumige und vielfältige Bewegungen (z. B. in den Gruppen-, Bewegungsräumen und im Flur)?

Räume sind nie fertig gestaltet und eingerichtet. Aus der Beobachtung der Kinder und ihres Handelns ist zu entnehmen, was an den Räumen stimmt und was Veränderung erfordert. Die Reflexion über Raumnutzung und Raumgestaltung zur Unterstützung und Förderung von Bildungsprozessen durch Beantwortung und Zumutung von Themen ist eine fortlaufende pädagogische Aufgabe und stellt hohe Anforderungen an das professionelle Handeln. „Es ist jedoch nicht nötig, dass eine einzelne Erzieherin bzw. alle Erzieherinnen gleichermaßen über alle Kompetenzen verfügen. Es kann und sollte eine Arbeitsteilung zwischen den Erzieherinnen geben, die am besten mit ihren subjektiven Interessen übereinstimmt." (von der Beek et al. 2003, S. 118)

Festzuhalten ist Folgendes: Allein dadurch, dass sich Kinder in Innen- wie Außenräumen aufhalten, werden Räume zu einem Teil kindlicher Bildung. Kinder brauchen drinnen und draußen Räume, die sie mitgestalten dürfen, in denen sie ihren Interessen selbstständig nachgehen können, in denen ihre Sinne angeregt

Sinne schärfen und Probleme lösen

und neue Interessen geweckt werden. „Bildungsräume“ und deren materielle Ausstattung sollten Kindern frei zugänglich sein.

Material

Das zur Verfügung stehende Material hat unmittelbar Einfluss auf die Bildungsmöglichkeiten der Kinder. Ein anregendes, vielfältiges und qualitativ gutes Angebot an Spielzeug und Materialien, das – übersichtlich geordnet – dem Kind in freier Auswahl zur Verfügung steht, ist „Ausdruck der Anerkennung der intensiven Selbstbildungsprozesse der Kinder durch die Erwachsenen“ (Laewen & Andres 2002a, S. 115).

Die Auswahl und Bereitstellung von Material, das komplexe und vielfältige sinnliche Erfahrungen ermöglicht, Neugierde weckt sowie zum Forschen und Problemlösen herausfordert, sind anspruchsvolle Aufgaben. Dabei geht es ebenso wie bei der Raumgestaltung darum, eine überschaubare, „vorbereitete Umgebung“ zu schaffen, die pädagogisch begründet ist und die Beantwortung der Themen der Kinder oder die durch die Erzieherin eingebrachten Themen unterstützt. Nur dann wird ein pädagogisches Vorgehen möglich, wie es Elfriede Hengstenberg für ihre Gymnastikstunden beschreibt: „Ich lasse die Kinder (...) grundsätzlich selbständig forschen und entdecken. Ich lasse sie frei experimentieren, aber nicht wahllos tun, was ihnen gerade einfällt ... Ich wähle eine bestimmte Aufgabe, die nach meinem Ermessen für die Kinder notwendig ist, formuliere sie so, daß sie Spaß daran haben, und bereite Gegenstände und Geräte vor, die die Kinder verlocken, damit zu experimentieren.“ (Hengstenberg 2002, S. 17)

Durch erprobenden und experimentierenden Umgang mit Materialien lernen Kinder deren Eigenschaften und Gesetzmäßigkeiten kennen. Sie erfahren zum Beispiel, dass ein Gegenstand nach unten fällt, wenn sie ihn los lassen, dass sie einen runden Gegenstand (Ball) im Gegensatz zu einem eckigen (Würfel) besser rollen können, dass ein Medizinball schwer anzuheben ist, ein Luftballon dagegen durch leichtes Antippen nach oben steigt. „Je vielfältiger und abwechslungsreicher die materiale Umwelt gestaltet ist, je mehr die Handlungsbedingungen variiert werden können, um so mehr Kenntnisse und Erfahrungen erwirbt das Kind über sie.“ (Zimmer 2003a, S. 39)

In diesem Sinne sind materiale Erfahrungen vor allem Erfahrungen physikalischer Phänomene. Kinder erleben Schwerkraft, Schwung, Beschleunigung und Gleichgewicht beim Variieren ihrer Handlungen unter verschiedenen Bedingun-

Auch einfache Materialien fordern heraus

gen. Kinder erfahren diese Phänomene unmittelbar durch das Experimentieren mit Materialien und Bewegungsaktivitäten (z.B. Springen, Schaukeln, Balancieren, Rollen). Werden Bewegungssituationen oder zur Verfügung stehende Materialien verändert (z.B. unterschiedlich breite und hohe Geräte zum Balancieren), erleben Kinder Ursache und Wirkung am eigenen Körper und lernen, Zusammenhänge zu erkennen. Somit wird ihnen das Erfassen und Begreifen ihrer (physikalischen) Umwelt durch vielfältige experimentierende Materialerfahrungen ermöglicht. Kinder „machen eigene Beobachtungen und Entdeckungen. Sie kommen bald selbst dahinter, daß einem geglückten Experiment eine sinnvolle Verhaltensweise zu Grunde liegen muß und umgekehrt." (Hengstenberg 2002, S.19)

Auswahl, Anschaffung, Bereitstellung und Gestaltung des Materials sind gleichermaßen bedeutsam für die Unterstützung und Initiierung von Bildungsprozessen. So regen unbekannte Materialien, die Kombination von (bekanntem) Material (z.B. an Springseilen befestigte Luftballons) ebenso wie die zweckentfremdete Nutzung von Alltagsgegenständen (z.B. Papprollen, Kartons, Scheuerlappen) zu vielfältigen Erfahrungen und Problemlösungen an. Geringe oder gar fehlende finanzielle Ressourcen sind durch Phantasie und Improvisation in Grenzen kompensierbar: „Das Un-fertige fordert heraus." (Zimmer 2003a, S.206)

Für den Bereich „Körper, Bewegung und Gesundheit" ergeben sich hinsichtlich der Gestaltung und Bereitstellung von Materialien zum Beispiel folgende Fragen:

- Bieten die Materialien in Gruppen- und Bewegungsräumen den Kindern vielfältige Sinneserfahrungen (sehen, hören, fühlen, riechen, schmecken)?
- Stehen den Kindern zur Nutzung im Bewegungsraum und Außengelände Kleingeräte (z.B. unterschiedliche Bälle, Springseile, Rollbretter, Pedalos) zur Verfügung?
- Stehen den Kindern zur Nutzung im Außengelände Rutschautos, Roller, Rollschuhe, Lauf- oder Fahrräder zur Verfügung?
- Stehen im Bewegungsraum oder in einer nahe gelegenen Sporthalle Klein- und Großgeräte sowie Alltagsmaterialien zur Verfügung?
- Sind den Kindern Materialien zum Bewegen und zur Wahrnehmung im Gruppenraum oder außerhalb jederzeit zugänglich?
- Sind die Materialien übersichtlich geordnet und sortiert, sodass die Kinder zur Umsetzung ihrer Ideen entsprechendes Material leicht finden und wieder zurücklegen können?
- Stehen den Kindern Materialien zur Verfügung, mit denen sie feinmotorischen Tätigkeiten (z.B. Perlen auf eine Schnur reihen, Malen mit Pinseln und

verschiedenen Stiften, Schrauben mit dem Schraubenzieher ein- und ausdrehen) nachgehen können?

- Haben Kinder die Möglichkeit, ihre Größe zu messen und sich zu wiegen?
- Stehen den Kindern Materialien zur Verfügung, mit denen sie ihren Körper abbilden können (z. B. Gips, Knete, Plakate für Umrisszeichnungen)?
- Haben die Kinder die Möglichkeit, sich anhand von Büchern, Kunstwerken, Anschauungsmaterial (z. B. Skulpturen, Skelettmodell) mit Themen des menschlichen Körpers zu beschäftigen?
- Sind für individuelle Material-, Bewegungs- bzw. Körpererfahrungen entsprechende Kleingeräte (z. B. Bälle, Luftballons) und Materialien (z. B. Teppichfliesen) jeweils einmal für jedes Kind (in einer Gruppe) vorhanden?
- Sind Materialien vorhanden, die soziale Erfahrungen ermöglichen, indem sie zum gemeinsamen Bewegen (z. B. Schwungtuch) und zum gemeinsamen Konstruieren (z. B. Schaumstoffwürfel, Bretter) genutzt werden können?
- Sind die Materialien bewegungsanregend und auffordernd, wecken sie die Neugierde der Kinder, fordern sie ihre Phantasie heraus und unterstützen sie ihre Selbsttätigkeit?
- Lassen die Materialien Veränderungen zu und sind sie vielseitig verwendbar, sodass alle Kinder (ältere und jüngere, Mädchen und Jungen) Bewegungsmöglichkeiten finden?
- Sind die Materialien robust und stabil, damit sie nicht zu schnell beschädigt und zerstört werden?

Zusammenfassend ist festzuhalten: Erzieherinnen müssen nicht alles wissen und können. Auch werden die Bedingungen in der Kindertagesstätte nicht alles zulassen, was Kinder oder Erwachsene sich wünschen. Doch wenn Erzieherinnen sich in den Dialog mit Kindern begeben, indem sie deren Themen aufnehmen und ihnen Themen zumuten, die sie als wichtig erachten, unterstützen sie Selbst-Bildungsprozesse.

2 Aufbau des Konzepts

Da es unser besonderes Anliegen ist, ein systematisches Konzept der Bewegungsbildung vorzustellen, in dem die einzelnen Elemente sinnvoll aufeinander aufbauen, erläutert das anschließende Kapitel schrittweise seine Struktur. Es bildet also die Brücke zwischen den zuvor dargestellten Grundlagen der Bewegungsbildung und den praktischen Anregungen, die im Mittelpunkt des dritten Kapitels stehen.

Wir beginnen mit einem knappen Überblick über den Aufbau, die Ausgangspunkte und einzelnen Elemente unseres Konzepts. Im Anschluss finden sich grundlegende Orientierungen zur Bewegungsbildung, die sich von allgemein (elementar-)pädagogischen über sportpädagogische bis schließlich zu methodischen Eckpunkten vorarbeiten. Dann wenden wir uns den konzeptionell wichtigen Sinnperspektiven von Bewegung, Spiel und Sport zu. Abgeschlossen wird das Kapitel mit einer ausführlichen Erläuterung der zentralen Elemente unseres Konzepts: den Bildungsthemen, Bildungsschwerpunkten und Bildungssituationen der Bewegungsbildung in Kindertageseinrichtungen.

2.1 Das Konzept im Überblick

Ein systematisches wie praktikables Konzept für die Bewegungsbildung im Kindesalter zu entwickeln, erfordert unterschiedliche Zugänge. Zuallererst ist dabei nach unserer Auffassung an die Fähigkeiten, Bedürfnisse und Interessen der Kinder zu denken. Nicht minder bedeutsam sind die Kompetenzen und Orientierungen der Erzieherinnen sowie die Rahmenbedingungen der Einrichtung. Die Rahmen- oder Bildungspläne der Bundesländer für die Elementarbildung sind ebenso zu berücksichtigen wie der aktuelle Kenntnisstand der Wissenschaft und gelungene Praxisbeispiele. Und schließlich darf der gesellschaftliche Kontext nicht außer acht gelassen werden. Die folgende Abbildung fasst diese einzelnen Zugänge zusammen, die die Ausgangspunkte für die Entwicklung unseres Konzepts markieren.

Die *Fähigkeiten, Bedürfnisse und Interessen* von Kindern finden in Gestalt von Kinderthemen und Kindersituationen im Konzept ihren Platz. Durch systematische Beobachtungen der Kinder lernen die Erzieherinnen ihre Themen, Stärken und ihre gesamte Persönlichkeit kennen und bringen in Erfahrung, wie Kinder

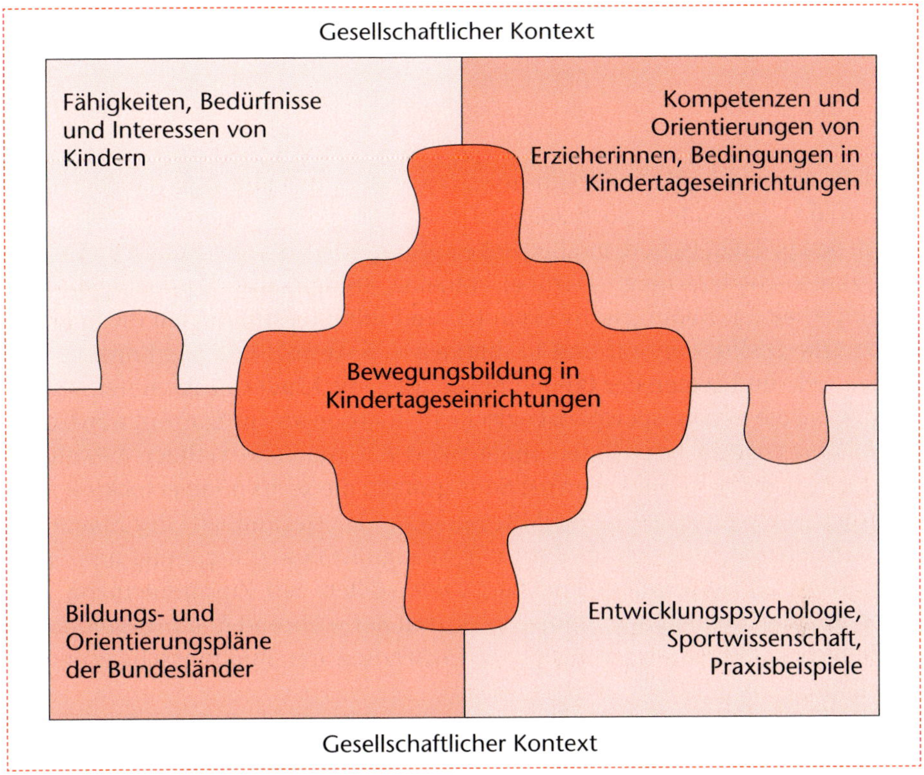

Ausgangspunkte der Konzeptentwicklung

lernen. Die „stimmige" Beantwortung der Themen der Kinder durch Erzieherinnen kann sinnvoll nur auf der Basis dieses Wissens möglich werden.

Kompetenzen und Orientierungen der Erzieherinnen sowie *Rahmenbedingungen der Einrichtungen* sind gleichfalls mitbedacht: Inwiefern Bildungsprozesse im Bereich von Körper, Bewegung und Gesundheit unterstützt und angeregt oder gehemmt und behindert werden, hängt von den pädagogischen Fachkräften ab. Sie gestalten die soziale und institutionelle Umwelt in der Kindertagesstätte maßgeblich mit. Beziehungen und Interaktionen sowie Zeiten, Räume und Material so zu inszenieren, dass Kinder sich wohl fühlen, ausprobieren und lernen können, sind anspruchsvolle und komplexe Anforderungen. Diese verlangen von Erzieherinnen nicht nur Sachkompetenz, sondern auch die Reflexion ihres Bildes vom Kind, ihres Rollen- und Bildungsverständnisses, ihrer Gefühle und Einstellungen gegenüber den Themen von Bewegung, Spiel und Sport aber auch von Körper und Gesundheit.

Die Vorgaben der *Rahmen-, Orientierungs- oder Bildungspläne* für die Elementarbildung sind in den einzelnen Bundesländern zum Teil unterschiedlich. Gleichwohl lassen sich zentrale Gemeinsamkeiten identifizieren, die konstruktiv in unsere pädagogischen und methodischen Eckpunkte eingeflossen sind.

Aktuelle *wissenschaftliche Erkenntnisse*, etwa der Entwicklungspsychologie, Elementarpädagogik oder Sportpädagogik, sowie Beispiele *gelungener Praxis* finden in den pädagogischen, methodischen und sportpädagogischen Grundlegungen ihren Niederschlag. Darüber hinaus greifen die Sinnperspektiven, Bildungsthemen, Bildungsschwerpunkte und Bildungssituationen die sportpädagogische Diskussion auf und bestimmen den Aufbau unseres Konzepts. So lehnen sich die Themen der Bewegungsbildung, die Kindern zugemutet werden können, an die neuere sportpädagogische Diskussion an. Im Konzept werden sie als *Bildungsthemen* bezeichnet. Ihnen wird ein weiteres, vielfach bewährtes sportpädagogisches Konzept an die Seite gestellt: die sechs *Sinnperspektiven* des Eindrucks, des Ausdrucks, des Miteinanders, der Gesundheit, der Spannung und der Leistung, die sich im Zusammenhang mit Bewegung, Spiel und Sport identifizieren lassen. *Bildungsschwerpunkte* stellen den Zusammenhang zwischen Bildungsthemen und Sinnperspektiven her, während *Bildungssituationen* schließlich konkrete Anregungen zur Umsetzung der Bildungsschwerpunkte bieten.

Um einen besseren Überblick zu gewährleisten, stellt die nachfolgende Abbildung den Aufbau unseres Konzepts der kindlichen Bewegungsbildung noch einmal grafisch dar.

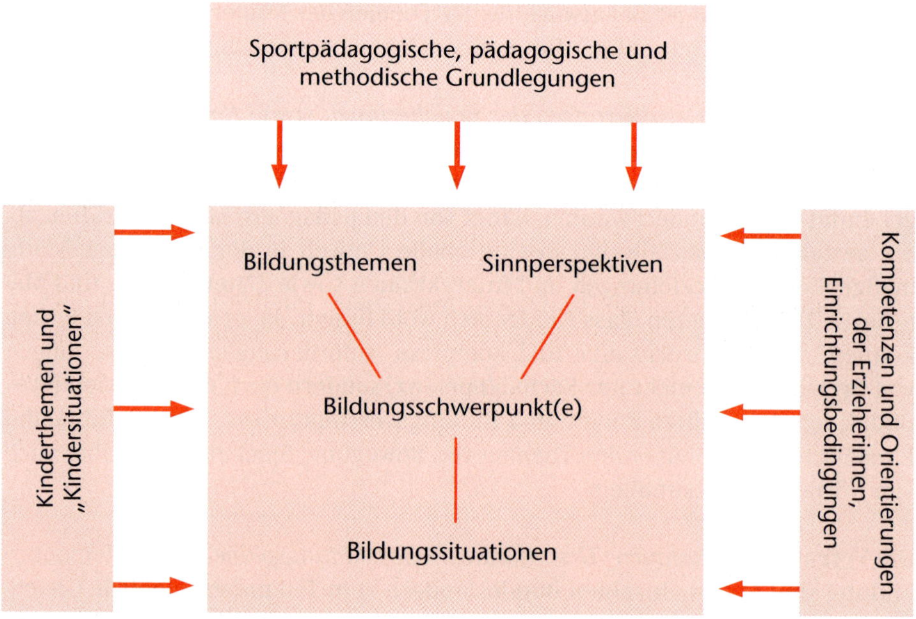

Aufbau des Konzepts

2.2 Grundlegende Orientierungen

Für die pädagogische Praxis in Kindertageseinrichtungen sind grundlegende Orientierungen unerlässlich. Die aus unserer Sicht zentralen Eckpunkte erläutern wir aus zunächst allgemein pädagogischer, dann sportpädagogischer und schließlich methodischer Perspektive. Die pädagogischen und methodischen Orientierungen bilden den Rahmen für alle Bildungsbereiche in Kindertageseinrichtungen und sind daher auch für die Bewegungsbildung bedeutsam. Sie werden ergänzt durch bereichsspezifische, sportpädagogische Orientierungen, aus denen Erzieherinnen Ziele und Inhalte für ihr tägliches Handeln im Hinblick auf Bewegung, Spiel und Sport sowie Körper und Gesundheit gewinnen können.

2.2.1 Orientierungen aus pädagogischer Perspektive

Aus allgemeiner, also von den jeweiligen Bildungsbereichen absehender, pädagogischer Perspektive sind vier grundsätzliche Prinzipien und eine übergreifende Kompetenz grundlegend: Ganzheitlichkeit, Kontextorientierung, Partizipation, Verständigung und Schlüsselkompetenzen.

Ganzheitlichkeit

Bildungseinrichtungen gerade im Elementarbereich haben die pädagogische Verpflichtung zu ganzheitlicher Bildung und Erziehung. Das heißt, dass sich Bildung nicht auf die Anregung und Förderung einzelner Bereiche der Entwicklung beschränken darf, sondern ästhetische, körperlich-sinnliche und motorische Fähigkeiten ebenso umfassen muss wie intellektuelle und soziale Fähigkeiten. Unser Konzept der Bewegungsbildung trägt dieser Forderung besondere Rechnung, indem den Kindern ihre Selbst- und Weltaneignung mit Hilfe von vielfältigen und viele Sinne ansprechenden Körper-, Wahrnehmungs- und Bewegungserfahrungen möglich gemacht werden. Kinder werden in diesem Verständnis in ihrer Gesamtheit gesehen. Körperlich-motorische, emotional-affektive und kognitiv-intellektuelle Dimensionen sind zwar theoretisch unterscheidbar, im Menschen selbst sind sie jedoch unmittelbar aufeinander bezogen und miteinander verknüpft. Bei Kindern ist die Ganzheitlichkeit im Handeln und Erleben besonders stark ausgeprägt: Sie nehmen Eindrücke mit dem ganzen Körper auf, äußern ihre Gefühle in Bewegungen und Haltungen, antworten

Bewegungsbildung durch Sinneserfahrung

auf äußere Spannungen mit körperlichem Unwohlsein und reagieren auf freudige Bewegungserlebnisse mit einer körperlich wie psychisch empfundenen Gelöstheit und Entspannung.

Unser Konzept der Bewegungsbildung ermöglicht Kindern, dass sie durch zahlreiche Körper-, Bewegungs- und Sinneserfahrungen ihre motorischen Fähigkeiten und Fertigkeiten verbessern können, geschickter und gewandter werden und sich mehr zutrauen. Eine Beschränkung auf die körperliche und motorische Dimension kindlicher Bildung würde die besonderen Chancen dieses Bereichs jedoch ungenutzt und die Ganzheitlichkeit von Bildungsprozessen unberücksichtigt lassen. Kinder setzen sich über Bewegung mit ihrer materialen und sozialen Umwelt auseinander, gewinnen Einsichten über deren Regeln und Gesetzmäßigkeiten, sammeln Eindrücke und Erkenntnisse über ihren Körper. Sie erfahren so nicht nur wichtige Dinge über die sie umgebende Welt, sondern lernen auch etwas über die eigene Person: Prozesse also, die die Grundlage der Identitätsentwicklung bilden. In diesem Sinne brauchen Kinder Anregungen und Erfahrungen, die gleichermaßen „Kopf, Herz und Hand" einbeziehen, um personale, soziale, lernmethodische und Sachkompetenzen entfalten zu können. Insofern aktualisiert Bewegungsbildung, wie sie in diesem Konzept verstanden wird, stets auch soziale Bezüge, Emotionen, Kognitionen und Wertvorstellungen.

Kontextorientierung

Kinder lernen bevorzugt in realen Situationen und an realen Fragen. Deshalb orientiert sich Bildung in Kindertageseinrichtungen an ihren realen Lebenszusammenhängen. Diese beziehen sich zum einen auf aktuelle Situationen und Erlebnisse in ihrem Umfeld, zum anderen auf die übergreifenden Lebensbedingungen unserer Gesellschaft.

Bedeutsame Fragen und Themen entstehen für Kinder in *aktuellen Situationen und bei Erlebnissen in ihrem Umfeld* sowie in der Auseinandersetzung mit ihrer Welt, ihrer Lebensgeschichte und ihren sozialen Bezügen. Als Beispiele können das Sporttreiben der Eltern, ein besonderes Erlebnis beim Kinderturnen im Sportverein, das Gastspiel eines Zirkus', ein Sportereignis (z.B. Olympische Spiele) gelten. Themen der Kinder zu erkennen, aufzugreifen und zu beantworten, ist eine anspruchsvolle Aufgabe der Erzieherinnen. Kontextorientierung als Prinzip erfordert daher auf Seiten der pädagogischen Fachkräfte gute Kenntnisse der komplexen Lebenswelt (z.B. soziale und kulturelle Traditionen, familiäre Strukturen, Freizeitaktivitäten) aller Kinder. Voraussetzung dafür sind kontinuierliche Erkundungen und Gespräche. In der Kindertageseinrichtung, die selbst Bestandteil der kindlichen Lebenswelt ist, können sich Kinder dann mit Themen und Fragen auseinandersetzen, die sich aus ihren Lebensbedingungen und -wahrnehmungen ergeben.

Kontextorientierte Bildung umfasst auch das Leben und Lernen außerhalb der Kindertagesstätte: Personen, Orte, Betriebe und (Sport-)Vereine im Umfeld bieten vielfältige Erfahrungs- und Bildungsmöglichkeiten, die für oder mit Kindern erschlossen werden können. Zugleich ergibt sich die Chance, die Kindertageseinrichtung als Institution für die Belange des Gemeinwesens zu öffnen und zu einer (bewegten) Begegnungsstätte für Kinder, Eltern und andere Erwachsene zu machen.

Gesellschaftlicher Kontext

Die übergreifenden Lebensbedingungen unserer Gesellschaft, unter denen Kinder aufwachsen, erfordern eine Analyse (vgl. im Überblick Heim 2002) und geben wichtige Hinweise auf Ziele und Inhalte der pädagogischen Praxis allgemein sowie besonders für die Bewegungsbildung: So ist die aktuelle Lebenssituation der Kinder etwa dadurch gekennzeichnet, dass ihre (räumlichen und zeitlichen) Möglichkeiten zur Befriedigung ihrer Bewegungsbedürfnisse zunehmend eingeschränkt werden. Im Zuge gesellschaftlicher Veränderungen ist eine

Vielzahl an natürlichen Spiel- und Bewegungsmöglichkeiten verloren gegangen. Kinder halten sich häufig in Räumen auf, das Bewegen und Spielen im Freien nimmt mehr und mehr ab. Darüber hinaus erfolgt die Welterschließung der Kinder oftmals weniger über selbsttätiges Handeln (im Spiel und durch Bewegung), sondern häufiger in Form von Sekundärerfahrungen (über Medien). „Kinder sind heute belastet durch eine Vielzahl unverarbeiteter Sinneseindrücke." (Zimmer 2003a, S. 148) Einer Überflutung insbesondere im visuellen und akustischen Bereich stehen oftmals fehlende Möglichkeiten zur Verarbeitung der Reize gegenüber.

Angesichts dieses gesellschaftlichen Kontextes, in dem Kinder aufwachsen, benötigen sie alltäglich und über den ganzen Tag verteilt Gelegenheiten, sich intensiv zu bewegen, zu rennen und zu laufen, zu hüpfen und zu springen, zu klettern und zu balancieren, um ihren ganzen Körper bei der Aneignung der Umwelt einzusetzen. Unser Konzept der Bewegungsbildung sichert zum einen,

Beteiligung schafft Engagement

dass Kinder körperlich selbst tätig sein und Erfahrungen sammeln können. Zum anderen gewährleistet es, dass sie Unterstützung bei der Aufarbeitung der vielfältigen Sinneseindrücke erhalten, Möglichkeiten haben, sich körperfernen Sinnesreizen zu entziehen und die körpernahen Sinne zu entwickeln.

Partizipation

Wie alle Bildungseinrichtungen haben Kindertagesstätten die Aufgabe, jedem Kind die Teilhabe an Bildungsprozessen zu ermöglichen und die Bildungspotenziale eines jeden anvertrauten Mädchen und Jungens zu entfalten. Darüber hinaus umfasst das Prinzip der Partizipation das (demokratische) Recht von Kindern, sich an Entscheidungen zu beteiligen, die sie betreffen. Indem Kinder einbezogen werden und mitwirken oder mitbestimmen dürfen, können sie lernen, für sich selbst und für andere Verantwortung zu übernehmen sowie (Bewegungs-)Situationen selbst zu gestalten.

Beteiligung in diesem Sinne kann entstehen, wenn sie erwünscht und gefördert wird und Erzieherinnen sich selbst als Beteiligte in der Kindertagesstätte erleben. Durch die entsprechende Gestaltung von Beziehungen und Interaktionen erhalten Kinder dann auch Möglichkeiten zur Teilhabe und Mitwirkung. Indem Kinder zum Beispiel hinsichtlich des Bewegungsangebots in Entscheidungsprozesse einbezogen, (Spiel-)Regeln gemeinsam vereinbart, Räume, Zeiten und Materialien für Bewegungs- und Spielanlässe an den beobachteten bzw. geäußerten Bedürfnissen der Kinder orientiert werden, erfahren sie, dass sie wichtig sind und etwas bewirken können.

Verständigung

Bildungsprozesse sind ohne Verständigung und verlässliche Beziehungen kaum denkbar und pädagogisch nicht verantwortbar. Kinder entwickeln und überprüfen ihre individuellen Deutungen und Muster im Austausch mit anderen Menschen. So kommen sie zu tragfähigen Konzepten und Weltbildern.

Das Prinzip Verständigung kommt auch der häufig betonten Forderung entgegen, dass Kinder lernen, ihr Lernen und Leben in zunehmendem Maße selbstständig und eigenverantwortlich zu gestalten. Dieser Anspruch ist nur einzuhalten, wenn Kinder, wie oben dargelegt, an der Gestaltung von (Bewegungs-) Angeboten, Projekten, Räumen, Regeln und Tagesabläufen oder anderen Dingen der Einrichtung beteiligt sind. Verständigung ist somit eine Voraussetzung dafür, dass Kinder sich als Beteiligte erleben.

In der Bewegungsbildung sind Situationen zu kreieren, in denen sich die Kinder als aktive, kreative Subjekte und Konstrukteure ihres Lernens und Lebens empfinden und einbringen können. So sollten sie Möglichkeiten haben, Ziele abzustimmen und einzuhalten, arbeitsteilig und kooperativ vorzugehen, abweichende Voraussetzungen und Fähigkeiten im Dialog zu klären, sich auszutauschen und zu akzeptieren, ein gemeinsames Ergebnis mitzutragen und zu präsentieren sowie auftretende Probleme und Konflikte nach Regeln eines verträglichen Miteinanders und im Sinne demokratischer Verständigungsprozesse zu lösen. Verständigung ist daher nicht nur Voraussetzung der pädagogischen Grundlegung der Partizipation, sondern auch deren logische Konsequenz.

Schlüsselkompetenzen

Bildung und Erziehung in Kindertageseinrichtungen sind nach den Rahmen-, Orientierungs- oder Bildungsplänen aller Bundesländer darauf ausgerichtet, den Erwerb von Schlüsselkompetenzen bei Kindern zu unterstützen und zu fördern. Dabei handelt es sich um personale, soziale, lernmethodische und Sachkompetenzen. Ziel der pädagogischen Praxis ist es demnach, dass Kinder mit sich selbst, mit anderen sowie mit den Dingen und Phänomenen der Welt zurechtkommen und dabei Vertrauen in die eigenen Lernfähigkeiten entwickeln. Die vier Kompetenz-Dimensionen lassen sich anhand von allgemeinen, bereichsübergreifenden Beispielen sowie konkreten Beispielen der Bewegungsbildung verdeutlichen.

Personale Kompetenzen

Bereichsübergreifend: Identität, Selbstbewusstsein und Selbstwert entwickeln; Gefühle er- und ausleben; eigene Bedürfnisse spüren und ausdrücken; Ideen entwickeln und an eigenen Fragen „dran bleiben"; Erfolge suchen und bei Misserfolgen nicht gleich aufgeben.

Bereichsspezifisch: den eigenen Körper erkunden und kennen lernen; sich im eigenen Körper wohl fühlen; ein Körperkonzept entwickeln; sich körperlich ausprobieren; körperliche Reaktionen wahrnehmen und deuten; Lust und Unlust ausdrücken können; körperliche Ausdrucks- und Darstellungsmöglichkeiten erkunden; Körperkontakt mit anderen suchen und genießen können; Sinneseindrücke erfahren; Bewegungsmöglichkeiten erleben; motorische Fähigkeiten und

Fertigkeiten entwickeln; etwas wagen; Situationen und eigene Leistungsmöglichkeiten einschätzen; Spannung erleben; eigene Leistung erleben und verstehen; schwierige Bewegungsherausforderungen meistern; eigene Grenzen erweitern wollen; gerne alleine spielen; eigene körperliche Bedürfnisse, Interessen und Gefühle für andere verständlich zum Ausdruck bringen; sich seiner Identität als Mädchen bzw. Junge bewusst werden.

Soziale Kompetenzen

Bereichsübergreifend: Bedürfnisse, Gefühle und Erwartungen anderer wahrnehmen; Unterschiede in Bedürfnissen und Interessen wahrnehmen; Standpunkte und Sichtweisen anderer wahr- und einnehmen; Konflikte aushandeln; Verantwortung für andere übernehmen; gemeinsam handeln; Werte und Normen verinnerlichen; ethische und religiöse Fragen thematisieren.

Bereichsspezifisch: sich gerne mit anderen bewegen; Bewegungs- und Spielideen gemeinsam entwickeln; Spielvereinbarungen treffen und situationsgerecht verändern; kooperativ zusammen spielen und sich gemeinsam bewegen; sich mit Vorschlägen für Bewegungsspiele einbringen; sich in Bewegungs- und Spielsituationen konkurrenzorientiert auseinandersetzen; mit anderen Regeln und Vereinbarungen erfinden, aushandeln und einhalten; sich abgrenzen können; Grenzen anderer wahrnehmen und akzeptieren; Gegner als Partner achten; körperlich-motorische Fertigkeiten von anderen wahrnehmen; andere helfend unterstützen; sich einfühlen können in Menschen, die anders erleben; Bewegungsgestaltungen und einfache Tänze gemeinsam entwickeln und präsentieren; Spiel- und Bewegungsräume gemeinsam gestalten; eigene Interessen anderen gegenüber vertreten.

Lernmethodische Kompetenzen

Bereichsübergreifend: Bewusstsein für eigene Lernprozesse entwickeln; Zusammenhänge herstellen und Begriffe bilden; Zuversicht, schwierige Aufgaben bewältigen zu können; Zuversicht, etwas verändern zu können; Gelerntes rekapitulieren und kommunizieren; Widersprüche und Übergänge bewältigen.

Bereichsspezifisch: Signale des Körpers als Maß für Wohlbefinden wahr- und ernst nehmen; Bewusstsein für eigene körperliche, motorische und sinnliche Lernprozesse entwickeln; gelernte motorische Fertigkeiten rekapitulieren und benennen können; Bewegungen miteinander verbinden; das Bewegungskönnen erweitern; Bewegungsmöglichkeiten mit neuen Materialien bzw. in veränderter Umwelt erproben; Bewegungsgestaltungen und einfache Tänze lernen; anderen gelernte Bewegungen und Spiele erklären; eigene körperliche bzw. motorische Stärken ausbauen wollen; auf neue Bewegungs- und Körpererfahrungen neugierig sein; den eigenen Bewegungsradius ausweiten; Lust am (Bewegungs-)Lernen haben.

Sachkompetenzen

Bereichsübergreifend: Dinge und Erscheinungen mit allen Sinnen wahrnehmen; sich sprachlich und nicht-sprachlich ausdrücken und verständigen; Fertigkeiten im Umgang mit Materialien, Werkzeugen, Alltagsgegenständen und Geräten; Zusammenhänge erkennen; sich Wissen beschaffen.

Bereichsspezifisch: Aufbau und Funktionen des menschlichen Körpers kennen lernen; die Bedeutung der Wahrnehmung erfahren und die Sinnesorgane benennen können; körperliche Ausdrucks- und Darstellungsmöglichkeiten erkunden; eigene motorische Fähigkeiten und Fertigkeiten erleben und benennen können; Begriffe kennen, die Gefühle und körperliche Bedürfnisse ausdrücken; Bewegungs-, Spiel- und Sportgeräte kennen lernen, benennen, handhaben bzw. aufbauen können; Spielregeln kennen lernen; anderen Spiele (Spielideen, -regeln, -rollen) erklären; Zusammenhänge von Bewegung bzw. Sport und Gesundheit erfahren; Wissen darüber erlangen, was einem gut tut und was einem schadet; Grundverständnis über kulturelle Unterschiede im Umgang mit Bewegung, Körper und Gesundheit entwickeln.

2.2.2 Orientierungen aus sportpädagogischer Perspektive

Die skizzierten allgemeinen Orientierungen müssen für die Bewegungsbildung durch sportpädagogische Grundlegungen ergänzt und konkretisiert werden. Indem Kindertagesstätten diesen Bildungsbereich berücksichtigen, kommen sie ihrer Verantwortung sowohl für eine ganzheitliche Förderung von Entwicklungs- und Bildungsprozessen als auch ihrem Bildungsauftrag der Erschließung der Bewegungs-, Spiel- und Sportkultur nach. Kinder erhalten Gelegenheiten, Schlüsselkompetenzen zu erwerben, indem sie sich über Körper- und Bewegungserfahrungen bzw. in Spiel und Sport mit

- Sich selbst
- Ihren Mitmenschen

- Ihrer räumlichen und materialen Umwelt
- Ihren (motorischen) Übungs- und Lernerlebnissen
- Aktivitäten und Handlungsmustern von Bewegung, Spiel und Sport auseinandersetzen.

Um die Entwicklungs- und Bildungsprozesse jedes Kindes zu fördern, müssen ihre individuellen Voraussetzungen, Bedürfnisse und Interessen berücksichtigt werden. Aufgabe der Erzieherin ist es, diese durch Beobachtung oder im Dialog in Erfahrung zu bringen und in der Angebots-, Raum-, Zeit- und Materialgestaltung zu beachten.

Für Erzieherinnen stellt sich außerdem die Aufgabe, Kindern die Vielfalt von Bewegung, Spiel und Sport erfahrbar zu machen, sinnerfülltes Bewegen anzuregen und Sporttreiben als Teil selbstverantwortlicher Lebensgestaltung anzubahnen. Unser Konzept der kindlichen Bewegungsbildung bezieht sich damit auf die gesellschaftliche Wirklichkeit von Körper-, Bewegungs-, Spiel- und Sportkultur(en). Das schließt auch ein, gemeinsam mit den Kindern den Sport in seinen geläufigen, institutionalisierten Formen auf seine Sinnhaftigkeit zu untersuchen und gegebenenfalls für die eigene Praxis zu ändern. Um diesen Ansprüchen gerecht zu werden, sind folgende zwei Prinzipien in der Bewegungsbildung zu berücksichtigen: die Mehrperspektivität und die Vielseitigkeit.

Mehrperspektivität

Bewegung in Kindertagesstätten sollte aus (sport-)pädagogischer Sicht nicht nur der Entfaltung körperlich-motorischer Kompetenzen dienen, sondern auch zu vielseitiger Bedürfnisbefriedigung und ganzheitlicher Entwicklungsförderung beitragen. Diese Forderung wird mit dem Prinzip der Mehrperspektivität eingelöst. Mehrperspektivität ist keine Erfindung der Sportpädagogik. Dahinter steht ein in den 1970er Jahren vor allem von Gotthilf Hiller entwickelter Ansatz für den Grundschulunterricht (Duncker 2004), der für den gesamten Sportunterricht seit mittlerweile drei Jahrzehnten fruchtbar gemacht und weiterentwickelt wurde. Weil es pädagogisch so grundlegend ist, kann das Prinzip der Mehrperspektivität jedoch nicht nur für die Schule und entsprechende Altersgruppen Geltung beanspruchen, sondern vermag auch die Bewegungsbildung in Kindertageseinrichtungen anzuleiten.

Unter dem Prinzip der Mehrperspektivität wird das Handeln von Menschen in Bewegung, Spiel und Sport, aber auch im Hinblick auf Körper und Gesundheit als sinn-geleitetes und sinn-suchendes Tun gedeutet. Der damit verbundene

Auf die Perspektive kommt es an

Sinn kann von Person zu Person unterschiedlich sein und verändert sich in der Regel im Verlauf des Lebens. So entwickeln sich das Interesse und die Neigung zu wettbewerbsorientierten Situationen im Zusammenhang mit Bewegung, Spiel und Sport erst im Zuge der kindlichen Entwicklung und unter den kulturellen Bedingungen moderner „Leistungsgesellschaften". Sie kommen zumeist im Jugendalter zu einem Höhepunkt und schlagen sich in der weit verbreiteten Ausübung von Sportarten, der Teilnahme an Training und Wettkampf nieder. Für einen Großteil der Menschen verlieren sie dann im weiteren Lebenslauf an Bedeutung und an ihre Stelle treten zunehmend Orientierungen, die mit der eigenen Gesundheit verknüpft sind. Einige gesellschaftlich bedeutsame Sinnzuschreibungen hinsichtlich Bewegung, Spiel und Sport werden zudem durch Medien (Fernsehen, Zeitschriften, Internet) vermittelt und verstärkt. Daher sollten insbesondere Pädagogen Bewegung und Sport nicht einperspektivisch, sondern vielmehr mehrperspektivisch betrachten. Auf der Grundlage von einerseits motivationspsychologischen Untersuchungen und einer Analyse der Möglichkeiten des Sports andererseits hat der Sportpädagoge Dietrich Kurz sechs pädagogisch bedeutsame Sinnperspektiven identifiziert: Eindruck, Ausdruck, Miteinander, Gesundheit, Spannung und Leistung (→ Kap. 2.3).

Bewegung, Spiel und Sport in Kindertagesstätten mehrperspektivisch zu gestalten, folgt zum einen dem Anspruch, die körperlich-motorischen und sportlichen Kompetenzen von Kindern zu fördern *(spezifische* Handlungsfähigkeit). Zum anderen ist damit auch die Entwicklung einer produktiv-kritischen Betrachtung eigener und gesellschaftlicher Motive im Hinblick auf Bewegung, Spiel und

Sport verbunden (*allgemeine* Handlungsfähigkeit). Indem Kinder vielfältige und viele Sinne beanspruchende Körper-, Bewegungs- und Sporterfahrungen sammeln, können sie diese auf ihre Sinnhaftigkeit prüfen. So werden sie befähigt, ihren eigenen Sinn im Sich-Bewegen und Sporttreiben (zukünftig und lebenslang) zu finden.

Mit dem Prinzip der Mehrperspektivität werden sowohl die Vielfalt individueller sowie gesellschaftlicher Erwartungen, Bedürfnisse, Motive und Sinngebungen im Zusammenhang mit Bewegung und Sport als auch die Breite pädagogischer Förderungsmöglichkeiten berücksichtigt und auf fruchtbare Weise verknüpft (Balz & Kuhlmann 2003, S. 73). Mehrperspektivität erlaubt es, die Bewegungsbildung vor allem im Hinblick auf Ziele und Inhalte zu ordnen, aber auch die Bildung des einzelnen Kindes im Blick zu behalten: Unter den verschiedenen Perspektiven erfolgt die je eigene Stellungnahme zum Sich-Bewegen oder zum Sport, unter ihnen entwickeln sich Handlungs- und Verhaltensweisen, die mit Schlüsselkompetenzen in Verbindung gebracht werden können.

Für Erzieherinnen ergeben sich folgende Fragen:

- Warum bewege ich mich gerne, warum weniger gerne?
- Warum treibe ich Sport bzw. warum treibe ich keinen Sport?
- Was suche ich im Sport?
- Was finde ich im Sport?
- Was bedeuten Bewegung oder Sport für mein Leben?
- Wann sind Bewegung bzw. Sport für mich sinnvoll?
- Warum bewegt sich dieses Kind gerne, das andere weniger gerne?
- Welchen Sinn sucht oder findet dieses Kind im Sich-Bewegen?
- Unter welchen Sinnperspektiven finden Bewegungsangebote in unserer Kindertageseinrichtung statt?
- Wie müssen Bewegungsaufgaben aussehen, damit jedes Kind alternative oder genau eingegrenzte Sinneserfahrungen machen kann?
- Welche Hinweise und Hilfen braucht dieses Kind, damit es die ihm bislang verdeckt gebliebenen Sinnzusammenhänge erkennen kann?

Vielseitigkeit

Mehrperspektivität verwirklicht sich an ausgewählten Inhalten, die das breite und vielfältige Spektrum von Bewegung, Spiel und Sport berücksichtigen. Seit etlichen Jahren weisen die Entwicklungen in diesem Bereich eine enorme Dynamik auf, sodass mittlerweile ein kaum noch zu überblickendes Spektrum von Bewegungsaktivitäten existiert:

- Neue Sportarten werden erfunden (Nordic Walking) oder entstehen aus Kombinationen (Wind-, Kitesurfen).
- Traditionelle, fast in Vergessenheit geratene Bewegungsaktivitäten werden aktualisiert (Seilspringen – heute auch: Rope Skipping) oder durch neue Geräte weiterentwickelt (Inlineskating).
- Bekannte Sportarten entwickeln sich zu modernen Varianten weiter (Streetball, Beachvolleyball).
- Gängige Sportarten werden kombiniert (Triathlon).
- Der Gesundheitssport produziert neue Moden (Walking) und integriert in seine Bewegungsprogramme Entspannungstechniken und Meditationsübungen.
- Sportarten und Bewegungsaktivitäten aus anderen Kulturkreisen stoßen auf Interesse (Karate, Taijiquan, Bumerangwerfen).
- Die Fitnessbewegung und ihre kommerziellen Studios bieten immer „neue" Formen des Kraft- und Ausdauertrainings (Pilates, Vibrationstraining, Step-Aerobic, Spinning) an.

Mit der inhaltlichen Weiterentwicklung des Sports gehen eine Auflösung des traditionellen Sportverständnisses und eine Erweiterung der Motivlagen einher. Im Zuge dieses Entwicklungsprozesses gelten nicht mehr nur die normierten, durch ein festes Regelwerk standardisierten Sportarten als Sport, sondern auch die vielfältigen, wenig reglementierten Bewegungsformen, die für individuelle und situationsspezifische Auslegungen offen sind.

Vor diesem Hintergrund ist im Hinblick auf die Inhalte unseres Konzepts der Bewegungsbildung ein erweitertes Sportverständnis erforderlich. Die möglichen Inhalte werden als „Bildungsthemen" bezeichnet und verstehen sich als offen auszulegende Bewegungs-, Spiel- und Sportaktivitäten, die in der Sportpädagogik auch unter dem Begriff „Bewegungsfelder" firmieren und sich in den Lehrplänen für die Grundschule vieler Bundesländer wieder finden.

Wir haben bei der Auswahl der Bildungsthemen – pädagogisch gewichtet und geordnet – sowohl neuere Inhalte einbezogen als auch bewährte Gegenstände aus dem traditionellen Kanon des Kinder-, Jugend- und Schulsports oder der Psychomotorik aufgegriffen, die für unser Konzept anschlussfähig sind.

Demnach umfasst unser Konzept der Bewegungsbildung acht Bildungsthemen:

- Bewegungsfähigkeiten ausprägen und den Körper wahrnehmen
- Spiele und Spielen
- Laufen – Springen – Werfen
- Bewegen an Geräten
- Gestalten – Tanzen – Darstellen
- Gleiten – Fahren – Rollen
- Ringen – Raufen – Kämpfen
- Bewegen im Wasser.

Die ersten beiden Bildungsthemen sind übergreifend und von grundlegender Bedeutung. In ihnen wird das Fundament für die anderen Bildungsthemen gelegt, die jeweils eine Bandbreite von Bewegungs-, Spiel- und Sportaktivitäten enthalten. Die hier genannten Bewegungsformen bilden das Spektrum der grundlegenden Tätigkeiten und Erfahrungsbereiche ab, die für unsere Bewegungs- und Sportkultur bedeutsam sind. Zugleich verweisen die Bildungsthemen mittelbar auf gesellschaftlich relevante und verbreitete Sportarten, also solche, die sowohl zum Gegenstand des (Grund-)Schulsports gehören (sollten) als auch von vielen Heranwachsenden spätestens im Jugendalter betrieben werden: Leichtathletik, Gerätturnen, Gymnastik und Tanz, Roll-, Wasser- und Wintersport sowie (Zwei-)Kampfsport und Schwimmen.

Im Zusammenhang mit den Bildungsthemen und mit Blick auf die konkrete Lerngruppe ergeben sich für Erzieherinnen u. a. folgende Fragen:

- Welche Bildungsthemen werden in unserer Kindertagesstätte berücksichtigt?
- Worin besteht das Wesentliche, Zentrale, Erfahrungsvolle und Erkenntnisleitende der Bildungsthemen?
- Warum sollen sich gerade *diese* Kinder damit auseinander setzen?
- Welche Erfahrungen kann jedes Kind in der Begegnung mit den Bildungsthemen sammeln?
- Welche Kompetenzen kann jedes Kind erwerben?
- Welche Inhalte, Themen und Fragen der Kinder können Berücksichtigung finden?

2.2.3 Orientierungen aus methodischer Perspektive

Neben Zielen und Inhalten unseres Konzepts der Bewegungsbildung sind methodische Grundlegungen als Orientierungsrahmen für das pädagogische Handeln hilfreich. Sie liefern Anregungen und Hinweise zur Gestaltung von Bewegungsangeboten sowie zur Initiierung und Unterstützung von Lernprozessen in der Bewegungsbildung. Schließlich sind insbesondere im Elementarbereich bereichsübergreifende Lern- und Bildungserfahrungen zu ermöglichen, um den Aufgaben der Kindertageseinrichtungen gerecht zu werden.

Vor allem folgende methodische Grundlegungen erscheinen notwendig, um Kindern Selbst-Bildungsprozesse zu ermöglichen und die pädagogischen Potenziale von Bewegung, Spiel und Sport zu eröffnen: Beobachten und Inszenieren, Individualisieren und Integrieren, Öffnen und Anregen, Wiederholen und Anwenden sowie Erfahren und Begreifen. Sie finden sich in allgemeiner Absicht auch in den meisten Bildungs- oder Orientierungsplänen, werden aber in den anschließenden Zeilen für die Bewegungsbildung konkretisiert.

Beobachten und Inszenieren

Das zentrale pädagogische Spannungsfeld in der Elementarbildung entsteht zwischen der Strukturierung des kulturellen Erbes durch Erwachsene auf der einen Seite und der Entwicklung von Konzepten und Deutungen durch Kinder auf der anderen Seite. Aufgabe der Erzieherin ist es, diese beiden Pole in der Praxis der Kindertageseinrichtung aufeinander zu beziehen, indem sie die soziale und institutionelle Umwelt entsprechend gestaltet. Das erfordert anspruchsvolle „Konstruktionsleistungen“, die in einem spiralförmigen Prozess des Wechsels von Beobachten und Inszenieren hervorgebracht werden.

Die Konstruktionsleistung beginnt mit der systematischen Beobachtung jedes Kindes und der anschließenden Dokumentation, Reflexion, Auswertung und Interpretation des Wahrgenommenen (siehe Beobachtungsbogen im Anhang). Aus diesem gesamten Beobachtungsprozess heraus entwickeln die Erzieherinnen Ziele und leiten Handlungen ab. Dieser Prozess wird als „Inszenierung“ bezeichnet, da er dem Erfinden und künstlerischen Hervorbringen viel mehr ähnelt als dem Abarbeiten eines Plans.

Die systematische Aufmerksamkeit für jedes einzelne Kind und das Nachdenken darüber sind Voraussetzungen für jedes pädagogische Handeln. Erzieherinnen entscheiden immer wieder, welche Erfahrungen und Themen für das Aufwachsen in unserer (zukünftigen) Gesellschaft notwendig sind und wie sie diese den Kindern anbieten können. In dieser Balance zwischen den Perspekti-

Eine Inszenierung – zwei Aufführungen

ven der Kinder und der Erwachsenen gestalten Erzieherinnen die pädagogische Praxis und stimmen sie auf die Bildungsbedürfnisse der Kinder ab. Sie beantworten die Themen der Jungen und Mädchen bzw. muten ihnen Themen zu.

Individualisieren und Integrieren

Mädchen und Jungen kommen mit sehr unterschiedlichen körperlich-motorischen Erfahrungen, Fähigkeiten und Fertigkeiten in die Kindertageseinrichtung. Sie unterscheiden sich auch in anderen Dimensionen, wie der sozialen, emotionalen oder kognitiven Entwicklung, sowie im Hinblick auf Alter, Geschlecht, Bedürfnisse, soziale oder kulturelle Herkunft. Diese Ungleichheiten dürfen nicht als Schwierigkeiten für die Inszenierung von Bildungsprozessen verstanden werden, sondern im Gegenteil als fruchtbare Anstöße: Gelungene Bildungsprozesse, Entwicklungen und Veränderungen entstehen sehr oft aus der Unterschiedlichkeit. Tageseinrichtungen für Kinder fördern daher eine Kultur, in der Unterschiede als wichtige Bildungsressource wertgeschätzt werden. Insofern geht es nicht darum, Kinder von Anfang an auf die gleichen Ziele hin zu trimmen. Kinder werden mit „Differenzen umso respektvoller und produktiver umgehen können, je respektvoller und produktiver es gelingt, mit ihren individuellen Unterschieden umzugehen.“ (Schäfer 2003, S. 40) In diesem Sinne

besteht die Aufgabe in der Bewegungsbildung der Kindertagesstätte darin, die Unterschiede, die vielfältigen Verfassungen und Einstellungen der Kinder zu berücksichtigen und ihnen individualisierend und integrierend gerecht zu werden.

Individualisieren bedeutet, allen Mädchen und Jungen passende Erfahrungs- und Lerngelegenheiten zu ermöglichen, die Könnenserfahrungen zulassen. Die schwächeren Kinder sollen erleben, dass sie etwas gut können. Dies ist grundlegende Voraussetzung dafür, sich anderen, steigenden Bewegungsanforderungen zu stellen. Die stärkeren Kinder benötigen andere Herausforderungen und zusätzliche Bewegungsmöglichkeiten, damit auch sie entsprechend ihrer individuellen Voraussetzungen unterstützt und gefördert werden. Zudem können es die unterschiedlichen Körper- und Bewegungserfahrungen notwendig machen, geschlechterbewusst zu differenzieren. Dabei muss es nicht immer darum gehen, Mädchen zu stärken und Jungen für sich und andere zu sensibilisieren. Auch in der Bewegungsbildung können die geschlechtertypischen Voraussetzungen und Zugänge durchaus auch einmal akzeptiert und pädagogisch reflektiert unterstützt werden.

Darüber hinaus haben Erzieherinnen die Aufgabe, alle Kinder mit ihren individuellen Fähigkeiten, Fertigkeiten und Problemlagen sowie ihren Unterschieden so zu integrieren, dass sie gemeinsame (Bewegungs-)Erfahrungen machen können. Dafür ist es erforderlich, Situationen zu schaffen, in denen sich alle Kinder mit ihren jeweiligen Fähigkeiten einbringen und zu einem gelingenden Miteinander beitragen können. Kinder können dadurch zum Beispiel lernen, sich und andere in Spiele und Bewegungshandlungen zu integrieren und so zu unterstützen, dass alle ihre Bewegungsabsichten verfolgen und am gemeinsamen Spiel oder Bewegen teilhaben können. Chancengerechtigkeit für alle Kinder lässt sich nur durch Vielfalt – nicht durch Gleichheit – der Angebote entwickeln.

Öffnen und Anregen

Kindertageseinrichtungen sind offen für unterschiedlichste Bedürfnisse, Interessen, Vorlieben und Gewohnheiten von Mädchen und Jungen. Von daher benötigen die Kinder sowohl Zeit und Raum als auch Material, um sich bewegen oder ausruhen zu können. Im Rahmen von Bewegungsangeboten haben Kinder vielfältigste Möglichkeiten, eigene Ideen und Vorgehensweisen einzubringen. Trotz der Planungen der Erzieherin, die sich zunächst auf die Vorbereitung und die Bereitstellung anregender Materialien erstreckt, bleibt genügend Raum für spontane Einfälle der Kinder. So können sie ihre jeweiligen (Bewegungs- und Ruhe-)Bedürfnisse, Erfahrungen und Kompetenzen einbringen. Dies erfordert eine grundsätzlich offene Haltung seitens der Erzieherinnen. Indem sie die Kinder beobachten, sich mit ihnen verständigen und Vereinbarungen treffen, beteiligen sie sie nicht nur, sondern regen sie auch zu selbstständigem und verantwortungsbewusstem Handeln an.

Offenheit meint allerdings nicht Planlosigkeit. Eine so genannte „offene Planung" ist dadurch gekennzeichnet, dass sie ein Wechselspiel zwischen den pädagogisch begründeten Vorbereitungen der Erzieherin und den aktuellen, situationsabhängigen Bedürfnissen, Interessen und Vorschlägen der Kinder ermöglicht. So gibt die Erzieherin den Kindern im Bewegungsangebot Orientierungen (z. B. durch Geräte, Materialien und Spielvorschläge). Innerhalb dieses Rahmens haben die Kinder allerdings genügend Spielraum, eigene Vorschläge, (Problem-)Lösungen und Ideen einzubringen.

Offenheit bedeutet auch, dass Kinder Entscheidungs- und Wahlmöglichkeiten haben. Das betrifft sowohl die grundsätzliche Teilnahme an Bewegungsangeboten als auch die Entscheidung, zum Beispiel in Spielen bestimmte Rollen zu übernehmen oder eine Gerätekombination anderen vorziehen zu können. Im Vertrauen auf den Aufforderungscharakter der Materialien, Geräte oder Spiele kann die Erzieherin es dem Kind überlassen, ob und wie es sich einbringt. Einige, vor allem auch jüngere Kinder brauchen allerdings zunächst Zeit zum Beobachten und Zuschauen und beteiligen sich dann von selbst. Kindern sollte die Möglichkeit gegeben werden, selbstbestimmt zu handeln und eigene Entscheidungen für oder gegen eine Aktivität oder Rolle zu fällen. Diese Fähigkeiten müssen Kinder erst entwickeln. Sie dürfen dabei weder überfordert (z. B. durch einen zu großen Entscheidungsspielraum), noch unterfordert werden (z. B., indem ihnen durch Anweisungen eigene Entscheidungen abgenommen werden). Handlungen, für die sich das Kind selbst entschieden hat, haben auch weitaus größere Chancen, zur Entwicklung und Entfaltung seiner Selbständigkeit beizutragen.

Das durch Offenheit und Verständigung gekennzeichnete pädagogische Handeln wird ergänzt durch Anregungen. Schließlich haben alle Kinder ein Bedürfnis und Anrecht darauf, in ihren Erfahrungs- und Lernprozessen durch die Fachkompetenz der Erzieherin unterstützt zu werden. In diesem Sinne kann die Erzieherin Kindern ein Thema zumuten, sie also dazu anregen, etwas Neues auszuprobieren oder ein Problem zu lösen. Durch die Frage „Wie kann man...?" (statt „Wir machen...") oder die Anregung „Probiert einmal aus..." (statt „Wer kann...?") werden Kinder dazu aufgefordert, eigene Lösungswege zu finden und weniger nachzuahmen oder vorgegebene Ergebnisse zu erreichen. Daher sind auch Ab- und Umwege oder gar vermeintliche Irrwege, die nicht direkt zur Lösung beitragen, für den Bildungsprozess durchaus sinnvoll.

Angebote und Aufgaben, Versuche und Experimente fordern Kinder heraus. Indem ihr Interesse geweckt bzw. berücksichtigt wird sowie ihre Eigenaktivität und Selbsttätigkeit angeregt werden, können Selbstbildungsprozesse initiiert und gefördert werden. Dabei können zwei Regeln, die beim „Bewegen nach Hengstenberg" gelten, die Kinder unterstützen: (1) Lass dir Zeit! und (2) Tu nur, was du dir allein zutraust!

Wiederholen und Anwenden

Kinder brauchen nicht nur Möglichkeiten, Neues auszuprobieren, sondern auch Gelegenheiten, um Bekanntes zu wiederholen und zu üben. So erlangen sie Bewegungssicherheit und schaffen die Voraussetzung dafür, sich mit neuen Anforderungen auseinanderzusetzen und ihr Bewegungsrepertoire zu erweitern. Gleichzeitig erhalten sie Gelegenheiten, ihr erworbenes Können in für sie sinnvollen und bedeutsamen Zusammenhängen anzuwenden. Anstelle von Aufgaben, die den Kindern vor- und dann von ihnen nachgemacht werden, treten Spiel- und Bewegungsanregungen, die in ein umfangreicheres, von ihnen mitgestaltetes Thema eingebettet sind. Von daher sind die Angebote für Kinder interessant und auffordernd zu gestalten, sollten aber dennoch die Einordnung in bisher Erfahrenes und Erprobtes im Sinne der „Akkomodation" (Piaget) ermöglichen.

Bei der Strukturierung von Bewegungsangeboten ist ein Wechsel von Phasen des freien Ausprobierens und Spielens mit Phasen des Übens und der Auseinandersetzung mit Bewegungsaufgaben sinnvoll. Wie Renate Zimmer (2003a) halten wir eine Orientierung an der (leider zu) häufig in der Schule verwendeten Gliederung von Sportstunden in einen einleitenden Aufwärmungs-, einen Haupt- und einen Ausklangsteil mit Abschlussspiel in der Bewegungsbildung in Kin-

Freude ohne Wettbewerb

dertageseinrichtungen für nicht zweckmäßig. Als Einstieg in ein Bewegungsangebot bieten sich lebhafte Spiele an, die dem Bewegungsdrang der Kinder entgegenkommen. Phasen des Ausprobierens und Spielens können durch Geräte oder Anregungen der Erzieherin unterstützt werden. In Abschnitten des Übens werden bekannte Bewegungen, aber auch Vorschläge der Kinder oder beobachtete Themen aufgegriffen. Die Mädchen und Jungen bekommen Zeit, sich mit Aufgaben auseinanderzusetzen, etwas weiter Fortgeschrittene können Problemlösungen variieren oder experimentieren. Den Abschluss des Bewegungsangebots kann ein von den Kindern gewünschtes Spiel bilden, aber auch ein Erfahrungsaustausch oder Entspannungsübungen. Letztere erleichtern zudem den Übergang zwischen den einzelnen Phasen, insbesondere den zum weiteren Tagesablauf der Einrichtung.

Besonderer pädagogischer Sensibilität bedürfen Spiele und vor allem Abschlussspiele: Vor dem Hintergrund unserer (erwachsenen!) Erfahrungen im und mit Sport neigen wir allzu leichtfertig dazu, Spiele im Sinne von Leistung und Wettbewerb zu interpretieren. Oftmals steht bei den (vor allem jüngeren) Kindern demgegenüber die reine Lösung der Bewegungs- oder Spielaufgabe und nicht der Gewinn im Mittelpunkt. Solche, wie es in der Fachdiskussion heißt, leistungsthematischen Situationen sollten mit Bedacht in die Inszenierungen der

Bewegungsbildung einfließen. Vor allem gegen Ende eines Bewegungsangebots platzierte Wettbewerbe oder Spiele mit Gewinnern und Verlierern verlangen wenigstens teilweise eine gemeinsame (pädagogische) Auf- und Verarbeitung.

Erfahren und Begreifen

Erfahren, also das eigene praktische Tun und Erleben, steht beim Bewegen in Kindertageseinrichtungen immer im Vordergrund. Je jünger Kinder sind, desto mehr sind sie darauf angewiesen, sich durch primäre, unmittelbare Erfahrungen, die durch körperliche Eigentätigkeit gewonnen werden, ein Bild von sich und ihrer Umwelt zu verschaffen. Indem sie selbstständig (körperliche) Erfahrungen sammeln und kreativ (Bewegungs-)Probleme lösen (dürfen), erweitern bzw. verändern sie ihr Bild von sich und der Welt.

Erzieherinnen sollten daher berücksichtigen und gewährleisten, dass Kinder über und durch Sinnes- und Bewegungserfahrungen bzw. ihre Bewegungshandlungen zu Einsichten gelangen können. Bewegung darf nämlich nicht als bloße motorische Aktion begriffen werden, sondern ist immer mit altersgerechten Verständigungs- und Einsichtsprozessen, mit Voraussetzungen und Wirkungen von Bewegungsaktivitäten, mit bewertenden Entscheidungen verknüpft. Indem Erfahrungen aus dem konkret erlebten Bewegungshandeln erwachsen und als Erkenntnisse auch darin wieder einfließen, „be-greifen" Kinder sich und die Welt immer ein Stück mehr. Geschehen kann das etwa, wenn Erfahrungen zur Sprache gebracht und Wirkungszusammenhänge in anschaulicher Weise entfaltet werden sowie wenn Raum und Zeit zur Verfügung stehen für eine einsichtsbildende Auseinandersetzung mit gemachten Erfahrungen. Wichtiger als die Vermittlung fertigen Wissens ist stets das selbsttätige Erfahren und Erkunden.

2.3 Sinnperspektiven von Bewegung und Sport

Mit dem pädagogischen Anspruch, in Kindertagesstätten Bewegung und Sport mehrperspektivisch erfahrbar zu machen, wird der Ansatz der Sinnperspektiven in unserem Konzept der Bewegungsbildung zentral berücksichtigt. Grundgedanke ist die Beobachtung, dass Menschen Bewegung, Spiel und Sport auf unterschiedliche Weise als sinnvoll erfahren und mit Sinn belegen. Das Erklimmen eines Klettergerüsts, eine Rolle vorwärts oder Fußballspielen sind für sich genommen nicht sinnvoll. Erst Menschen geben diesen Aktivitäten einen Sinn. Bewegungs- bzw. sportliches Handeln ist demnach sinn-geleitet und sinn-suchend. Die Sinngebung ist von Person zu Person unterschiedlich, kann von Situation zu Situation variieren und sich im Laufe des Lebens wandeln.

Vor diesem Hintergrund wird deutlich, dass es nicht den einen Sinn von Bewegung oder Sport geben kann. Auf der Basis von psychologischen Untersuchungen macht der Sportpädagoge Dietrich Kurz (1977) sechs zentrale Sinnperspektiven des Sports aus, denen auch aus pädagogischer Sicht entwicklungsfördernde Erfahrungszusammenhänge zugrunde liegen: Eindruck, Ausdruck, Miteinander, Gesundheit, Spannung und Leistung.

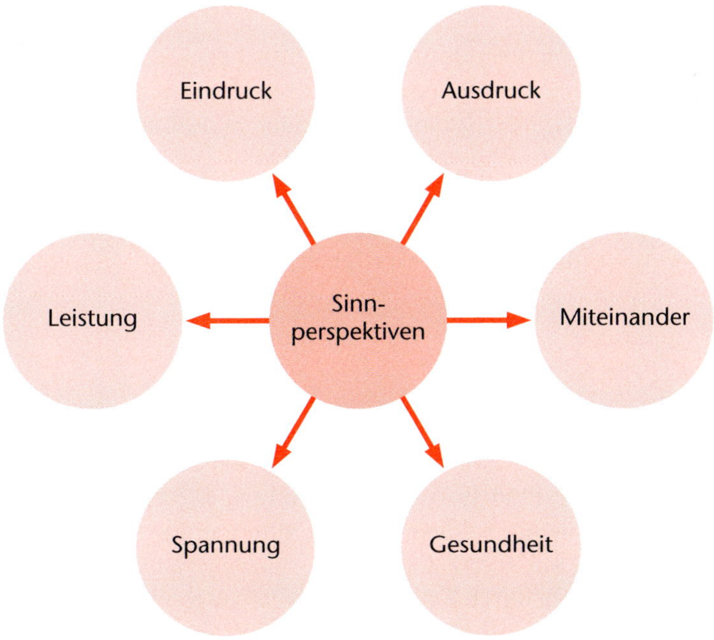

Sinnperspektiven von Bewegung und Sport

Jede Sinnperspektive bietet bestimmte Möglichkeiten, Bewegung, Spiel und Sport pädagogisch wertvoll zu erschließen. In ihrer Gesamtheit verdeutlichen sie die besonderen Möglichkeiten dieser Aktivitäten für die Unterstützung und Förderung kindlicher Bildungsprozesse, die kein anderer Bildungsbereich ersetzen kann.

Damit Kinder sich ein umfassendes und ausgewogenes Bild von der Vielfalt machen können, sind mehrere Sinnperspektiven beim Bewegen, Spielen oder Sporttreiben in Kindertageseinrichtungen durch verschiedene Zugänge zu berücksichtigen (Balz & Neumann 1999):

- *Akzentuieren* meint, eine untypische oder nicht erwartete Sinngebung mit dem Bildungsthema bzw. der Bewegungsform anzusprechen. Indem etwa beim Laufen die Aufmerksamkeit auf körperliche Empfindungen oder Eindrücke (z.B. barfuß laufen auf verschiedenen Untergründen) gelenkt wird, tritt die Sinngebung „Eindruck“ in den Vordergrund und „Leistung“ in den Hintergrund.
- *Kontrastieren* bedeutet, eine Bewegungsform nacheinander unter verschiedenen Sinnperspektiven zu erleben. So kann Laufen z.B. erfahren werden als gemeinsame Aktivität mit anderen, als Erleben von Geschwindigkeit oder körperlichen Anpassungen wie Herzschlag und Atmung (Gesundheit).
- *Integrieren* heißt, mehrere Sinnperspektiven bei einer Handlungssituation gleichzeitig erlebbar zu machen. So ergänzen sich z.B. im Spiel idealerweise mehrere Sinngebungen: soziales Miteinander, Spannung durch die Offenheit des Spiels und – mit pädagogischem Bedacht! – Leistungsaspekte.

Die Reihenfolge, in der die sechs Sinnperspektiven im Folgenden ausführlicher dargestellt werden, drückt keine Wertigkeit aus. Sie sind alle gleichermaßen wichtig.

Eindruck

Bei dieser Sinnperspektive stehen der Reiz, die Sensation, die Lust an den Bewegungen selbst oder Eindrücke der Umgebung (Natur, verschiedene Untergründe, Temperatur, Wind, Schnee usw.) im Mittelpunkt.

Das Kind erschließt sich durch Bewegungen Erfahrungen besonderer Art: so genannte primäre Erfahrungen. Diese werden unmittelbar und direkt durch das eigene Tun, die eigene Aktivität, den Einsatz des Körpers und verschiedener Sinne gewonnen. Das gesunde Kind kommt mit Bewegungsmöglichkeiten und

Wahrnehmungsfähigkeiten ausgestattet auf die Welt. Damit setzt es sich mit sich selbst und seiner Umgebung auseinander und sammelt Erfahrungen sowohl über sich und den eigenen Körper als auch über Regeln und Gesetzmäßigkeiten der materialen und sozialen Umwelt.

Bewegung unter der Sinnperspektive „Eindruck" ermöglicht Kindern, sich die damit verbundenen sinnlichen Erfahrungen zu erschließen. Durch das Sich-Bewegen werden vor allem das taktile System (Tastsinn), das kinästhetische System (Bewegungs-, Kraft-, Spannungs- und Stellungssinn) und das vestibuläre System (Gleichgewichtssinn) angeregt. Zudem sind das optische und akustische Sinnessystem (Seh- und Hörsinn) beteiligt. Möglichkeiten und Angebote im Bewegungsbereich, die alle Sinne ansprechen und vielfältige Anforderungen an die Wahrnehmungsfähigkeit stellen, stimulieren das Zusammenwirken der Sinne und fördern sowohl die sensorische Integration (Ayres 2002) als auch (motorische) Lernprozesse.

Darüber hinaus reizen die sinnlichen Empfindungen, Prozesse und Zustände, die mit Bewegungen verbunden sein können, zu weiteren körperlichen Aktivitäten. Sie tragen dazu bei, die Lust und Freude an der Bewegung zu wecken und zu erhalten. Indem derartige Empfindungen, Prozesse und Zustände durch eigenes körperliches Tun entdeckt, erprobt und erweitert werden können, stärken sie zugleich das Vertrauen der Kinder in die eigenen Fähigkeiten. Ein Anliegen von Bewegungsangeboten in Kindertagesstätten unter der Sinnperspektive „Eindruck" ist daher, dass Kinder sich die in den Bewegungen selbst liegenden Anreize erschließen. Zur Erweiterung der eigenen Bewegungsfähigkeiten kommt es darüber hinaus darauf an, zur aktiven Auseinandersetzung mit verschiedenen Materialien und Geräten sowie räumlichen Gegebenheiten aufzufordern.

Ausdruck

Hier geht es darum, Bewegungen so auszuführen, dass sie einem selbst und anderen gekonnt, kunstvoll, beeindruckend, ausdrucksvoll oder schön erscheinen.

Kinder erfahren durch Bewegung nicht nur Grundlegendes über sich und die Welt, sie drücken sich in ihr auch aus. Über ihren Körper, ihre Körpersprache (Mimik, Gestik, Haltung) und ihre Bewegungen transportieren sie Botschaften, die Rückschlüsse auf ihre Befindlichkeit zulassen. Insofern sind Körperhaltung und Bewegung Ausdrucks- und Kommunikationsmittel. „Wie man sich selbst

Flugzeuge fliegen unterschiedlich

erlebt und wie man sich anderen mitteilt, ist maßgeblich an den Körper als Medium und seine besonderen Ausdrucks- und Gestaltungsmöglichkeiten gebunden" (Bräutigam 2003, S. 129). So ist der Körper z.B. im Tanz, (Bewegungs-) Theater und in der Pantomime nonverbales Ausdrucksmittel.

Die Sinnperspektive „Ausdruck" berücksichtigt Möglichkeiten des körperlichen Ausdrucks und der Gestaltung von Bewegungen. Jungen und Mädchen können die Vielfalt, Variation und Kreativität von Bewegungen und Körperhaltungen erproben, mit Bewegungsmöglichkeiten des Körpers experimentieren sowie seelische Verfassungen ausdrücken. Die Beschäftigung mit dem eigenen Körper und seinen Bewegungsmöglichkeiten fördert die Fähigkeit, sich selbst und anderes (etwa Tiere) darzustellen sowie die eigene Individualität zum Ausdruck zu bringen. Werden Bewegungsgestaltungen nach räumlichen, zeitlichen, dynamischen bzw. rhythmischen Aspekten strukturiert, erfahren Kinder diese Phänomene am eigenen Körper.

Mädchen und Jungen können unter dieser Sinnperspektive zum einen die Gestaltung von Bewegungen als Prozess sowie als wiederholbares Ergebnis (z.B. einen Tanz) erleben. Zum anderen können sie lernen, Bewegungskunststücke zu gestalten und zu beurteilen. Bewegung bietet sich in diesem Zusammenhang zugleich als Medium für Bildungsprozesse in Bezug auf Ästhetik und Kreativität an.

Darüber hinaus ergeben sich durch die Gestaltung von Bewegungen mit der Partnerin bzw. dem Partner und in der Gruppe auch spezifische Möglichkeiten für die Erfahrung von Gemeinschaft, für kooperatives Handeln und soziales Lernen. Kulturelle Unterschiede hinsichtlich Bedeutung und Einsatz des Körpers bieten Ansatzpunkte, die in der Kindertagesstätte aufgegriffen werden können, um interkulturelles Verstehen und interkulturelle Kompetenz zu fördern.

Miteinander

Diese Sinnperspektive hat das Zusammensein mit anderen, das Gefühl von menschlicher Nähe und Geborgenheit, vielleicht auch Zusammengehörigkeit und Solidarität zum Thema.

Soziale Lernprozesse werden entscheidend durch die Erfahrungen beeinflusst, die Kinder im täglichen Umgang und im Zusammenleben mit anderen machen: „Hier lernen sie nachgeben und sich behaupten, streiten und sich versöhnen, sich durchsetzen und sich unterordnen, teilen und abgeben, aushandeln und bestimmen, sich gegenseitig ablehnen und sich akzeptieren“ (Zimmer 2003a, S. 30 f.). Bei Bewegung, Spiel und Sport haben Mädchen und Jungen Gelegenheit, Grundformen und Probleme des sozialen Miteinanders und Gegeneinanders zu erfahren und zu erproben. Darüber hinaus werden gemeinsames Handeln und arbeitsteiliges Kooperieren angesprochen sowie ein verantwortungsvolles und verträgliches Miteinander in leistungsorientierten Situationen des Wettkampfs und Wettspiels. Die Bereitschaft und Fähigkeit zur Verständigung über und Einhaltung bzw. Veränderung von Regeln können an Beispielen aus den Bildungsthemen zunehmend selbstständig und eigenverantwortlich von den Kindern entwickelt werden. So erhalten Jungen und Mädchen die Möglichkeit, den Wert sozial verlässlichen und verträglichen Handelns praktisch und unmittelbar zu erleben und zu reflektieren.

Unter der Sinnperspektive „Miteinander“ kann zum einen Gemeinschaft intensiv und wohltuend erlebt werden. Zum anderen können dabei Vereinbarungen getroffen und erprobt werden, die für das soziale Miteinander im gesamten Alltag gelten. Zwei Regeln des „Bewegens nach Elfriede Hengstenberg“ mögen dies verdeutlichen: nicht drängeln und schubsen, nicht „meckern“ und „motzen“. Bei Bewegung, Spiel und Sport erhalten Kinder Gelegenheit, eigenaktiv Einstellungen und Wertvorstellungen des sozialen Umgangs zu prüfen und zu erwerben. Außerdem können sie lernen, so miteinander umzugehen, dass die Wünsche und Erwartungen der Interaktionspartner ausgewogen Berücksichtigung finden.

Sich in der Bewegung verständigen

Anlässe für soziales Lernen und die Übernahme sozialer Verantwortung bieten alle Aufgaben, die durch gemeinsames, insbesondere arbeitsteiliges Handeln zu lösen sind. Das betrifft sowohl die Handlungen, die Bewegung, Spiel und Sport erst ermöglichen (wie Geräte bereitstellen, Materialien herrichten, Gruppen bilden, Rollen zuteilen und Regeln vereinbaren) als auch die gegenseitige Unterstützung und Beratung beim Lernen und Üben.

Gesundheit

Hier geht es darum, den körperlichen Ausgleich, die körperliche Beanspruchung und das daraus hervorgehende Wohlbefinden zu suchen und zu erleben.

Gesundheit ist mehr als die Abwesenheit von Krankheit. Sie beschränkt sich nicht auf einzelne Maßnahmen, wie etwa Zähne putzen, Körperhygiene und Verzicht auf Süßigkeiten, sondern umfasst den gesamten Lebensbereich der Kindertagesstätte und des Kindes mit seinen körperlichen, geistig-seelischen und sozialen Bedürfnissen.

Unsere modernen Lebensbedingungen erfordern eine besondere Beachtung des Themas Gesundheit. Bewegung und Sport gelten als wichtige Säulen der Gesundheitsförderung. Allerdings sind Zusammenhänge zwischen Gesundheit und Bewegung bzw. Sport nicht nur vielschichtig und kompliziert, sie werden auch kontrovers diskutiert. Keinesfalls ist davon auszugehen, dass Bewegungs- und Sportaktivitäten immer und in jeder Form gesund sind oder gesund machen. Gesundheit kann dadurch nicht verabreicht werden. Falsch verstandene oder ausgeführte Bewegungs- und Sportaktivitäten können die Gesundheit auch beeinträchtigen.

Fest steht, dass Bewegung für den Menschen ausgesprochen förderlich ist, um sich optimal entwickeln zu können. Dies gilt in besonderem Maße für Kinder. Allerdings kommt es darauf an, welche körperlichen oder sportlichen Aktivitäten von wem, auf welche Weise und wie oft betrieben werden. Auch hier gilt, dass gesundheitliche Wirkungen von der richtigen Dosierung abhängen. Diese ist individuell unterschiedlich und sollte auf die Bedürfnisse der Kinder abgestimmt sein. Der gewünschte Erfolg stellt sich zumeist erst dann ein, wenn Kinder von sich aus mit Lust und Freude an den Bewegungsaktivitäten teilnehmen. Voraussetzung dafür ist u.a. eine Atmosphäre des Vertrauens und der Freiwilligkeit, in der Kinder keine Angst haben und die Rahmenbedingungen dazu beitragen, dass sie sich ermutigt fühlen, ihr Können zu erproben und zu erleben.

Auch Pause muss mal sein

Unter der Sinnperspektive „Gesundheit“ geht es darum, die Gesundheit zu fördern und ein Gesundheitsbewusstsein zu entwickeln. Von daher erhalten Jungen und Mädchen Gelegenheiten, die Potenziale und Probleme von Bewegung und Sport im Hinblick auf Gesundheit und Wohlbefinden zu erfahren, gesundheitsorientiertes Sich-Bewegen kennen zu lernen, Auswirkungen dosierter Belastung und Reaktionen des Körpers zu erleben, Entspannung und Anspannung wahrzunehmen, ein Körperbewusstsein zu entwickeln. Pädagogisches Ziel ist es, Kinder zur Fürsorge für ihre Gesundheit zu befähigen, damit sie ein sinnerfülltes Leben führen können (Balz & Kuhlmann 2003).

Dafür ist es auch notwendig, dass Kinder lernen (können), für die eigene Lebensgestaltung Verantwortung zu übernehmen. Diese Fähigkeit verlangt zum einen das Erkennen und Berücksichtigen von (eigenen körperlichen, geistig-seelischen und sozialen) Bedürfnissen sowie die Möglichkeiten bzw. Kompetenzen, entsprechend für sich zu sorgen. Zum anderen erfordert diese Fähigkeit Wissen über Gesundheit und gesunde Lebensweise. Indem Kinder in Kindertagesstätten altersgerechtes Wissen und Kompetenzen diesbezüglich erwerben können, indem sie erfahren, dass ihre Bedürfnisse (z.B. nach Bewegung) ernst genommen und sie beteiligt werden, erleben sie Gesundheit und Wohlbefinden als aktiven Gestaltungsprozess (vgl. Seiffge-Krenke 2002).

Spannung

Bei dieser Sinnperspektive geht es darum, Situationen, deren Ausgang offen ist und in denen wir die besondere Lust des Ungewissen genießen können, zu suchen und zu erleben.

Die Neugier von Kindern und ihr Bedürfnis nach neuen Erfahrungen treibt sie an, unbekannten und spannungsreichen Aktivitäten nachzugehen. Bei Bewegung, Spiel und Sport können sie Situationen erleben, deren Ausgang zwar ungewiss ist, die sie aber selbst aktiv steuern können. Hierbei erproben, bestätigen und erweitern sie ihr Können. Sie suchen aus eigenem Antrieb Wagnisse und zwar nicht obwohl, sondern weil diese sie an ihre Grenzen führen. Spannende Situationen stellen eine Probe für die Selbsteinschätzung und das eigene Können dar, können aktivierend und ermutigend sein und die damit verknüpften Erfolgserlebnisse das Selbstwertgefühl steigern. So lässt sich schrittweise Identität entwickeln, sofern nicht Leichtsinn und Übermut dominieren. Situationen, in denen Kinder Spannung erleben, etwas wagen und das eigene Handeln verantworten können, sind typisch für viele Bildungsthemen, z.B. beim Spielen, Springen, Klettern, Balancieren, Tauchen und Fahren. Dabei hängt es von den individuellen Fähigkeiten und Erfahrungen ab, wo die Routine für das Kind endet und das Wagnis beginnt.

Unter der Sinnperspektive „Spannung" erhalten Kinder Gelegenheiten, anspruchsvolle und herausfordernde (Bewegungs-)Anlässe selbstständig zu meistern. Diese Erfahrungen ermöglichen wertvolle Einsichten: So können Jungen und Mädchen lernen, Schwierigkeiten von Aufgaben sowie das eigene Können realistisch einzuschätzen, die Folgen des Handelns für sich und andere verantwortlich zu kalkulieren, mit Befürchtungen und Ängsten umzugehen und diese zu überwinden, sich auf die eigenen Fähigkeiten (auch hinsichtlich vertrauensvoller Zusammenarbeit und Unterstützung) sowie auf partnerschaftliche Hilfe zu verlassen.

Viele spannende Situationen können Kinder nur meistern, wenn sie sich auf andere verlassen, die kooperieren, helfen oder sichern. Alle müssen dann wissen, was sie einander zutrauen können. Die Bewegungsbildung bietet die einzigartige Chance, gegenseitiges Vertrauen in gemeinsamen Wagnis-Situationen nicht nur zwischen Erzieherinnen und Kindern, sondern auch innerhalb der Kindergruppe zu fördern. Ferner vermag die Sinnperspektive „Spannung" den Bezug zu einer richtig verstandenen Sicherheitserziehung herzustellen. Es kann nicht darum gehen, alle möglichen Gefahrenmomente auszuschalten. Mädchen und Jungen müssen vielmehr Lerngelegenheiten erhalten, ihre Fähigkeiten realistisch einzuschätzen sowie Risiken zu erkennen, zu beurteilen und in gefährlichen Situationen angemessen zu handeln.

Leistung

Thema bei dieser Sinnperspektive ist, sich etwas vorzunehmen, sich etwas abzuverlangen, sich an Aufgaben zu messen und mit anderen zu vergleichen, seine Möglichkeiten und Grenzen zu erkennen.

Kinder haben ein Bedürfnis nach Leistung und Wetteifer. Sie wollen z. B. besser, schneller, stärker als andere sein und ein Spiel gewinnen. Allerdings lässt sich die Frage nicht eindeutig beantworten, ob der Wetteifer mit anderen ein natürliches Verhalten von Kindern ist oder ob sie entsprechende Erwartungen der Erwachsenen übernehmen. Wir mahnen zu besonderer pädagogischer Vor- und Umsicht im Umgang mit der Leistung, insbesondere im Hinblick auf den Wetteifer. Vor dem Hintergrund unserer (erwachsenen!) Erfahrungen im und mit Sport neigen wir allzu leichtfertig dazu, Bewegung und Spiel im Sinne von Wettbewerb zu interpretieren. Demgegenüber steht bei (vor allem jüngeren) Kindern

Soweit schaffe ich es

oftmals die reine Lösung der Bewegungs- oder Spielaufgabe und nicht das Gewinnen im Mittelpunkt. Es geht ihnen also vielmehr um die eigene Leistung und nicht um den Wettbewerb mit anderen. Sowohl aus motivationspsychologischer als auch pädagogischer Sicht ist dies zu unterstützen. Denn die Lernmotivation der Kinder wird umso schwerer zu bewahren sein, wenn eigene Leistungen und Erfolge in erster Linie aus Vergleichen mit anderen erwachsen. Aus dem sportlichen Wettbewerb gehen weniger Gewinner hervor, als man gemeinhin denkt: Denn der zweite eines Wettbewerbs ist bereits der erste Verlierer – und ihm folgen viele weitere Verlierer.

Unter der Sinnperspektive „Leistung" ist es daher wichtig, dass Kinder ihre möglichen Leistungen erfahren, verstehen und einschätzen. So können sie ein Selbstbild ihrer Fähigkeiten entwickeln. Bedeutsam ist dabei, Leistung als individuellen Prozess zu betrachten, bei dem die Handlungen eines Kindes mit seinen eigenen Leistungsvoraussetzungen und -fortschritten über einen Zeitraum betrachtet werden. In Bewegungs-, Spiel- und Sportsituationen haben Kinder zum einen Gelegenheit, ihr Können im Vergleich zu ihren anderen Leistungen zu betrachten (individuelle Bezugsgröße). Zum anderen können sie ihre Leistungen mit denen anderer Kinder vergleichen (soziale Bezugsgröße). Dies stellt sich bei Bewegung, Spiel und Sport sehr schnell ein, weil körperliche Leistungen von allen rascher, klarer und eindeutiger identifiziert werden können als andere (z.B. kognitive Fähigkeiten). Mit pädagogischer Umsicht inszeniert erfahren Kinder auf diese Weise etwas über ihre Stärken, aber auch ihre Schwächen und die unterschiedlichen Ausprägungen ihrer vielfältigen Fähigkeiten. Der ohne Bedacht provozierte Wettbewerb birgt viel mehr Gefahren für die kindliche Bildung als Gewinn. Auch die Betonung der individuellen Leistungsverbesserung ist nicht ganz so einfach in der Praxis umzusetzen, wie man auf den ersten Blick meint. Denn um sie dem Kind zugänglich zu machen, müssen die Fortschritte festgehalten, dokumentiert werden. Da präzis (mit Stoppuhr oder Maßband) messbare Leistungen für Bildungsprozesse im Kindergartenalter hierfür nicht geeignet sind, schlagen wir vor, hierzu das Können und die Entwicklung des Kindes (im Sinne von ausgewählten Bewegungen) schriftlich zu notieren und in die Gespräche mit ihm einfließen zu lassen.

Bewegungssituationen fordern das Kind in seiner Leistungsfähigkeit heraus und beeinflussen daher auch die Entwicklung seiner Leistungs- und auch Lernmotivation. Die Erfahrung, eine Anforderung durch eigene Anstrengung bewältigt zu haben, kann das Selbstwertgefühl und das Selbstvertrauen von Kindern stärken. Die Aufgaben sollten dafür an die individuellen Leistungsfähigkeiten der Kinder angepasst sein, damit sie weder Überforderung und Angst noch Unterforderung und Langeweile auslösen. Von daher sollten Bewegungsangebote, wo immer es geht, verschiedene Möglichkeiten der Bewältigung beinhalten. So hat jedes Kind die Möglichkeit das zu tun, was es sich zutraut. Die Art und Weise, wie es mit Aufgaben und Problemen umgeht, ist nicht nur von der objektiven Schwierigkeit abhängig, sondern auch von seinem Vertrauen in seine Leistungsfähigkeit, dem „Anspruchsniveau“. Jedes Kind hat sein individuelles Anspruchsniveau, das ersichtlich wird, wenn es sich für bestimmte Aufgaben selbst entscheiden kann, indem es aus unterschiedlichen Schwierigkeitsgraden den für sich passenden aussucht.

Unter der Sinnperspektive „Leistung“ können Kinder in Bewegung, Spiel und Sport nicht nur ihre Fähigkeiten weiterentwickeln, sondern auch zu einer realistischen Selbsteinschätzung ihres Könnens gelangen. Die pädagogischen Absichten liegen von daher in der Förderung des Selbstwertgefühls und Selbstvertrauens, der Leistungsbereitschaft und Leistungsmotivation. Darüber hinaus geht es auch darum, dass Kinder ihre empathischen Fähigkeiten weiterentwickeln können, indem sie etwa die eigenen Leistungen mit den Augen anderer sehen, sich in andere hineinversetzen, mit Bewältigung und Scheitern, mit Sieg oder Niederlage sowie mit den eigenen Empfindungen und denen anderer umgehen lernen.

2.4 Die Elemente des Konzepts

Das Anliegen dieses Buches ist es, sowohl ein systematisches Konzept der Bewegungsbildung als auch konkrete Anregungen für die alltägliche Praxis in Kindertageseinrichtungen zu bieten. Die besondere Schwierigkeit besteht dabei darin, aus allgemeinen Überlegungen ebenso anschauliche wie zweckmäßige Beispiele zu entwickeln. Hierfür verwenden wir einen Aufbau, der aus drei Elementen besteht: Auf allgemeiner Ebene ordnen die *Bildungsthemen* in einem ersten Schritt die thematische Breite von Bewegung, Spiel und Sport im Kindesalter. Mit Hilfe von *Bildungsschwerpunkten* werden die jeweiligen Themenfelder dann in einem zweiten Schritt weiter in einzelne wichtige Bereiche unterschieden. *Bildungssituationen* schließlich bieten auf konkreter Ebene Beispiele für die praktische Umsetzung unseres Konzepts.

Bildungsthemen

In Kindertagesstätten erhalten Kinder Gelegenheiten, die Vielseitigkeit und Vielfältigkeit von Bewegungs- und Körpererfahrungen ebenso wie von Spiel und Sport kennen zu lernen. Aus (sport-)pädagogischer Sicht sollten die ausgewählten Inhalte jedoch nicht nur Beliebiges aus dem weiten Spektrum von Bewegung, Spiel und Sport berücksichtigen, sondern gezielt Themen mit Bildungspotenzial aufgreifen, die Jungen und Mädchen zugemutet werden können. Daher werden sie in unserem Konzept als Bildungsthemen bezeichnet. Wir unterscheiden acht verschiedene Bildungsthemen, die wir im Folgenden zusammen mit

 Bewegungsfähigkeiten ausprägen und den Körper wahrnehmen

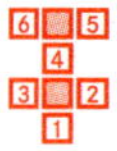 Spiele und Spielen

 Laufen – Springen – Werfen

 Bewegen an Geräten

 Gestalten – Tanzen – Darstellen

 Gleiten – Fahren – Rollen

 Ringen – Raufen – Kämpfen

 Bewegen im Wasser

Bildungsthemen mit Piktogrammen

den Piktogrammen auflisten, die in der Praxissammlung in Kapitel 3 zur besseren Orientierung verwendet werden.

Bildungsschwerpunkte

Durch Bildungsschwerpunkte wird einerseits der Zusammenhang zwischen Bildungsthemen und Sinnperspektiven hergestellt. Andererseits verfeinern sie die inhaltliche Ordnung der Bildungsthemen und empfehlen zentrale Zielbereiche der Bewegungsbildung. Sie erschließen also sowohl das inhaltliche als auch das pädagogische Spektrum von Bewegung, Spiel und Sport in diesem Altersbereich. Auf diese Weise bieten sie Erzieherinnen Orientierungen, unter welcher pädagogischen Akzentuierung sie das jeweilige Bildungsthema mit den Kindern umsetzen können.

Bildungssituationen

Konkretere Anregungen zur Umsetzung von Bildungsthemen und Bildungsschwerpunkten liefern die in der offenen Praxissammlung beispielhaft vorgestellten Bildungssituationen. Sie enthalten folgende Elemente:

- Bildungsthema
- Bezeichnung und Beschreibung des konkreten Angebots
- Bildungsschwerpunkt(e)
- Räume
- Material(ien)/Geräte
- Beobachtungsanregungen

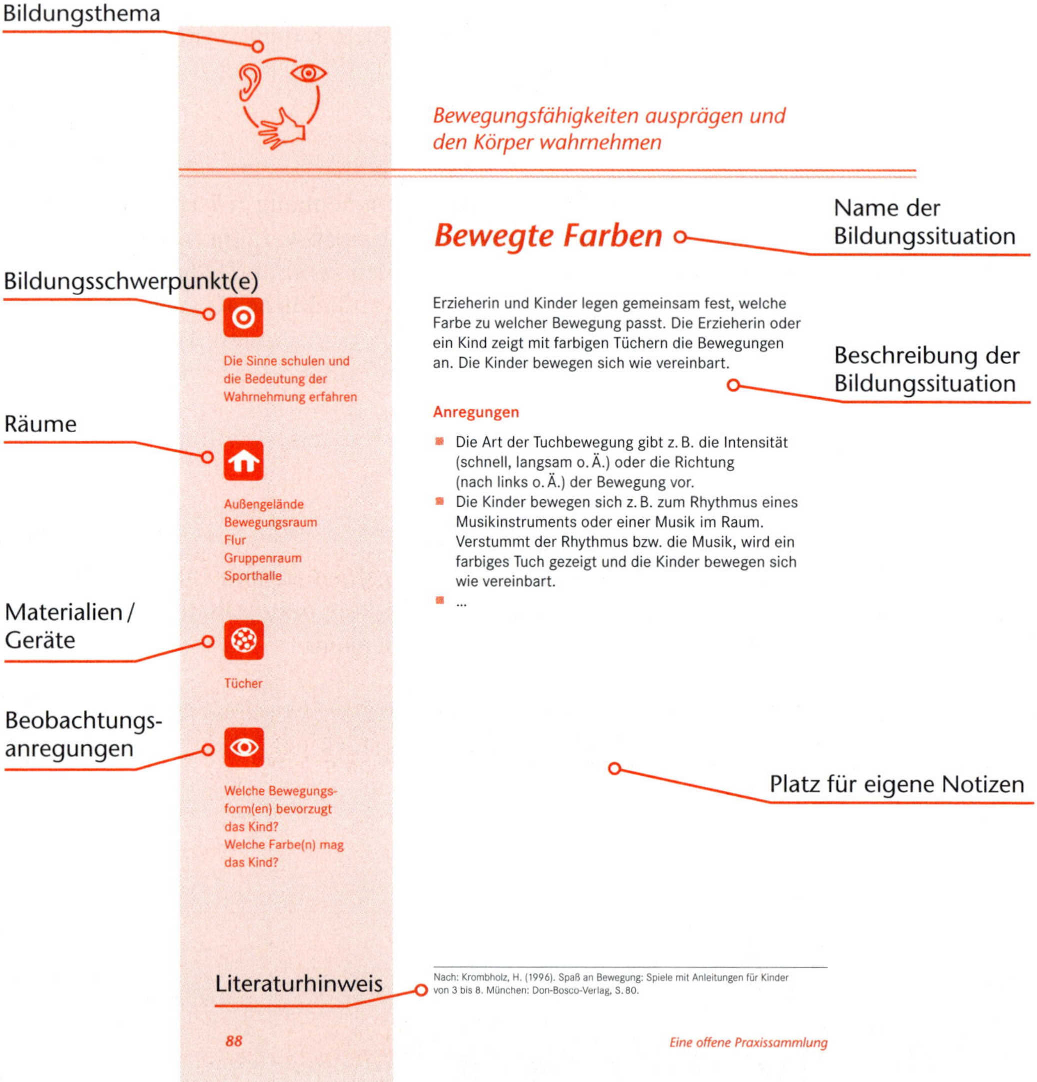

Erläuterung des Aufbaus der Bildungssituationen

3 Eine offene Praxissammlung

Die 200 entwickelten, praktisch erprobten Bildungssituationen verdeutlichen, dass es in unserem Konzept der Bewegungsbildung eine Vielzahl an (möglichen) Inhalten gibt. Angesichts dieser Fülle kann keine Rangfolge festgelegt werden, welche Bildungssituationen zur Auslösung oder Förderung von Bildungsprozessen wichtiger, geeigneter, früher oder später einzusetzen sind. Doch welche Bildungsthemen, Bildungsschwerpunkte bzw. Bildungssituationen sind dann auszuwählen?

Lösungen dafür wurden in den vorangegangenen Ausführungen vorgeschlagen. So können Bildungsthemen, Bildungsschwerpunkte und Bildungssituationen zum einen als Antwort auf Themen, Interessen und Bedürfnisse von Kindern, zum anderen als Zumutung von Themen durch die Erzieherin ausgewählt werden. Entscheidend bei beiden Zugängen ist, inwieweit sich dadurch jedem Kind ein Bildungsgehalt erschließen kann. Für die pädagogische Tätigkeit ist also immer zu prüfen, ob ein Bildungspotenzial gegeben ist und worin es bestehen kann.

Im Zusammenhang mit diesen pädagogischen Begründungen ist außerdem nach der Gegenwarts-, Zukunfts- und exemplarischen Bedeutung bestimmter Inhalte für die Kinder zu fragen. Mit der Frage nach der Gegenwartsbedeutung rücken die aktuelle Lebenswelt der Kinder und die dort praktizierten Handlungs- und Erfahrungszusammenhänge in den Blick. Anhand der Zukunftsbedeutung wird geprüft, ob Jungen und Mädchen Kompetenzen erwerben können, die für zukünftige Anforderungen erforderlich sind. Durch die Frage nach der exemplarischen Bedeutung wird das pädagogische Anliegen berücksichtigt, an bestimmten Inhalten allgemeinere Zusammenhänge, Beziehungen, Gesetzmäßigkeiten und Strukturen kennen zu lernen und zu erarbeiten.

Weder andernorts vorliegende Anregungen noch unser Konzept der Bewegungsbildung können die professionelle Erzieherin von der begründeten Auswahl von Inhalten (und Methoden) entbinden. Jedoch entlastet unser Konzept die Erzieherinnen nachhaltig, da sie in ihm eine geordnete Vorauswahl an geeigneten Inhalten und Methoden finden, um (mögliche) Ziele zu erreichen, außerdem bekommen sie Orientierungen und Anregungen, um sowohl die Rahmenbedingungen als auch die Bildungsprozesse zu gestalten.

3.1 Bewegungsfähigkeiten ausprägen und den Körper wahrnehmen

Elementare Wahrnehmungs- und Bewegungserfahrungen sind grundlegend für die kindliche Entwicklung: Durch körperliche Bewegung und (die damit verbundenen) Sinnesreize lernen Mädchen und Jungen sich und ihren Körper kennen. Zugleich erschließen sie sich ihre Umwelt und gestalten diese durch Bewegung.

Vor diesem Hintergrund und unter Berücksichtigung des kindlichen Anspruchs auf ganzheitliche Bildung umfasst dieses Bildungsthema die Bereiche Motorik und Wahrnehmung. Es richtet sich auf die sensible und bewusste Auseinandersetzung mit dem eigenen Körper und seinen individuellen Bewegungspotenzialen. Jungen und Mädchen werden auf elementarer, sportartunspezifischer Ebene vielfältige personale, soziale und materiale Erfahrungsmöglichkeiten angeboten. Diese sind Voraussetzungen für eine gesunde Entwicklung, ein sicheres Bewegen im Alltag und die Teilhabe an der Körper-, Bewegungs-, Spiel- und Sportkultur.

Die Kinder erhalten Gelegenheiten, ihre Aktionsmöglichkeiten zu erfahren und zu erweitern, ihren Körper zu erleben sowie mit allen Sinnen die Welt (Räume, Materialien und Geräte) zu erkunden. Neben der Welterkundung ist bei diesem Bildungsthema die Entwicklung eines Bildes vom eigenen Körper – wissenschaftlich gesprochen: des Körperkonzepts – im Rahmen der Selbsterfahrung von zentraler Bedeutung. Erfahrungen der Körperspannung finden ebenso Berücksichtigung wie das Kennenlernen von Entspannung und Entspannungsmethoden. Ein bewusstes Wahrnehmen des eigenen Körpers und seiner Reaktionen vor, bei und nach körperlicher Belastung ermöglicht Mädchen und Jungen das Kennenlernen des eigenen Körpers mit seinen individuellen (Leistungs-)Fähigkeiten und Grenzen. Die Akzentuierung dieser Bildungsschwerpunkte löst den Anspruch einer Entwicklungsförderung durch Bewegung ein.

Im Folgenden werden die Bildungsschwerpunkte noch einmal systematisch ausdifferenziert.

Bildungsschwerpunkte

Die Sinne schulen und die Bedeutung der Wahrnehmung erfahren

- Hörsinn: Geräusche als Bewegungsaufforderung wahrnehmen, Geräusche und Klänge in Bewegung umsetzen, Geräusche selbst erzeugen
- Sehsinn: auf visuelle Reize mit bestimmten Bewegungen reagieren, Farben, Formen und Zeichen in Spielzusammenhängen nutzen
- Geruchssinn: unterschiedliche Düfte in verschiedenartige Bewegungen umsetzen
- Tastsinn: Personen und Gegenstände ertasten, sich mit geschlossenen Augen (mit Partnerhilfe) im Raum bewegen
- Gleichgewichtssinn: Balancespiele, Schaukeln, Drehen, Rollen
- Bewegungs-, Kraft-, Spannungs- und Stellungssinn: Bälle mit unterschiedlichem Krafteinsatz auf unterschiedlich weit entfernte und unterschiedlich große Ziele werfen bzw. rollen, unterschiedliche Spannungsgrade der Muskulatur erfahren, genauere Bewegungsvorstellungen entwickeln.

Den eigenen Körper kennen lernen und ein Körperkonzept entwickeln

- Körperteile erspüren und benennen
- Körperdimensionen einschätzen und überprüfen
- Bewegungsmöglichkeiten und Bewegungsrichtungen der Gelenke erkunden
- In Spielsituationen Rechts-Links-Orientierung erlangen
- Bedürfnisse und Gefühle körperlich ausdrücken
- Funktionell richtige Körperhaltungen erspüren, einnehmen und ihre Bedeutung verstehen
- Sich Raum nehmen, sich im Raum behaupten.

Den Wechsel von Anspannung und Entspannung erfahren und bewusst herstellen

- Verschiedene Spannungszustände in der Muskulatur erfahren und erzeugen
- Körperspannung entwickeln und erproben
- Entspannungsmethoden kennen lernen, erproben und anwenden.

Die Reaktionen des Körpers in der Bewegung, vor und nach körperlicher Belastung wahrnehmen und deuten

- Körperreaktionen als Ausdruck körperlicher Anstrengung erleben und in ihrer Bedeutung verstehen
- Herz- bzw. Pulsschlag als Indikator für Ruhe und Belastung spüren und begreifen
- Atmung und körperliche Belastung zueinander in Beziehung setzen.

Räume, Material und Geräte erkunden

- Sich im Raum orientieren
- Raumdimensionen in der Bewegung erfahren, Raumwege entdecken
- Raumaufteilungen durch Material herstellen und in der Bewegung erschließen
- Eigenarten und Nutzungsmöglichkeiten von Material und Geräten erproben
- Die Umwelt in der Bewegung erkunden.

Jeder im Anschluss ausführlich beschriebenen Bildungssituation ist immer mindestens ein Bildungsschwerpunkt zugeordnet.

Balancierweg

Die Sinne schulen und die Bedeutung der Wahrnehmung erfahren
Räume, Materialien und Geräte erkunden

Bewegungsraum
Sporthalle

Balancierbalken, Bretter, Minisprungkästen, Schwebebalken, Turnbänke, Turnmatten

Mit welchen Bewegungsformen/Körperhaltungen experimentiert das Kind?
Fühlt sich das Kind wohl?

Mit Brettern, Turnbänken (evtl. auf Minisprungkästen gestellt), Balancierbalken und/oder Schwebebalken wird ein „Balancierweg" mit unterschiedlichen Balancierhöhen und -breiten gebaut. Der Balancierweg kann mit Turnmatten gesichert werden.

Anregungen

- Die Kinder können versuchen, auf unterschiedliche Bewegungsarten und in verschiedenen Richtungen über den Balancierweg zu gelangen.
- Die Kinder können dabei Gegenstände (z. B. Ball, Bohnensäckchen) vor dem Körper (auf dem Kopf etc.) balancieren.
- Die Kinder können über Hindernisse balancieren, die auf dem Balancierweg liegen.
- Die Kinder können versuchen, zu zweit (zu dritt etc.) über den Balancierweg zu gelangen.
- Im Außengelände kann ein Balancierweg mit Brettern, Baumstämmen, Springseilen o. Ä. gebaut werden.
- ...

Nach: Lehnert, G. & Lachmann, I. (1986). Sport und Spiel mit kleinen Leuten. Körperübungen für jeden Tag, auf dem Spielplatz, im Wasser, auf der Wiese, im Wald, wenn Schnee liegt. Berlin: Sportverlag, S. 105 f.

Ballmassage

Die Kinder bilden Paare. Jeweils ein Kind legt sich auf eine Turnmatte (Decke o. Ä.). Das andere Kind massiert seine/n Partner/in mit einem oder zwei Tennisbällen.

Anregungen

- Die Massage kann durch geeignete Musik oder eine Geschichte unterstützt werden.
- Statt der Tennisbälle können auch Igelbälle o. Ä. benutzt werden.
- ...

Den Wechsel von Anspannung und Entspannung erfahren und bewusst herstellen

Außengelände
Bewegungsraum
Gruppenraum
Sporthalle

Tennisbälle, Turnmatten

Fühlt sich das Kind wohl?
Wie stellt das Kind Entspannung her?

Die Sinne schulen und die Bedeutung der Wahrnehmung erfahren

Außengelände
Bewegungsraum
Flur
Gruppenraum
Sporthalle

Tücher

Welche Bewegungsform(en) bevorzugt das Kind?
Welche Farbe(n) mag das Kind?

Bewegte Farben

Erzieherin und Kinder legen gemeinsam fest, welche Farbe zu welcher Bewegung passt. Die Erzieherin oder ein Kind zeigt mit farbigen Tüchern die Bewegungen an. Die Kinder bewegen sich wie vereinbart.

Anregungen

- Die Art der Tuchbewegung gibt z. B. die Intensität (schnell, langsam o. Ä.) oder die Richtung (nach links o. Ä.) der Bewegung vor.
- Die Kinder bewegen sich z. B. zum Rhythmus eines Musikinstruments oder einer Musik im Raum. Verstummt der Rhythmus bzw. die Musik, wird ein farbiges Tuch gezeigt und die Kinder bewegen sich wie vereinbart.
- ...

Nach: Krombholz, H. (1996). Spaß an Bewegung: Spiele mit Anleitungen für Kinder von 3 bis 8. München: Don-Bosco-Verlag, S. 80.

Bewegte Formen

Die Kinder legen z. B. mit Reifen, Springseilen und Teppichfliesen Kreise, Dreiecke und Vierecke auf den Boden. Sie bewegen sich durch den Raum. Hält die Erzieherin oder ein Kind eine der Formen (z. B. aus Pappe) hoch, begeben sich die Kinder zu der entsprechenden Form.

Anregungen

- Das optische Signal kann durch ein akustisches Zeichen unterstützt bzw. ersetzt werden.
- Zwei Formen werden hochgehalten. Die Kinder laufen zu der Form mit weniger/mehr Ecken.
- Die Kinder können die Bewegungsform variieren.
- ...

Die Sinne schulen und die Bedeutung der Wahrnehmung erfahren

Bewegungsraum
Gruppenraum
Sporthalle

Pappe, Reifen, Springseile, Teppichfliesen

Wie reagiert das Kind auf das Signal?
Welche Form(en) mag das Kind?

Nach: Stein, G. (2002). Kleinkinderturnen ganz groß. Drei- bis siebenjährige Kinder erleben Bewegung und Spiel in Verein, Grundschule und Kindergarten (7., überarb. Aufl.). Aachen: Meyer & Meyer, S. 145.

Bewegte Töne

Die Sinne schulen und die Bedeutung der Wahrnehmung erfahren

Außengelände
Bewegungsraum
Flur
Gruppenraum
Sporthalle

Glöckchen, Trommel

Welche Bewegungsform(en)/Körperhaltung(en) entwickelt das Kind?
Welche Töne mag das Kind?

Die Erzieherin oder ein Kind erzeugt tiefe Töne (z. B. mit einer Trommel) und hohe Töne (z. B. mit einem Glöckchen). Die Kinder versuchen, diese durch verschiedene Bewegungsformen und/oder Körperhaltungen auszudrücken.

Anregungen

- Erklingen hohe Töne können sich die Kinder z. B. auf Zehenspitzen bewegen (auf Stühle steigen o. Ä.). Erklingen tiefe Töne können sie z. B. in die Hocke gehen (sich unter Stühle legen o. Ä.).
- Beim Erklingen von hohen Tönen laufen (kriechen, hüpfen o. Ä.) die Kinder zu hellen Teppichfliesen und bei tiefen Tönen zu dunklen Teppichfliesen.
- ...

Nach: Stein, G. (2002). Kleinkinderturnen ganz groß. Drei- bis siebenjährige Kinder erleben Bewegung und Spiel in Verein, Grundschule und Kindergarten (7., überarb. Aufl.). Aachen: Meyer & Meyer, S. 146.

Der rollende Ton

Die Kinder sitzen oder stehen mit geschlossenen oder verbundenen Augen. Die Erzieherin oder ein Kind rollt einen Klingelball durch den Raum. Die Kinder bewegen sich in die Richtung des „rollenden Tons“.

Anregungen

- Statt des Klingelballs kann auch eine Kastanie, Murmel o. Ä. gerollt werden.
- Die Kinder können die Bewegungsform variieren.
- Die Kinder sitzen im Kreis und rollen sich einen Klingelball zu. Ein Kind mit geschlossenen bzw. verbundenen Augen befindet sich in der Mitte des Kreises und zeigt in die Richtung, aus der es den rollenden Ton hört.
- ...

Die Sinne schulen und die Bedeutung der Wahrnehmung erfahren

Bewegungsraum
Gruppenraum
Sporthalle

Augenbinden, Klingelball

Fühlt sich das Kind wohl?
Wie reagiert das Kind auf das Geräusch?

Nach: Stein, G. (2002). Kleinkinderturnen ganz groß. Drei- bis siebenjährige Kinder erleben Bewegung und Spiel in Verein, Grundschule und Kindergarten (7., überarb. Aufl.). Aachen: Meyer & Meyer, S. 146.

Duftmemory

Die Sinne schulen und die Bedeutung der Wahrnehmung erfahren

Außengelände
Bewegungsraum
Flur
Gruppenraum

Duftquellen, Filmdosen

Welche Gerüche mag das Kind?
Engagiert sich das Kind?

Jeweils zwei Filmdosen o. Ä. werden mit der gleichen Duftquelle gefüllt. Die Kinder versuchen, durch Riechen die Filmdosen mit demselben Duft zu finden.

Anregungen

- Die Kinder können die verschiedenen Düfte in unterschiedliche Bewegungen umsetzen.
- Die Kinder malen, woher die Düfte stammen (worin sie aufbewahrt werden etc.) und versuchen, den zum Bild passenden Duft zu finden.
- ...

Nach: Zimmer, R. (2003). Handbuch der Sinneswahrnehmung. Grundlagen einer ganzheitlichen Erziehung (11. Aufl.). Freiburg i. Br.: Herder, S. 146.

Farbfamilien

Die Kinder bilden verschiedene „Farbfamilien" („Familie Blau", „Familie Rot", „Familie Grün" etc.). Im Raum verteilt sind verschiedenfarbige Gegenstände (z. B. Kleidungsstücke, Bälle, Tücher). Jede Farbfamilie hat ein Rollbrett und sammelt die Gegenstände ein, die ihre „Familienfarbe" haben. Diese werden auf den Rollbrettern in das „Familienhaus" (eine festgelegte Raumecke o. Ä.) transportiert.

Anregungen

- Die „Familiennamen" können getauscht werden.
- Die Anzahl der Rollbretter pro Farbfamilie kann erhöht werden.
- „Farbfamilien" kann als Wettkampf gestaltet werden.
- ...

Die Sinne schulen und die Bedeutung der Wahrnehmung erfahren

Bewegungsraum
Gruppenraum
Sporthalle

Bälle, Kleidungsstücke, Rollbretter, Tücher

Engagiert sich das Kind? Welche Farbe(n) mag das Kind?

Nach: Zimmer, R. (2003). Handbuch der Sinneswahrnehmung. Grundlagen einer ganzheitlichen Erziehung (11. Aufl.). Freiburg i. Br.: Herder, S. 79.

Fühlkiste

Die Sinne schulen und die Bedeutung der Wahrnehmung erfahren

Außengelände
Bewegungsraum
Gruppenraum

Augenbinden, Ball, Kastanie, Kiste, Kleidungsstück, Münzen, Obst

Welchen Gegenstand mag das Kind? Fühlt sich das Kind wohl?

Die Kinder sitzen mit geschlossenen oder verbundenen Augen im Kreis. Aus einer Kiste werden verschiedene Gegenstände (z. B. Ball, Kastanie, Obst, Kleidungsstück, Münze) in Umlauf gebracht. Die Kinder befühlen die Gegenstände und reichen sie weiter, bis alle Kinder jeden Gegenstand befühlt haben. Die Gegenstände werden wieder zurück in die Kiste gelegt. Nun können die Kinder die Augen öffnen und die gewonnenen Eindrücke austauschen.

Anregungen

- Die Kinder können eine Geschichte erzählen, in der die zuvor gefühlten Gegenstände vorkommen.
- Die Kinder können die gefühlten Gegenstände malen. Nach dem Befühlen eines Gegenstands suchen sie das passende Bild.
- Die Kinder beschreiben nach dem Befühlen eines Gegenstands, wie sich dieser anfühlt, was man damit machen kann etc. Die anderen Kinder versuchen, das entsprechende Bild zu finden.
- ...

Nach: Nickel, F. U. (2003). Bewegen, Spielen, Darstellen. Schorndorf: Hofmann, S. 60 f.

Fühlpfad

Mit verschiedenen Bau-, Garten- und/oder Alltagsmaterialien (z. B. Moos, Steine, Sand, Wasserbecken, Schwämme, Bretter, Springseile) wird ein (kurvenreicher) „Fühlpfad" angelegt. Die Kinder gehen den Fühlpfad barfuß entlang.

Anregungen

- Die Kinder können den Fühlpfad mit geschlossenen oder verbundenen Augen entlang gehen, wobei sie evtl. von einem sehenden Kind geführt werden. Sie können ihre Empfindungen beim Laufen über den Fühlpfad beschreiben und versuchen herauszufinden, um welche Materialien es sich handelt.
- ...

Die Sinne schulen und die Bedeutung der Wahrnehmung erfahren

Außengelände
Bewegungsraum
Flur
Gruppenraum

Bretter, Moos, Sand, Schwämme, Springseile, Steine, Wasserbecken

Welches Material erforscht das Kind? Was empfindet das Kind als angenehm/unangenehm?

Nach: Zimmer, R. (2003). Handbuch der Sinneswahrnehmung. Grundlagen einer ganzheitlichen Erziehung (11. Aufl.). Freiburg i. Br.: Herder, S. 113 f.

Horchspaziergang

Die Sinne schulen und die Bedeutung der Wahrnehmung erfahren

Außengelände

Kassette, Kassettenrekorder

Wofür interessiert sich das Kind? Welche Geräusche mag das Kind?

Bei einem Spaziergang nehmen die Kinder unterschiedliche Geräusche (z. B. im Wald, am See, an einer Baustelle, an einer Straße) mit einem Kassettenrekorder auf. Später können sie sich über die Geräusche (die Orte, an denen sie aufgenommen wurden, o. Ä.) austauschen.

Anregungen

- Die Kinder hören sich die Aufnahmen an und versuchen, die Geräusche in Bewegungen umzusetzen.
- Die Kinder, die am Horchspaziergang nicht teilgenommen haben, hören sich die Aufnahmen an und erraten die Geräusche (die Orte, an denen sie aufgenommen wurden etc.).
- Die Kinder malen Bilder oder schneiden Fotos aus Zeitungen aus, die die Geräusche auf dem Tonband darstellen. Die Bilder bzw. Fotos werden auf dem Fußboden oder Tisch verteilt. Beim Abspielen der Geräusche suchen die Kinder die entsprechenden Bilder bzw. Fotos heraus.
- Die Kinder können einen Horchspaziergang in der Kindertagesstätte machen, Geräusche von zu Hause mitbringen etc.
- ...

Nach: Zimmer, R. (2003). Handbuch der Sinneswahrnehmung. Grundlagen einer ganzheitlichen Erziehung (11. Aufl.). Freiburg i. Br.: Herder, S. 93 f.

Hörmemory

Jeweils zwei (evtl. bunt beklebte) Filmdosen werden mit demselben Material (z. B. Sand, Münzen, Murmeln, Steine etc.) gefüllt. Die Filmdosen werden verschlossen und gemischt. Die Kinder schütteln die Filmdosen und versuchen, anhand der Geräusche die Paare zu finden.

Anregungen

- Die Kinder schütteln die Filmdosen und versuchen, die Geräusche in Bewegungen umzusetzen.
- Ein Kind beschreibt ein Geräusch. Die anderen Kinder versuchen zu erraten, welches Material dieses Geräusch erzeugt.
- Die Kinder malen die Gegenstände, die die Geräusche erzeugen. Statt der zwei gleichen Filmdosen versuchen sie, die zum gemalten Bild passende Filmdose zu finden.
- ...

Die Sinne schulen und die Bedeutung der Wahrnehmung erfahren
Räume, Materialien und Geräte erkunden

Außengelände
Gruppenraum

Filmdosen, Murmeln, Münzen, Sand, Steine

Welche Geräusche mag das Kind?
Wie geht das Kind mit der (neuen) Anforderung/Situation um?

Jahreszeitenmassage

Den Wechsel von Anspannung und Entspannung erfahren und bewusst herstellen

Außengelände
Bewegungsraum
Gruppenraum
Sporthalle

Turnmatten

Wie empfindet das Kind Berührungen?
Wie massiert das Kind seine/n Partner/in?

Die Kinder bilden Paare. Jeweils ein Kind legt sich auf eine Turnmatte (Decke o. Ä.). Das andere Kind massiert seine/n Partner/in, indem es das Wetter der vier Jahreszeiten darstellt (der Regen prasselt, die Blätter fallen, die Sonne scheint etc.).

Anregungen

- Erzieherin und Kinder überlegen vor der Massage gemeinsam, wie das Wetter in den vier Jahreszeiten ist und wie es durch Massieren ausgedrückt werden kann.
- Die Kinder stellen in der Massage nur eine Jahreszeit dar.
- Die Massage kann durch eine entsprechende Geschichte oder Musik unterstützt werden.
- ...

Nach: Zimmer, R. (2001). Bewegungserziehung im Kindergarten. Rahmenkonzeption zur Integration von Spiel und Bewegung im Alltag von Kindertageseinrichtungen. Broschüre hrsg. vom Ministerium für Frauen, Jugend, Familie und Gesundheit des Landes Nordrhein-Westfalen (2. Aufl.). Düsseldorf, S. 37.

Kletten

Die Kinder bilden Paare und bewegen sich in einer vereinbarten Bewegungsform. Nennt die Erzieherin oder ein Kind ein Körperteil, „kleben“ die beiden Kinder an der entsprechenden Stelle wie zwei Kletten aneinander und bewegen sich gemeinsam.

Anregungen

- Die Kinder spielen Kletten-Fangen.
- Die Kletten versuchen, gemeinsam durch einen Hindernisparcours (Slalomparcours, Tunnel, Balancierweg o. Ä.) zu gelangen.
- Die Kinder können die Bewegungsform variieren.
- Die Kletten kleben an mehreren Körperteilen zusammen.
- Die Anzahl der Kletten, die sich gemeinsam bewegen, kann verändert werden.
- ...

Den eigenen Körper kennen lernen und ein Körperkonzept entwickeln

Außengelände
Bewegungsraum
Gruppenraum
Sporthalle

Wie empfindet das Kind Berührungen?
Wofür interessiert sich das Kind?

Nach: Beudels, W., Lensing-Conrady, R. & Beins, H. J. (2003). ... das ist für mich ein Kinderspiel. Handbuch zur psychomotorischen Praxis (9. Aufl.). Dortmund: borgmann, S. 262.

Die Sinne schulen und die Bedeutung der Wahrnehmung erfahren

Außengelände
Bewegungsraum
Gruppenraum
Sporthalle

Augenbinden, Steine

Mit wem bildet das Kind ein Paar?
Wie geht das Kind mit der (neuen) Anforderung/Situation um?

Klopfzeichen

Jedes Kind hat zwei Steine. Paarweise vereinbaren sie damit Klopfzeichen. Die Partner/innen verteilen sich mit geschlossenen oder verbundenen Augen im Raum und versuchen, sich anhand der vereinbarten Klopfzeichen zu finden.

Anregungen

- Die Kinder können Körperklänge (z. B. Hände klatschen, Füße stampfen etc.) vereinbaren.
- Die Kinder bewegen sich mit verbundenen Augen und rufen ihre/n Partner/in mit vereinbarten Klopfzeichen.
- Die Anzahl der Kinder, die sich suchen, kann verändert werden.
- ...

Körperrundreise

Im Stehen (Sitzen, Liegen etc.) können die Kinder eine „Körperrundreise“ machen, indem sie verschiedene Körperteile nennen oder genannt bekommen und diese berühren (kreisen, massieren, streicheln etc.).

Anregungen

- Die Kinder machen die Körperrundreise vor einem Spiegel.
- Die Kinder legen sich jeweils auf ein Plakat. Ihre Körperumrisse werden mit einem Stift nachgezogen. Die Kinder können ihren Körperumriss ausmalen (bekleben o. Ä.).
- ...

Den eigenen Körper kennen lernen und ein Körperkonzept entwickeln

Außengelände
Bewegungsraum
Gruppenraum
Sporthalle

Was empfindet das Kind als angenehm/unangenehm?
Wofür interessiert sich das Kind?

Nach: Krombholz, H. (1996). Spaß an Bewegung: Spiele mit Anleitungen für Kinder von 3 bis 8. München: Don-Bosco-Verlag, S. 23 f.

Labyrinth

Den Wechsel von Anspannung und Entspannung erfahren und bewusst herstellen

Bewegungsraum
Gruppenraum
Sporthalle

Springseile, Sprungkästen, Stühle, Tische

Fühlt sich das Kind wohl?
Wofür interessiert sich das Kind?

Aus Geräten und Materialien bzw. Möbeln (z. B. Sprungkästen, Springseilen, Stühlen, Tischen) wird ein Labyrinth gebaut. Die Kinder bilden zwei Gruppen. Die eine Gruppe bewegt sich frei im Raum, bis sie durch den Zauberspruch „Lara, Lira, Labyrinth, jetzt versteinere geschwind" zu Statuen erstarrt und Teil des Labyrinths wird. Die Kinder der anderen Gruppe legen gemeinsam Eingang und Ausgang des Labyrinths fest und versuchen, hindurch zu gelangen, ohne es zu berühren. Ist das gelungen, werden die Kinder, die das Labyrinth bilden, durch den Zauberspruch „Lara, Lira, Labyrinth, werde wach und wieder Kind" lebendig.

Anregungen

- Die Gruppen können tauschen.
- Berührt ein Kind das Labyrinth, versteinert es und wird auch Teil des Labyrinths.
- Überwindet ein Kind das Labyrinth, ohne es zu berühren, bekommt es einen Punkt für seine Gruppe.
- ...

Luftballon-Jongleur

Die Kinder versuchen, im Stehen (Sitzen, Liegen etc.) einen Luftballon (mit der Hand, dem Fuß etc.) zu jonglieren, ohne dass dieser auf den Boden fällt.

Anregungen

- Die Kinder versuchen, zu zweit (zu dritt etc.) einen oder mehrere Luftballons zu jonglieren.
- Die Kinder versuchen, den Luftballon nacheinander mit allen zehn Fingern zu jonglieren.
- Die Kinder jonglieren den Luftballon auf der Hand (dem Kopf, dem Fuß etc.) im Stehen (Gehen, Knien etc.).
- ...

Räume, Materialien und Geräte erkunden

Außengelände
Bewegungsraum
Gruppenraum
Sporthalle

Luftballons

Wofür interessiert sich das Kind?
Welche Bewegungs-/ Spielidee(n) entwickelt das Kind?

Nach: Frank, G. & Eckers, B. (2001). Bewegungsförderung für Kinder. Eine Übungssammlung mit Alltagsmaterialien und Kleingeräten (3., korr. u. erw. Aufl.). Wiebelsheim: Limpert, S. 19.

Luftmatratze

Den Wechsel von Anspannung und Entspannung erfahren und bewusst herstellen

Außengelände
Bewegungsraum
Gruppenraum
Sporthalle

Turnmatten

Wofür interessiert sich das Kind? Fühlt sich das Kind wohl?

Die Kinder liegen auf Turnmatten (Decken o. Ä.) und stellen sich vor, sie sind Luftmatratzen, die aufgepumpt werden. Mit jedem Atemzug werden sie praller und angespannter, bis das Ventil geöffnet wird, die Luft entweicht und die Spannung abnimmt.

Anregungen

- Die Kinder bilden Paare. Ein Kind („Luftmatratze") wird von dem anderen Kind „aufgepumpt". Es kann prüfen, wie prall die Luftmatratze ist, die Luft entweichen lassen etc.
- ...

Nach: Zimmer, R. (2003). Handbuch der Sinneswahrnehmung. Grundlagen einer ganzheitlichen Erziehung (11. Aufl.). Freiburg i. Br.: Herder, S. 128.

Mein Haustier

Die Kinder bilden Paare. Ein Kind legt sich auf eine Turnmatte (Decke o. Ä.). Während die nachfolgende Geschichte erzählt wird, versucht das andere Kind, diese auf dem Rücken des Partners darzustellen:
„Schon lange habe ich mir ein Haustier gewünscht. Eines Tages habe ich mich auf den Weg in eine Tierhandlung gemacht. Dort angekommen, bin ich herumgewandert und habe mir erst einmal alle Tiere angesehen. Da gab es Fische, die ruhig in ihrem Aquarium herumschwammen, Schildkröten, die sich nur ganz langsam vorwärts bewegten, kleine, putzige Äffchen, die überall herumturnten, und winzige Zwergkaninchen, die sich ganz dicht aneinander kuschelten. Puh, da war es schwer, sich zu entscheiden! Ich habe mir dann einen kleinen Vogel ausgesucht: einen Wellensittich, blau-weiß gefiedert und sehr, sehr zahm. Ich nannte ihn Maxi. Auf dem Heimweg ist Maxi mit seinen kleinen Füßen munter in seinem großen Käfig herumgehüpft. Zu Hause habe ich den Boden seines Käfigs mit ganz feinem Sand ausgestreut. Schon bald stellte sich heraus, dass Maxi viel Spaß daran hat, wenn er den Sand aus dem Käfig scharrt und ihn überall verstreut. Am schönsten findet Maxi es, wenn ich seine Käfigtür öffne. Dann hüpft er dorthin und steckt vorsichtig seinen Kopf nach draußen. Wenn er sich bereit fühlt, fliegt er eine Runde durch das Zimmer und landet auf meinem Kopf ...“

Anregungen

- Ein Kind erzählt eine Geschichte von seinem Haustier (Lieblingstier o. Ä.).
- ...

Die Sinne schulen und die Bedeutung der Wahrnehmung erfahren
Den Wechsel von Anspannung und Entspannung erfahren und bewusst herstellen

Bewegungsraum
Gruppenraum
Sporthalle

Turnmatten

Wie empfindet das Kind Berührungen?
Wie massiert das Kind seine/n Partner/in?

Nach: Stein, G. (2002). Kleinkinderturnen ganz groß. Drei- bis siebenjährige Kinder erleben Bewegung und Spiel in Verein, Grundschule und Kindergarten (7., überarb. Aufl.). Aachen: Meyer & Meyer, S. 149 f.

Murmelkönig

Die Sinne schulen und die Bedeutung der Wahrnehmung erfahren

Außengelände
Bewegungsraum
Flur
Gruppenraum

Kreide, Murmeln

Engagiert sich das Kind? Wie geht das Kind mit der (neuen) Anforderung/Situation um?

Die Kinder haben jeweils die gleiche Anzahl Murmeln. Sie versuchen nacheinander, eine Murmel von einer (z. B. mit Kreide gezogenen) Linie aus so nah wie möglich an einen Gegenstand (z. B. große Murmel) zu rollen. Das Kind, dessen Murmel am dichtesten am Gegenstand liegt, darf die Murmeln der anderen behalten. Murmelkönig bzw. Murmelkönigin ist das Kind, das am Ende die meisten Murmeln hat.

Anregungen

- Die Kinder haben jeweils drei Murmeln und versuchen, diese nacheinander so dicht wie möglich an den Gegenstand zu rollen. Das Kind, dessen Murmel am dichtesten am Gegenstand liegt, hat in der nächsten Runde eine Murmel weniger zur Verfügung. Murmelkönig bzw. Murmelkönigin ist das Kind, das zuerst keine Murmel mehr hat.
- Die Kinder bilden Paare oder Mannschaften.
- ...

Nach: Zimmer, R. (1995). Schafft die Stühle ab! Bewegungsspiele für Kinder. Freiburg i. Br.: Herder, S. 94.

Puls messen

Die Kinder können ihren Puls mit einem selbst gebauten Pulsmesser messen. Dazu wird ein Streichholz vorsichtig auf eine Heftzwecke gedrückt, sodass es darauf senkrecht mit dem Zündkopf nach oben steht. Die Kinder stellen ihren Pulsmesser auf die Innenseite des Handgelenks. Ist die richtige Stelle getroffen, bewegt sich der Pulsmesser im Rhythmus des Herzschlags. Mit einer Stoppuhr können die Kinder ihre Herzschläge innerhalb einer Minute zählen.

Anregungen

- Die Kinder können den Ruhepuls und den Puls nach körperlicher Belastung in unterschiedlichen Bildungssituationen messen.
- Kinder, die multiplizieren können, zählen die Herzschläge innerhalb 15 Sekunden und multiplizieren die Anzahl mit vier.
- Der Pulsschlag kann auch mit den Fingern an der Halsschlagader gemessen werden. Dabei sollte nicht der Daumen benutzt werden, da dieser einen „eigenen Puls" hat.
- Die Kinder bilden Paare und messen sich gegenseitig den Puls.
- ...

Die Reaktionen des Körpers in der Bewegung, vor und nach körperlicher Belastung wahrnehmen und deuten

Außengelände
Bewegungsraum
Gruppenraum
Sporthalle

Heftzwecken, Stoppuhr, Streichhölzer

Wofür interessiert sich das Kind?
Wie teilt sich das Kind mit?

Rätselhafte Schritte

Die Sinne schulen und die Bedeutung der Wahrnehmung erfahren

Bewegungsraum
Gruppenraum
Sporthalle

Augenbinden

Wofür interessiert sich das Kind?
Wie geht das Kind mit der (neuen) Anforderung/Situation um?

Die Kinder sitzen mit geschlossenen oder verbundenen Augen im Kreis. Ein Kind kommt in den Raum bzw. in den Kreis und geht wieder weg. Die anderen Kinder versuchen, mit einem vorher vereinbarten Zeichen zu reagieren, wenn es die Richtung ändert.

Anregungen

- Ein Kind kommt z. B. als ein bestimmtes Tier in den Raum und bewegt sich dort entsprechend. Die anderen Kinder versuchen zu erraten, um welches Tier es sich handelt.
- Das Kind, das in den Raum kommt, drückt seine Stimmung durch eine entsprechende Gangart aus. Die anderen Kinder versuchen, die Stimmung herauszufinden.
- ...

Nach: Zimmer, R. (2003). Handbuch der Sinneswahrnehmung. Grundlagen einer ganzheitlichen Erziehung (11. Aufl.). Freiburg i. Br.: Herder, S. 95.

Riechrallye

Mit Kreppband wird eine Tastspur in Form eines großen Rasterfeldes mit einer Start- und Ziellinie auf den Boden geklebt. Jeweils an den Kreuzungen werden intensive Duftquellen („Riechproben", z. B. Kakao, Zitrone, Zimt) aufgestellt. Etwa eine Handbreit vor der Duftquelle wird unter die Tastspur ein Streichholz gelegt, um die folgende Riechprobe kenntlich zu machen. Gemeinsam wird vereinbart, welche Bewegungsrichtung die jeweiligen Gerüche anzeigen: So könnte z. B. Kakaogeruch links abbiegen, Zitronenduft rechts abbiegen und Zimtgeruch geradeaus bedeuten. Die Kinder versuchen, mit geschlossenen oder verbundenen Augen entlang der Tastspur vom Start zum Ziel zu gelangen.

Die Sinne schulen und die Bedeutung der Wahrnehmung erfahren

Bewegungsraum
Gruppenraum

Augenbinden, Duftquellen, Kreppband, Streichhölzer

Welche Gerüche mag das Kind?
Wie geht das Kind mit der (neuen) Anforderung/Situation um?

Nach: Bücken, H. (1991). Kimspiele: Spiele zum Sehen, Schmecken, Riechen, Tasten, Hören und Denken (3. Aufl.). München: Hugendubel, S. 68.

Riesenschuhlauf

Räume, Materialien und Geräte erkunden

Außengelände
Bewegungsraum
Flur
Sporthalle

Kegel, Schuhschachteln

Welche Bewegungs-/Spielidee(n) entwickelt das Kind?
Wie geht das Kind mit der (neuen) Anforderung/Situation um?

Die Kinder bilden Mannschaften. Jede Mannschaft baut z. B. mit Kegeln einen Slalomparcours. Jeweils das erste Kind einer Mannschaft steht in Schuhschachteln (Riesenschuhe) und läuft damit auf ein vereinbartes Startsignal durch den Slalomparcours um einen Wendepunkt herum zurück zu seiner Gruppe. Das nächste Kind bekommt die Schuhschachteln und durchläuft den Parcours.

Anregungen

- Das erste Kind läuft durch den Slalomparcours, lässt die Schuhschachteln am Wendepunkt stehen und läuft (hüpft, krabbelt etc.) zur Gruppe zurück. Das nächste Kind läuft (hüpft, krabbelt etc.) zu den Schuhschachteln und durchläuft den Parcours etc.
- Alle Kinder einer Mannschaft stehen in Schuhschachteln. Auf ein Startsignal laufen sie hintereinander durch den Parcours.
- Die Kinder sind mit ihren Händen (Händen und Füßen etc.) in Schuhschachteln und versuchen, durch den Slalomparcours zu gelangen.
- ...

Nach: Schaffner, K. (2002). Bewegen, Spielen und Tanzen für Kinder von drei bis acht Jahren (5., veränd. Aufl.). Celle: Pohl, S. 24 f.

Roboter und Ingenieur

Die Kinder bilden Paare und vereinbaren, wer Roboter und wer Ingenieur ist. Der Ingenieur hat einen Roboter gebaut, der sich mit steifen Armen und Beinen bewegen und z. B. nur Vierteldrehungen machen kann. Der Ingenieur führt seinen Roboter mit vereinbarten (akustischen, visuellen o. Ä.) Signalen durch den Raum.

Anregungen

- Der Roboter kann per Knopfdruck bedient werden (z. B.: Tippen auf die linke Schulter – Drehung nach links, Tippen auf die rechte Schulter – Drehung nach rechts etc.).
- Der Roboter wird mit geschlossenen oder verbundenen Augen vom Ingenieur durch den Raum geführt.
- Ein Ingenieur versucht, zwei Roboter zu bedienen.
- ...

Die Sinne schulen und die Bedeutung der Wahrnehmung erfahren Den eigenen Körper kennen lernen und ein Körperkonzept entwickeln

Außengelände
Bewegungsraum
Gruppenraum
Sporthalle

Mit wem bildet das Kind ein Paar?
Wie empfindet das Kind Berührungen?

Nach: Cristian, M. (1991). Vom Spielen zum Tanzen. Wiesbaden: Hessisches Institut für Bildungsplanung und Schulentwicklung (HIBS), S. 31.

Saft-Bar

Die Sinne schulen und die Bedeutung der Wahrnehmung erfahren

Außengelände
Flur
Gruppenraum

Gemüse, Obst, Saftpresse

Was mag das Kind? Wofür interessiert sich das Kind?

Die Kinder stellen mit einer Saftpresse verschiedene Säfte her und können diese an der „Saft-Bar“ kosten.

Anregungen

- Die Kinder bilden Gruppen. Jede Gruppe stellt verschiedene Säfte her und bietet sie an der Saft-Bar an. Die Kinder der anderen Gruppen kosten die Säfte mit geschlossenen oder verbundenen Augen und versuchen herauszufinden, aus welchen Obst- und/oder Gemüsesorten die Säfte hergestellt wurden (welche Farbe sie haben etc.).
- Die Kinder kosten einen Saft der anderen Gruppe und versuchen, die verwendeten Obst- bzw. Gemüsesorten zu malen.
- ...

Nach: Zimmer, R. (2003). Handbuch der Sinneswahrnehmung. Grundlagen einer ganzheitlichen Erziehung (11. Aufl.). Freiburg i. Br.: Herder, S. 152.

Schmeck-Bar

Die Kinder bilden Gruppen. Jede Gruppe bietet an der „Schmeck-Bar" unterschiedliche Nahrungsmittel an. Diese sind klein geschnitten, auf Zahnstocher gespießt, in Gefäße gelegt o. Ä., damit die Kinder beim Kosten nicht erkennen, um was es sich handelt. Die Kinder der anderen Gruppen probieren die Nahrungsmittel und versuchen herauszufinden, was sie essen.

Anregungen

- Die Kinder kosten mit geschlossenen oder verbundenen Augen.
- Die Kinder versuchen, die Nahrungsmittel am Geruch zu erkennen.
- Die Kinder malen, was sie schmecken.
- Ein Kind beschreibt, was es schmeckt. Die anderen Kinder versuchen, das Nahrungsmittel zu erraten.
- ...

Die Sinne schulen und die Bedeutung der Wahrnehmung erfahren

Außengelände
Flur
Gruppenraum

Gefäße, Messer, Nahrungsmittel, Zahnstocher

Was mag das Kind? Wofür interessiert sich das Kind?

Nach: Zimmer, R. (2003). Handbuch der Sinneswahrnehmung. Grundlagen einer ganzheitlichen Erziehung (11. Aufl.). Freiburg i. Br.: Herder, S. 151 f.

Schneemann

Die Sinne schulen und die Bedeutung der Wahrnehmung erfahren
Den Wechsel von Anspannung und Entspannung erfahren und bewusst herstellen

Bewegungsraum
Gruppenraum
Sporthalle

Turnmatten

Wie empfindet das Kind Berührungen? Wie massiert das Kind seine/n Partner/in?

Die Kinder bilden Paare. Ein Kind legt sich auf eine Turnmatte (Decke o. Ä.). Das andere Kind massiert seine/n Partner/in und versucht dabei, das folgende Gedicht darzustellen:

Heute Nacht
hat der Winter ganz sacht
die ganze Erde weiß gemacht.
Die Schneeflocken tanzen, wohin wir auch schau'n.
Da wird es Zeit, einen Schneemann zu bau'n.
Ein Schneemann, der hat einen dicken Bauch
und einen Kopf hat er auch.
Auf den Kopf kommt ein Topf.
Nun braucht er noch für das Gesicht
Punkt für Punkt das Augenlicht.
Und eine Nase, rübenlang.
Zuletzt kommt dann der Mund noch dran.
So bleibt er nun – ganz wunderschön
den ganzen Winter steh'n.

Anregungen

- Die Massage kann durch geeignete Musik begleitet werden.
- ...

Nach: Schaffner, K. (2002). Auf deinem Rücken tut sich was ... Rückenwahrnehmungsspiele für Kinder im Alter von zwei bis acht Jahren. Celle: Pohl, S. 25.

Spiegelbild

Die Kinder bilden Paare. Das eine Kind macht etwas vor und das andere versucht, es wie ein Spiegelbild nachzumachen.

Anregungen

- Die Anzahl der „Spiegelbilder" kann verändert werden.
- Ein Kind macht etwas vor, der Partner bzw. die Partnerin ist dessen Schatten und versucht, die Bewegungen nachzumachen.
- ...

Die Sinne schulen und die Bedeutung der Wahrnehmung erfahren

Außengelände
Bewegungsraum
Flur
Gruppenraum
Sporthalle

Mit welchen Bewegungsformen/Körperhaltungen experimentiert das Kind?
Mit wem bildet das Kind ein Paar?

Nach: Zimmer, R. (2003). Handbuch der Sinneswahrnehmung. Grundlagen einer ganzheitlichen Erziehung (11. Aufl.). Freiburg i. Br.: Herder, S. 84 f.

Spinnennetz

Den eigenen Körper kennen lernen und ein Körperkonzept entwickeln
Räume, Materialien und Geräte erkunden

Außengelände
Bewegungsraum
Gruppenraum
Sporthalle

Wolle

Wie schätzt das Kind seine Körperdimensionen ein?
Welche Bewegungs-/Spielidee(n) entwickelt das Kind?

Die Kinder weben mit Wollfäden ein „Spinnennetz", durch das sie sich bewegen können.

Anregungen

- Die Kinder weben ein Spinnennetz, dessen Ecken mit Klebeband auf dem Boden befestigt werden, und versuchen, auf den Wollfäden entlang zu laufen (diese nicht zu berühren etc.).
- Die Ecken des Spinnennetzes werden auf die Sitzflächen von Stühlen geklebt. In der Mitte des Spinnennetzes wird ein Glöckchen angebracht. Die Kinder versuchen, über die Fäden des Spinnennetzes zu steigen (darunter durchzukriechen etc.), ohne dass das Glöckchen ertönt.
- Die Kinder stehen im Kreis. Das erste Kind hält das Ende des Wollknäuels fest und wirft es zum nächsten Kind. Dieses hält den Wollfaden wiederum fest und wirft das Wollknäuel weiter etc. Die Kinder gehen (drehen sich etc.) mit dem so entstandenen Spinnennetz.
- ...

Nach: Institut für Sportwissenschaft der Universität Wien (2003). Video „Mehr Sicherheit durch mehr Bewegung. Bewegungsförderung im Kindergarten".

Spürhunde

Im Raum wird eine Duftquelle versteckt. Die Kinder sind Spürhunde und versuchen, diese aufzuspüren.

Anregungen

- Die Anzahl der Duftquellen kann verändert werden.
- Die Kinder stellen andere Tiere mit gutem Geruchssinn dar.
- ...

Die Sinne schulen und die Bedeutung der Wahrnehmung erfahren

Bewegungsraum
Flur
Gruppenraum

Duftquellen

Engagiert sich das Kind?
Welche Gerüche mag das Kind?

Nach: Zimmer, R. (2003). Handbuch der Sinneswahrnehmung. Grundlagen einer ganzheitlichen Erziehung (11. Aufl.). Freiburg i. Br.: Herder, S. 145.

Steinträger

Die Sinne schulen und die Bedeutung der Wahrnehmung erfahren
Räume, Materialien und Geräte erkunden

Außengelände
Bewegungsraum
Flur
Gruppenraum
Sporthalle

Steine

Mit welchen Bewegungsformen/Körperhaltungen experimentiert das Kind?
Wofür interessiert sich das Kind?

Die Kinder versuchen, auf verschiedenen Körperteilen Steine zu tragen, ohne dass diese herunterfallen.

Anregungen

- Die Kinder können Bewegungsform und -geschwindigkeit variieren.
- Die Anzahl der getragenen Steine kann erhöht werden.
- „Steinträger" kann als Wettkampf bzw. Staffel gestaltet werden.
- Die Kinder tragen die Steine mit geschlossenen oder verbundenen Augen.
- Die Steinträger können auf Springseilen, Turnbänken, Balancier-, Schwebebalken etc. balancieren.
- Die Steinträger bewegen sich im Rhythmus zur Musik. Wird die Musik angehalten, bleiben sie wie Statuen stehen.
- ...

Nach: Zimmer, R. (1995). Schafft die Stühle ab! Bewegungsspiele für Kinder. Freiburg i. Br.: Herder, S. 96.

Stille Post

Die Kinder bilden einen Kreis. Ein Kind überlegt sich eine Nachricht und flüstert sie dem Kind neben sich ins Ohr. Dieses Kind flüstert das Gehörte dem nächsten Kind ins Ohr etc. Das letzte Kind sagt laut, was es verstanden hat. Die Kinder können vergleichen, welche Nachricht sie jeweils verstanden haben.

Anregungen

- Ein Kind flüstert dem Kind neben sich z. B. die Beschreibung eines Tieres ins Ohr. Diese Nachricht wird weitergegeben. Das letzte Kind versucht, das darzustellen, was es verstanden hat.
- ...

Die Sinne schulen und die Bedeutung der Wahrnehmung erfahren

Außengelände
Bewegungsraum
Gruppenraum

Fühlt sich das Kind wohl?
Wie geht das Kind mit der (neuen) Anforderung/Situation um?

Den eigenen Körper kennen lernen und ein Körperkonzept entwickeln

Außengelände
Bewegungsraum
Gruppenraum
Sporthalle

Wie drückt das Kind Gefühle/Bedürfnisse aus?
Woran erkennt das Kind, wie andere sich fühlen?

Stimmungsgang

Die Kinder versuchen, ihre Stimmung durch eine Bewegungsform und/oder Körperhaltung auszudrücken. Kinder und Erzieherin versuchen herauszufinden, was die anderen mit ihrer Bewegungsform bzw. Körperhaltung ausdrücken.

Anregungen

- Der Stimmungsgang kann durch Musik unterstützt werden.
- …

Nach: Quast, M. (1999). Körpererfahrung in Bewegungsgeschichten für Kinder im Vorschulalter. In K. Bös & N. Schott (Hrsg.), Kinder brauchen Bewegung – leben mit Turnen, Sport, Spiel. Bericht vom Kongreß der rheinland-pfälzischen Turnverbände vom 12.–14. November 1998 in Worms. Hamburg: Czwalina, S. 109.

Tastkarton

In die vier Seiten von Kartons wird jeweils ein so großes Loch geschnitten, dass die Kinder mit ihren Händen hineingreifen können. Die Löcher werden von innen mit Tüchern verhängt. In die Kartons werden verschiedene Gegenstände (z. B. Kastanie, Murmel, Kleidungsstück, Münze etc.) gelegt. Die Kinder können diese durch die Öffnungen ertasten und versuchen zu erraten, um was es sich handelt.

Anregungen

- Die Kinder malen die ertasteten Gegenstände.
- Die Kinder stellen die ertasteten Gegenstände pantomimisch dar.
- Die Kinder umschreiben die ertasteten Gegenstände. Die anderen Kinder versuchen, diese zu erraten.
- Die Kinder vergleichen die ertasteten Gegenstände (z. B. kalt wie..., spitz wie... etc.). Die anderen Kinder versuchen zu erraten, um was es sich handelt.
- Im Tastkarton befinden sich jeweils zwei gleiche Gegenstände. Die Kinder versuchen, die Paare zu finden.
- ...

Die Sinne schulen und die Bedeutung der Wahrnehmung erfahren

Außengelände
Gruppenraum

Kartons, Kastanie, Klebeband, Kleidungsstück, Murmel, Münze, Schere, Tücher

Welchen Gegenstand erforscht das Kind? Engagiert sich das Kind?

Nach: Zimmer, R. (2003). Handbuch der Sinneswahrnehmung. Grundlagen einer ganzheitlichen Erziehung (11. Aufl.). Freiburg i. Br.: Herder, S. 113.

Versteinern

Die Sinne schulen und die Bedeutung der Wahrnehmung erfahren

Außengelände
Bewegungsraum
Flur
Gruppenraum
Sporthalle

Musik

Engagiert sich das Kind? Welche Bewegungsform(en)/Körperhaltung(en) entwickelt das Kind?

Die Kinder bewegen sich zur Musik. Wird die Musik angehalten, „versteinern“ sie in der Position, in der sie sich gerade befinden. Durch Berühren der „Steine“ kann festgestellt werden, wie hart und unbeweglich sie sind.

Anregungen

- Die Kinder können die Bewegungsform variieren.
- Es versteinern nur einzelne Körperteile.
- Wird die Musik gestoppt, „zerfließen“ die Kinder, z. B. wie Eis in der Sonne etc.
- ...

Nach: Stein, G. (2002). Kleinkinderturnen ganz groß. Drei- bis siebenjährige Kinder erleben Bewegung und Spiel in Verein, Grundschule und Kindergarten (7., überarb. Aufl.). Aachen: Meyer & Meyer, S. 149.

Wehende Fahne

Die Kinder halten beim Laufen eine Zeitungsseite mit beiden Händen über den Kopf (wehende Fahne).

Anregungen

- Die Kinder laufen mit wehenden Fahnen. Auf ein vereinbartes Signal bleiben sie wie ein Fahnenmast stehen.
- Die Kinder können Bewegungsform, -geschwindigkeit und -richtung variieren.
- „Wehende Fahne“ kann als Wettkampf bzw. Staffel gestaltet werden.
- Die Kinder halten die Zeitung vor den Bauch und versuchen, so schnell zu laufen, dass die Zeitung „festklebt“.
- ...

Die Reaktion des Körpers in der Bewegung, vor und nach körperlicher Belastung wahrnehmen und deuten
Räume, Materialien und Geräte erkunden

Außengelände
Bewegungsraum
Sporthalle

Zeitungen

Welche körperliche(n) Reaktion(en) nimmt das Kind wahr?
Welche Bewegungs-/Spielidee(n) entwickelt das Kind?

Nach: Frank, G. & Eckers, B. (2001). Bewegungsförderung für Kinder. Eine Übungssammlung mit Alltagsmaterialien und Kleingeräten (3., korr. u. erw. Aufl.). Wiebelsheim: Limpert, S. 21.

Wellengang

Räume, Materialien und Geräte erkunden

Außengelände
Bewegungsraum
Gruppenraum
Sporthalle

Schwungtuch

Welche Bewegungs-/Spielideen(n) entwickelt das Kind? Engagiert sich das Kind?

Auf dem Boden liegt ein Schwungtuch. Die Kinder fassen die Tuchränder und erzeugen Wellen, indem sie das Tuch auf und ab bewegen.

Anregungen

- Statt des Schwungtuchs können auch Bettlaken benutzt werden.
- Die Kinder können verschiedene Stärken des Wellengangs vereinbaren, die sie auf entsprechende Signale hin erzeugen.
- Die Kinder können Gegenstände (z. B. Bälle) auf den Wellen schaukeln lassen.
- Während des Wellengangs gehen (hüpfen, rennen etc.) die Kinder im Kreis.
- Die Kinder bilden zwei Gruppen. Eine Gruppe erzeugt den Wellengang (Wind), die andere Gruppe (Fische) befindet sich unter dem Tuch (Meer).
- ...

Nach: Schaffner, K. (2002). Bewegen, Spielen und Tanzen für Kinder von drei bis acht Jahren (5., veränd. Aufl.). Celle: Pohl, S. 14 f.

Wortspiel

Gemeinsam werden Bewegungen (Handlungen, Körperhaltungen etc.) vereinbart, die bei bestimmten Wörtern vollzogen werden (z. B. legen sich alle bei dem Wort „Schlaf“ auf den Boden und schließen die Augen). Die Erzieherin oder ein Kind erzählt eine Geschichte, in der die vereinbarten Wörter vorkommen. Die zuhörenden Kinder bewegen sich (handeln etc.) entsprechend.

Anregungen

- Die Kinder bilden zwei Mannschaften mit ähnlich klingenden Namen (z. B. Mäuse – Läuse, Affen – Giraffen, Wale – Aale). Die jeweils aufgerufene Gruppe versucht, die andere zu fangen. Die gefangenen Kinder wechseln die Gruppe. Die Gruppe gewinnt, in der die meisten Kinder sind.
- ...

Die Sinne schulen und die Bedeutung der Wahrnehmung erfahren

Außengelände
Bewegungsraum
Gruppenraum
Sporthalle

Welche Bewegungsform(en)/Körperhaltung(en) entwickelt das Kind?
Wie geht das Kind mit der (neuen) Anforderung/Situation um?

Nach: Zimmer, R. (2003). Handbuch der Sinneswahrnehmung. Grundlagen einer ganzheitlichen Erziehung (11. Aufl.). Freiburg i. Br.: Herder, S. 95.

Zauberwald

Die Sinne schulen und die Bedeutung der Wahrnehmung erfahren

Außengelände
Bewegungsraum
Gruppenraum
Sporthalle

Augenbinden

Fühlt sich das Kind wohl?
Wie geht das Kind mit der (neuen) Anforderung/Situation um?

Einige Kinder (Bäume) verteilen sich im Raum (Zauberwald). Die anderen Kinder versuchen, den Zauberwald mit geschlossenen oder verbundenen Augen zu durchqueren.

Anregungen

- Die Bäume geben z. B. einen Summton von sich, sobald sich ihnen ein Kind nähert.
- Die Kinder suchen sich einen Baum aus und erkunden diesen.
- ...

Zehengedicht

Die Kinder können zu folgendem Gedicht ihre Zehen alleine (zu zweit, zu dritt etc.) massieren (streicheln, klopfen, bewegen etc.):

Fünf kleine Kartoffelmänner, das waren pfiffige Leut'.
Der Dickste war der Kartoffelkönig
und machte den Kindern Freud'.
Der Zweite war recht dünn und lang
und warf Kartoffelpuffer in der Pfann'.
Der Dritte, könnt ihr das wohl raten?
Da wurde ein Kloß zu einem Braten.
Dem Vierten war es einerlei,
drum wurde er Kartoffelbrei.
Und aus dem Kleinsten namens Fips
wurden ganz leckere Kartoffelchips!
Zum Schluss nun wandern sie ganz munter
unsern lieben Bauch hinunter!

Den eigenen Körper kennen lernen und ein Körperkonzept entwickeln

Außengelände
Bewegungsraum
Gruppenraum
Sporthalle

Wofür interessiert sich das Kind? Fühlt sich das Kind wohl?

Nach: Quast, M. (1999). Körpererfahrung in Bewegungsgeschichten für Kinder im Vorschulalter. In K. Bös & N. Schott (Hrsg.), Kinder brauchen Bewegung – leben mit Turnen, Sport, Spiel. Bericht vom Kongreß der rheinland-pfälzischen Turnverbände vom 12.–14. November 1998 in Worms. Hamburg: Czwalina, S. 109.

Zeitungsbote

Die Sinne schulen und die Bedeutung der Wahrnehmung erfahren
Räume, Materialien und Geräte erkunden

Bewegungsraum
Gruppenraum
Sporthalle

Zeitungen

Engagiert sich das Kind? Wie geht das Kind mit der (neuen) Anforderung/Situation um?

Die Kinder versuchen, Zeitungen bzw. Zeitungsseiten zu transportieren, ohne die Hände zu benutzen.

Anregungen

- Die Kinder können Bewegungsform und -geschwindigkeit variieren.
- Die Kinder bewegen sich z. B. mit der Zeitung auf dem Kopf zur Musik. Wird die Musik angehalten, versuchen sie, sich mit der Zeitung auf dem Kopf hinzusetzen.
- Die Zeitungen können über einen Hindernisparcours transportiert werden.
- „Zeitungsbote" kann als Wettkampf bzw. Staffel gestaltet werden.
- ...

Zielwerfen

Mehrere Blechdosen werden z. B. als Pyramide aufgestellt. Die Kinder versuchen, die Blechdosen mit einem Tennisball zu treffen.

Anregungen

- Die Kinder können andere Bälle ausprobieren.
- Die Kinder versuchen, mit links und rechts zu werfen.
- An den Wänden werden Ziele markiert (Figuren aufgemalt etc.), die die Kinder zu treffen versuchen.
- Die Kinder versuchen, Bälle (Bohnensäckchen, Bierdeckel o. Ä.) in einen Papierkorb (Sprungkasten ohne Deckel, Basketballkorb o. Ä.) zu werfen.
- Ein Stuhl wird mit der Sitzfläche auf einen anderen gestellt, sodass die Beine nach oben ragen. Die Kinder können versuchen, Tennisringe über die Stuhlbeine zu werfen.
- Ein Reifen wird an der Decke aufgehängt. Die Kinder versuchen, mit Bällen (Bierdeckeln, Bohnensäckchen etc.) hindurchzuwerfen.
- „Zielwerfen“ kann als Wettkampf gestaltet werden.
- …

Die Sinne schulen und die Bedeutung der Wahrnehmung erfahren
Räume, Materialien und Geräte erkunden

Außengelände
Bewegungsraum
Gruppenraum
Sporthalle

Blechdosen, Tennisbälle

Wofür interessiert sich das Kind?
Wie geht das Kind mit der (neuen) Anforderung/Situation um?

Nach: Zimmer, R. (2003). Handbuch der Sinneswahrnehmung. Grundlagen einer ganzheitlichen Erziehung (11. Aufl.). Freiburg i. Br.: Herder, S. 81 f.

Zublinzeln

Die Kinder bilden – bis auf ein Kind – Paare. Jeweils ein Kind des Paares setzt sich auf einen der im Kreis stehenden Stühle, das andere stellt sich dahinter. Ein Stuhl bleibt frei. Das dahinter stehende Kind blinzelt einem sitzenden Kind zu, das versucht, zu dem freien Stuhl zu kommen und sich dort hinzusetzen. Das Kind hinter ihm versucht, es daran zu hindern. Ist es ihm gelungen, den neuen Platz zu erreichen, blinzelt das Kind hinter dem nun freien Stuhl einem sitzenden Kind zu.

Anregungen

- Die Kinder können die Bewegungsform variieren.
- Die hinter den Stühlen stehenden Kinder halten ihre Arme hinter dem Rücken verschränkt.
- ...

Die Sinne schulen und die Bedeutung der Wahrnehmung erfahren

Außengelände
Bewegungsraum
Gruppenraum

Stühle

Engagiert sich das Kind?
Wie reagiert das Kind auf das Signal?

Nach: Zimmer, R. (2003). Handbuch der Sinneswahrnehmung. Grundlagen einer ganzheitlichen Erziehung (11. Aufl.). Freiburg i. Br.: Herder, S. 82.

3.2 Spiele und Spielen

Spielen ist für Kinder eine der wichtigsten Aktivitäten, mit der sie ihre Umwelt begreifen, verändern und verarbeiten, Beziehungen zu anderen aufbauen und sich selbst kennen lernen. Sie sammeln nicht nur vielfältige kognitive, emotionale, soziale und materiale Erfahrungen, sondern entwickeln auch entsprechende Kompetenzen. Sie entwickeln Kreativität und Fantasie und setzen sich selbstständig und aktiv mit sachlichen und sozialen Zusammenhängen auseinander. Unter diesem Bildungsthema geht es also darum, das Spielen zu entdecken, Spielräume zu nutzen, in und mit Regelstrukturen zu spielen.

Im Spiel und durch die Gestaltung ihrer Spielräume lernen Kinder viel über ihre Umwelt und sich selbst, insbesondere über ihre sozialen und kreativen Fähigkeiten. Sie spielen jedoch nicht, um zu lernen, sondern weil sie dabei Lust und Freude suchen und empfinden (vgl. Zimmer 2003a). Spielen hat für Kinder einen Zweck in sich selbst. Offenheit und Unsicherheit des Ausgangs von Wettspielen sorgen für Erregung und Anspannung, die mit einfachen Mitteln über längere Zeit aufrechterhalten und als Gruppenerlebnis besonders intensiv empfunden werden können. Von daher bieten Spiele die besondere pädagogische Chance, Mädchen und Jungen eine erfüllte Gegenwart sowie ein sich selbst motivierendes Handeln erfahrbar zu machen.

Die pädagogische Bedeutung des Spiels besteht darüber hinaus darin, Situationen und Aufgaben, die im Leben typisch sind, modellhaft darzustellen und probeweise durchzuspielen. So können soziale und kulturelle Regeln und Werte sowie entsprechende Handlungsweisen erworben werden, die für das Leben in einer Gemeinschaft sinnvoll sind. Gleichzeitig können Kinder erfahren, dass (Spiel-)Regeln soziale Vereinbarungen sind, die jederzeit verändert werden können, wenn alle Mitspieler einverstanden sind.

Insofern erhalten Mädchen und Jungen unter diesem Bildungsthema Gelegenheiten, Spielmöglichkeiten in ihrer Vielfalt kennen zu lernen und zu erleben. Drei verschiedene Typen von Spielen können unterschieden werden: Spielen mit etwas (Spiele mit Materialien und Geräten), Spielen als etwas (darstellende Spiele, Rollenspiele) und Spielen um etwas (Regel-, Wettspiele). Außerdem können Kinder Spiel- und Bewegungsräume selbstständig erschließen und nach ihren Wünschen und Bedürfnissen (sicher) gestalten. Indem sie gemeinsame Spielideen und Spielvereinbarungen entwickeln, beschreiben und situationsgerecht verändern, erproben sie ihre kommunikativen und kooperativen Fähigkeiten. Schließlich erhalten sie Möglichkeiten, grundlegende Ideen, Regeln und Rollen vorgegebener Spiele als soziale Vereinbarungen nachzuvollziehen, ein zuhalten und zu verändern. Für Kinder ist es wichtig, gelingendes Spiel zu erleben und ihre individuellen Interessen einzubringen. Gleichwohl sind Spielstörungen, Konflikte und Unfälle Anlässe, gemeinsam nach konstruktiven Lösungen zu suchen, die ein für alle zufriedenstellendes Spiel gewährleisten.

Im Folgenden werden die Bildungsschwerpunkte systematisch ausdifferenziert.

Bildungsschwerpunkte

Spielmöglichkeiten in ihrer Vielfalt entdecken und als freudvoll erleben

- Spielzeiten allein, zu zweit und/oder in der Gruppe nutzen
- In Rollen spielen und unterschiedliche Rollen übernehmen
- Mit unterschiedlichen (Alltags-)Materialien und Geräten spielen und deren Eigenschaften im Spiel nutzen.

Spiel- und Bewegungsräume selbsttätig erschließen und gestalten

- Natürliche und künstliche Spielräume (um-)gestalten
- Mit Spiel- und Sportgeräten, (Alltags-)Materialien und Objekten bauen und konstruieren
- „Traditionelle" Sportgeräte zum Bau von Spiellandschaften nutzen
- Spiel- und Bewegungsräume bzw. -arrangements sicher gestalten.

Gemeinsame Spielideen und Spielvereinbarungen entwickeln und situationsgerecht verändern

- Spielideen entwickeln, beschreiben und Spielbedingungen herstellen
- Vereinbarungen über Spielveränderungen treffen
- Spielabsichten anderer Kinder aufnehmen, erproben und ggf. gemeinsam verändern
- Spielstörungen als Anlass zur Entwicklung neuer Vereinbarungen nutzen
- Verschiedene Formen der Partner-, Gruppen- und Mannschaftsbildung erfahren und ausprobieren
- Über einen längeren Zeitraum spielen.

Ideen, Regeln und Rollen vorgegebener Spiele nachvollziehen, einhalten und verändern können

- Regelungen unterschiedlicher Spiele kennen lernen und danach spielen (z. B. Kreis-, Fang-, Partner-, Gruppenspiele)
- Grundlegende Spielideen kennen lernen (z. B. jagen/verfolgen und flüchten/entkommen, miteinander/gegeneinander, angreifen/verteidigen, Ball erobern/Ball in ein Ziel bringen)
- Regeln als grundlegende Bestandteile von Spielen verstehen und einhalten bzw. verändern
- Spielregeln hinterfragen und an die Fähigkeiten der Spieler anpassen
- Spielrollen akzeptieren und übernehmen bzw. verändern.

Jeder im Anschluss ausführlich beschriebenen Bildungssituation ist immer mindestens ein Bildungsschwerpunkt zugeordnet.

Bälle einsammeln

Spielmöglichkeiten in ihrer Vielfalt entdecken und als freudvoll erleben
Gemeinsame Spielideen und Spielvereinbarungen entwickeln und situationsgerecht verändern

Außengelände
Bewegungsraum
Sporthalle

Bälle, Wäschekorb

Engagiert sich das Kind? Welche Spielidee(n)/ Spielregel(n) entwickelt das Kind?

In einem Wäschekorb (Sprungkasten ohne Deckel o. Ä.) liegen zahlreiche Bälle. Ein Kind versucht, den Korb schnell leer zu bekommen. Die anderen Kinder verhindern das, indem sie die Bälle einsammeln und wieder in den Wäschekorb legen.

Anregungen

- Nach einer festgelegten Zeit zählen die Kinder, wie viele Bälle noch im Wäschekorb sind.
- Die Kinder können zu zweit (zu dritt etc.) versuchen, den Korb leer zu bekommen.
- Die Kinder, die die Bälle einsammeln, können die Bewegungsform variieren.
- ...

Nach: Autorenkollektiv unter der Leitung von Dr. W. Knappe (1967). 40 Turnstunden für die 1. und 2. Klasse. Berlin: Volk und Wissen, S. 41.

Brückenwächter

In der Mitte der Spielfläche befindet sich eine mit Kreide (Kreppband o. Ä.) gekennzeichnete Brücke. Die Kinder probieren, über die Brücke zur anderen Seite zu gelangen. Ein Kind (Brückenwächter) versucht, dies zu verhindern und fängt die Kinder. Die gefangenen Kinder werden z. B. zu Brückenhunden, die sich auf allen Vieren fortbewegen und dem Brückenwächter beim Fangen helfen.

Anregungen

- Das zuerst gefangene Kind wird neuer Brückenwächter.
- Das zuletzt bzw. gar nicht gefangene Kind wird der neue Brückenwächter.
- Die Kinder können die Bewegungsform variieren.
- Die Anzahl der Brückenwächter kann erhöht werden.
- ...

Spielmöglichkeiten in ihrer Vielfalt entdecken und als freudvoll erleben
Ideen, Regeln und Rollen vorgegebener Spiele nachvollziehen, einhalten und verändern können

Außengelände
Bewegungsraum
Gruppenraum
Sporthalle

Kreide

Engagiert sich das Kind? Welche Spielidee(n)/ Spielregel(n)/Spielrolle(n) entwickelt das Kind?

Nach: Autorenkollektiv unter der Leitung von Dr. W. Knappe (1967). 40 Turnstunden für die 1. und 2. Klasse. Berlin: Volk und Wissen, S. 149 f.

Der Plumpsack geht um

Spielmöglichkeiten in ihrer Vielfalt entdecken und als freudvoll erleben
Ideen, Regeln und Rollen vorgegebener Spiele nachvollziehen, einhalten und verändern können

Außengelände
Bewegungsraum
Gruppenraum
Sporthalle

Bohnensäckchen

Fühlt sich das Kind wohl?
Welche Spielidee(n)/Spielregel(n)/Spielrolle(n) entwickelt das Kind?

Die Kinder sitzen oder stehen im Kreis. Ein Kind läuft mit dem „Plumpsack“ (z. B. Bohnensäckchen) außen um den Kreis herum. Dazu sprechen oder singen alle den folgenden Text:
„Dreht euch nicht um, der Plumpsack geht um.
Wer sich umdreht oder lacht, kriegt den Puckel voll gemacht.“

Währenddessen lässt der Plumpsack-Träger den Plumpsack hinter einem Kind fallen und läuft um den Kreis herum. Sobald das Kind dies bemerkt, hebt es den Plumpsack auf und läuft hinter dem anderen Kind her. Wer als Erste/r die Lücke im Kreis erreicht, setzt bzw. stellt sich dorthin. Das andere Kind wird Plumpsack-Träger. Ein Kind wird auch neuer Plumpsack-Träger, wenn es nicht bemerkt, dass der Plumpsack hinter ihm liegt.

Anregungen

- Die Kinder können die Bewegungsform variieren.
- Das Kind, hinter dem der Plumpsack abgelegt wurde, läuft in entgegengesetzter Richtung um den Kreis.
- ...

Nach: Krombholz, H. (1996). Spaß an Bewegung: Spiele mit Anleitungen für Kinder von 3 bis 8. München: Don-Bosco-Verlag, S. 88.

Ebbe und Flut

Die Kinder verteilen Zeitungsseiten im Raum. Diese stellen Inseln dar, die bei Flut vom Meer überschwemmt und bei Ebbe wieder sichtbar werden. Bei Flut verlassen die Kinder ihre Inseln und „schwimmen“ im Wasser, bis sie bei Ebbe wieder auf die Inseln können. Anschließend wird eine Zeitung weggenommen, sodass die Kinder bei Ebbe immer weniger Inseln zur Verfügung haben.

Anregungen

- Die Kinder können die Bewegungsform variieren und z. B. ein Meerestier, Wasserfahrzeug o. Ä. darstellen.
- Das Signal für Ebbe und Flut kann variiert werden (optisch, akustisch etc.).
- Statt der Zeitungen können Bierdeckel, Teppichfliesen, Pappteller etc. genutzt werden.
- ...

Spielmöglichkeiten in ihrer Vielfalt entdecken und als freudvoll erleben
Gemeinsame Spielideen und Spielvereinbarungen entwickeln und situationsgerecht verändern

Bewegungsraum
Flur
Gruppenraum
Sporthalle

Zeitungen

Fühlt sich das Kind wohl? Welche Spielidee(n)/Spielregel(n) entwickelt das Kind?

Nach: Zimmer, R. (1995). Schafft die Stühle ab! Bewegungsspiele für Kinder. Freiburg i. Br.: Herder, S. 83.

Farbenwettlauf

Spielmöglichkeiten in ihrer Vielfalt entdecken und als freudvoll erleben
Ideen, Regeln und Rollen vorgegebener Spiele nachvollziehen, einhalten und verändern können

Außengelände
Bewegungsraum
Sporthalle

Welche Spielidee(n)/Spielregel(n)/Spielrolle(n) entwickelt das Kind?
Wie geht das Kind mit Gewinnen und Verlieren um?

Die Kinder bilden einfarbige Mannschaften (rot, blau, grün etc.). Dann teilen sich die Kinder in bunte Mannschaften auf, d. h. jede Farbe ist einmal vertreten. Die bunten Mannschaften stehen (liegen, sitzen etc.) an einer vorher markierten Stelle. Ruft die Erzieherin oder ein Kind z. B. „rot", läuft aus jeder Mannschaft das entsprechende Kind zu einem vereinbarten Punkt und kehrt dann zu seiner Mannschaft zurück. Das schnellste Kind gewinnt einen Punkt für seine bunte Mannschaft.

Anregungen

- Statt des akustischen Signals kann ein optisches Signal (farbige Zettel, Tücher o. Ä.) gegeben werden.
- Die Kinder können die Bewegungsform variieren.
- Die Kinder können den Weg durch einen Hindernisparcours (Slalomparcours, Tunnel, Balancierweg o. Ä.) zurücklegen.
- Die Punktverteilung kann verändert werden (z. B. erhält das schnellste Kind drei, das zweitschnellste Kind zwei und das drittschnellste Kind einen Punkt).
- Die Kinder bilden „Obst-", „Gemüsegruppen" etc.
- ...

Nach: Kultusminister der Länder der Bundesrepublik Deutschland & Deutscher Sportbund (Hrsg.) (1968). Die tägliche Bewegungszeit. Eine Fibel für den Unterricht im 1. und 2. Schuljahr. Frankfurt a. M..: Deutscher Sportbund, S. 58.

Farbfamilien

Die Kinder bilden verschiedene Farbfamilien (Familie Blau, Familie Rot, Familie Grün etc.). Im Raum verteilt sind verschiedenfarbige Gegenstände (z. B. Kleidungsstücke, Bälle, Tücher). Jede Farbfamilie hat ein Rollbrett und sammelt die Gegenstände ein, die ihre Familienfarbe haben. Diese werden auf den Rollbrettern in das Familienhaus (eine festgelegte Raumecke o. Ä.) transportiert.

Anregungen

- Die Familiennamen können getauscht werden.
- Die Anzahl der Rollbretter pro Farbfamilie kann erhöht werden.
- Farbfamilien kann als Wettkampf gestaltet werden.
- ...

Spielmöglichkeiten in ihrer Vielfalt entdecken und als freudvoll erleben
Gemeinsame Spielideen und Spielvereinbarungen entwickeln und situationsgerecht verändern

Bewegungsraum
Gruppenraum
Sporthalle

Bälle, Kleidungsstücke, Rollbretter, Tücher

Wie kooperiert das Kind?
Welche Spielidee(n)/Spielregel(n) entwickelt das Kind?

Nach: Zimmer, R. (2003). Handbuch der Sinneswahrnehmung. Grundlagen einer ganzheitlichen Erziehung (11. Aufl.). Freiburg i. Br.: Herder, S. 79.

Feuer, Wasser, Sturm

Spielmöglichkeiten in ihrer Vielfalt entdecken und als freudvoll erleben
Ideen, Regeln und Rollen vorgegebener Spiele nachvollziehen, einhalten und verändern können

Außengelände
Bewegungsraum
Sporthalle

Turnbänke

Engagiert sich das Kind? Welche Spielidee(n)/Spielregel(n)/Spielrolle(n) entwickelt das Kind?

Erzieherin und Kinder legen gemeinsam fest, welche Reaktion auf den Ruf „Feuer“, „Wasser“ bzw. „Sturm“ folgt. Z. B. Feuer: Die Kinder laufen zur Tür. Sturm: Die Kinder legen sich auf den Boden. Wasser: Die Kinder springen auf Turnbänke (Sprossenwand, Stühle o. Ä.). Die Kinder bewegen sich. Ertönt der Ruf „Feuer“, „Wasser“ oder „Sturm“, reagieren sie wie vereinbart.

Anregungen

- Es können andere akustische Signale festgelegt werden.
- Statt der akustischen Signale können optische Signale (z. B. farbige Tücher) vereinbart werden.
- Die Kinder können die Bewegungsform variieren und z. B. Tiere darstellen.
- Es können weitere Ereignisse (z. B. Eis), entsprechende Signale und Reaktionen darauf vereinbart werden.
- ...

Nach: Krombholz, H. (1996). Spaß an Bewegung: Spiele mit Anleitungen für Kinder von 3 bis 8. München: Don-Bosco-Verlag, S. 78.

Fischer, Fischer, wie wehen die Fahnen?

Ein Kind (Fischer) steht den Kindern auf der anderen Seite des Spielfeldes gegenüber.
Die Kinder fragen: „Fischer, Fischer, wie wehen die Fahnen?“
Der Fischer antwortet z. B.: „Rot.“
Die Kinder laufen zur anderen Spielfeldseite. Die Kinder mit einem roten Kleidungsstück dürfen den Fischer passieren. Die anderen Kinder versucht der Fischer zu fangen. Die gefangenen Kinder helfen dem Fischer beim Fangen.

Anregungen

- Die Fischer bilden eine Kette und versuchen, die Kinder zu fangen.
- Das zuerst gefangene Kind wird neuer Fischer.
- Das zuletzt bzw. gar nicht gefangene Kind wird der neue Fischer.
- Die Kinder können die Bewegungsform variieren.
- ...

Spielmöglichkeiten in ihrer Vielfalt entdecken und als freudvoll erleben
Ideen, Regeln und Rollen vorgegebener Spiele nachvollziehen, einhalten und verändern können

Außengelände
Bewegungsraum
Sporthalle

Engagiert sich das Kind?
In welcher Spielrolle fühlt sich das Kind wohl?

Nach: Kramm-Rettberg, C. M. (1999). Was machen wir jetzt? Kreative Spielideen. In K. Bös & N. Schott (Hrsg.), Kinder brauchen Bewegung – leben mit Turnen, Sport, Spiel. Bericht vom Kongreß der rheinland-pfälzischen Turnverbände vom 12.–14. November 1998 in Worms. Hamburg: Czwalina, S. 113.

Fuchs pass auf!

Spielmöglichkeiten in ihrer Vielfalt entdecken und als freudvoll erleben
Ideen, Regeln und Rollen vorgegebener Spiele nachvollziehen, einhalten und verändern können

Außengelände
Bewegungsraum
Sporthalle

Turnmatten

Wofür interessiert sich das Kind?
Engagiert sich das Kind?

Die Kinder stehen an einer Seite des Spielfeldes. Quer durch die Mitte der Spielfläche verläuft ein durch Turnmatten (Springseile o. Ä.) gekennzeichneter Korridor. In dieser Zone befindet sich ein Kind (Fuchs), das die Kinder nur in diesem markierten Bereich fangen darf.

Die Kinder rufen: „Fuchs, wir wollen rüber."
Der Fuchs antwortet: „Ihr dürft aber nicht!"
Die Kinder rufen: „Wir kommen aber doch!", laufen los und versuchen, die andere Seite zu erreichen, ohne vom Fuchs gefangen zu werden. Das zuerst gefangene Kind wird neuer Fuchs.

Anregungen

- Das zuletzt bzw. gar nicht gefangene Kind wird neuer Fuchs.
- Die gefangenen Kinder werden zu Füchsen und helfen dem ersten Fuchs beim Fangen.
- Die Füchse bilden eine Kette und versuchen, die Kinder zu fangen.
- Die Kinder können zusätzlich fragen: „Wie kommen wir rüber?" Der bzw. die Füchse nennen eine Bewegungsform (z. B. kriechen, hüpfen etc.).
- Die Anzahl der Füchse kann variiert werden.
- ...

Nach: Krombholz, H. (1996). Spaß an Bewegung: Spiele mit Anleitungen für Kinder von 3 bis 8. München: Don-Bosco-Verlag, S. 84 f.

Glucke und Geier

Ein Kind (Glucke) schützt die dahinter stehenden Kinder (Küken) vor einem Kind (Geier), das versucht, ein Küken zu rauben. Das gefangene Kind wird z. B. zum Geier und der ehemalige Geier wird zur Glucke oder zum Küken.

Anregungen

- Die gefangenen Kinder werden zu Geiern und helfen dem ersten Geier im nächsten Durchgang beim Rauben.
- Das zuletzt bzw. gar nicht gefangene Küken wird neuer Geier oder neue Glucke.
- Die Anzahl der Glucken kann variiert werden.
- Die Kinder können die Bewegungsform variieren.
- ...

Spielmöglichkeiten in ihrer Vielfalt entdecken und als freudvoll erleben
Ideen, Regeln und Rollen vorgegebener Spiele nachvollziehen, einhalten und verändern können

Außengelände
Bewegungsraum
Sporthalle

Engagiert sich das Kind?
In welcher Spielrolle fühlt sich das Kind wohl?

Nach: Kultusminister der Länder der Bundesrepublik Deutschland & Deutscher Sportbund (Hrsg.) (1968). Die tägliche Bewegungszeit. Eine Fibel für den Unterricht im 1. und 2. Schuljahr. Frankfurt a. M..: Deutscher Sportbund, S. 61.

Spielmöglichkeiten in ihrer Vielfalt entdecken und als freudvoll erleben
Ideen, Regeln und Rollen vorgegebener Spiele nachvollziehen, einhalten und verändern können

Außengelände
Bewegungsraum
Sporthalle

Softball

Engagiert sich das Kind?
In welcher Spielrolle fühlt sich das Kind wohl?

Hase und Jäger

Ein Kind (Jäger) versucht, die anderen Kinder (Hasen) mit einem Softball abzuwerfen. Die getroffenen Hasen werden z. B. zu Jagdhunden und helfen dem Jäger.

Anregungen

- Der zuerst getroffene Hase wird neuer Jäger.
- Der zuletzt bzw. gar nicht getroffene Hase wird neuer Jäger.
- Die Kinder können die Bewegungsform variieren.
- Die Anzahl der Jäger und/oder Softbälle kann variiert werden.
- ...

Nach: Krawietz, A., Krawietz, C. & Rohr, M. (2003). Bewegung Kunterbunt. Spiel und Sport für behinderte und nichtbehinderte Kinder. Tipps 5 (15. Aufl.). Frankfurt a. M..: Sportjugend Hessen, S. 112.

6 5
4
3 2
1

Hasenfamilie

Zwei Kinder (Haseneltern) bewegen sich mit großen Sprüngen. Die anderen Kinder (Hasenkinder) hüpfen mit kleinen Sprüngen vor ihren Eltern davon. Die Haseneltern versuchen, ihre Kinder einzufangen. Die gefangenen Kinder werden zu Haseneltern.

Anregungen

- Die gefangenen Hasenkinder helfen den Haseneltern beim Fangen der Geschwister.
- Die beiden zuletzt gefangenen Kinder werden Haseneltern.
- Die Hasenkinder werden erst nach einer vereinbarten Anzahl von Berührungen zu Haseneltern. Nach jeder Berührung wechseln sie die Hüpf- bzw. Sprungart (z. B. erste Berührung: rückwärts springen, zweite Berührung: auf einem Bein hüpfen etc.).
- ...

Spielmöglichkeiten in ihrer Vielfalt entdecken und als freudvoll erleben
Ideen, Regeln und Rollen vorgegebener Spiele nachvollziehen, einhalten und verändern können

Außengelände
Bewegungsraum
Gruppenraum
Sporthalle

Welche Spielidee(n)/Spielregel(n)/Spielrolle(n) entwickelt das Kind?
Wann verändert das Kind die Spielidee/Spielregel(n)/Spielrolle(n)?

Hexe, Hexe, was kochst du heute?

Spielmöglichkeiten in ihrer Vielfalt entdecken und als freudvoll erleben
Ideen, Regeln und Rollen vorgegebener Spiele nachvollziehen, einhalten und verändern können

Außengelände
Bewegungsraum
Sporthalle

Wofür interessiert sich das Kind?
Engagiert sich das Kind?

Ein Kind (Hexe) steht den Kindern auf der anderen Seite des Spielfeldes gegenüber.
Die Kinder fragen: „Hexe, Hexe, was kochst du heute?“
Die Hexe antwortet z. B.: „Spaghetti.“
Die Kinder wiederholen das Wort und gehen bei jeder Silbe einen Schritt vorwärts.
Antwortet die Hexe: „Gift“, laufen die Kinder los und versuchen, die andere Seite des Spielfeldes zu erreichen, ohne von der Hexe gefangen zu werden. Das zuerst gefangene Kind wird die neue Hexe.

Anregungen

- Die Kinder können die Bewegungsform variieren.
- Die gefangenen Kinder werden zu Hexenschüler/innen und helfen der Hexe beim Fangen.
- Hexe und Hexenschüler/innen bilden eine Kette und versuchen, die Kinder zu fangen.
- Das zuletzt bzw. gar nicht gefangene Kind wird neue Hexe.
- ...

Nach: Krawietz, A., Krawietz, C., Rohr, M. & Schröder, F. P. (2003). Heut' bin ich Pirat! Konzepte und Praxisideen für Bewegungsangebote im Kindergarten. Tipps 10 (5. Aufl.). Frankfurt a. M..: Sportjugend Hessen, S. 51.

Hundehütten-Suche

Die Kinder bilden Paare und vereinbaren, wer einen Hund und wer dessen Hundehütte (z. B. durch breitbeiniges Stehen) darstellt.
Die Hunde sind in ihren Hütten. Beginnt die Musik zu spielen, kommen sie heraus und bewegen sich zur Musik. Wird die Musik angehalten, kehren die Hunde in ihre Hütten zurück.

Anregungen

- Die Hunde bewegen sich zur Musik. Wird die Musik unterbrochen, sucht sich jeder Hund irgendeine Hütte.
- Die Hundehütten bewegen sich ebenfalls zur Musik. Wird die Musik angehalten, bleiben sie stehen und die Hunde suchen ihre Hütte.
- Die Kinder können andere Tiere etc. darstellen.
- Die Musik bzw. der Rhythmus kann variiert werden.
- Ein Kind (Hundefänger) versucht, die Hunde zu fangen. Diese finden Schutz in ihren Hütten.
- ...

Spielmöglichkeiten in ihrer Vielfalt entdecken und als freudvoll erleben
Gemeinsame Spielideen und Spielvereinbarungen entwickeln und situationsgerecht verändern

Außengelände
Bewegungsraum
Gruppenraum
Sporthalle

Musik

Mit wem bildet das Kind ein Paar?
Welche Spielidee(n)/ Spielregel(n) entwickelt das Kind?

Nach: Cristian, M. (1991). Vom Spielen zum Tanzen. Wiesbaden: Hessisches Institut für Bildungsplanung und Schulentwicklung (HIBS), S. 24.

Hungrige Vögel

Spielmöglichkeiten in ihrer Vielfalt entdecken und als freudvoll erleben
Ideen, Regeln und Rollen vorgegebener Spiele nachvollziehen, einhalten und verändern können

Außengelände
Bewegungsraum
Gruppenraum
Sporthalle

Bälle, Luftballons, Wäschekörbe

Engagiert sich das Kind?
Mit wem bildet das Kind eine Mannschaft?

Die Kinder bilden Vogelgruppen (z. B. Spatzen, Amseln etc.). Jede Gruppe hat ein Nest (Wäschekorb o. Ä.).
In der Mitte des Spielfeldes befindet sich das Futter (Bälle, Luftballons o. Ä.).
Ruft die Erzieherin oder ein Kind: „Vögel, kommt herbei!“, kommen die Vögel aus ihren Nestern und fliegen umher.
Wird gerufen: „Holt euer Futter!“, versuchen die Kinder, so viel Futter wie möglich in ihre Nester zu tragen. Die Gruppe gewinnt, die das meiste Futter in ihrem Nest hat.

Anregungen

- Die Kinder können Futter aus anderen Nestern stibitzen.
- Die Kinder können andere Tiere etc. darstellen.
- ...

Nach: Kultusminister der Länder der Bundesrepublik Deutschland & Deutscher Sportbund (Hrsg.) (1968). Die tägliche Bewegungszeit. Eine Fibel für den Unterricht im 1. und 2. Schuljahr. Frankfurt a. M..: Deutscher Sportbund, S. 59.

Hüpfkästchen

Mit Kreide werden sechs Felder auf den Boden gemalt, die in Größe und Form variieren können. Sie werden hintereinander von eins bis sechs nummeriert. Jedes Kind hat eine Münze, die es von einer vor den Feldern markierten Linie in das erste Feld wirft. Das Kind springt in das erste Feld, nimmt die Münze und springt zurück hinter die Linie.
Im zweiten Durchgang wirft das Kind die Münze ins zweite Feld. Es springt in Feld eins, dann in Feld zwei, nimmt die Münze, springt zurück in Feld eins und dann hinter die Linie.
Im nächsten Durchgang wirft das Kind die Münze ins dritte Feld etc., bis es Feld sechs erreicht.

Anregungen

- Statt mit Kreide können die Kästchen auch mit Kreppband markiert werden.
- Die Kinder können Hüpf- und Sprungformen variieren.
- Zwischen die nummerierten Felder können leere Felder gemalt werden, die die Kinder zu überspringen versuchen.
- Die Kinder bilden Paare. Ein Kind bringt die Münze in das Feld, der Partner bzw. die Partnerin holt die Münze zurück.
- Die Kinder bilden Paare und hüpfen gemeinsam.
- ...

Spielmöglichkeiten in ihrer Vielfalt entdecken und als freudvoll erleben
Spiel- und Bewegungsräume selbsttätig erschließen und gestalten

Außengelände
Bewegungsraum
Flur
Gruppenraum
Sporthalle

Kreide, Münzen

Wofür interessiert sich das Kind?
Welche Bewegungs-/Spielidee(n) entwickelt das Kind?

Nach: Köckenberger, H. (1997). Bewegtes Lernen. Lesen, schreiben, rechnen lernen mit dem ganzen Körper. „Die Chefstunde" (2. Aufl.). Dortmund: borgmann, S. 137.

Hutstaffel

Spielmöglichkeiten in ihrer Vielfalt entdecken und als freudvoll erleben
Ideen, Regeln und Rollen vorgegebener Spiele nachvollziehen, einhalten und verändern können

Außengelände
Bewegungsraum
Flur
Sporthalle

Hüte

Mit wem bildet das Kind eine Mannschaft?
Engagiert sich das Kind?

Die Kinder bilden zwei Mannschaften, die an markierten Stellen stehen (liegen, sitzen etc.). Auf ein vereinbartes Signal läuft das erste Kind jeder Gruppe mit einem Hut auf dem Kopf (der Schulter, der Hand, dem Knie etc.) zu einem vereinbarten Punkt, kehrt dann zu seiner Gruppe zurück, setzt dem nächsten Kind den Hut auf, das dann die Strecke zurücklegt etc.

Anregungen

- Der Hut wird vom ersten Kind einer Gruppe an einem vereinbarten Punkt abgelegt. Es läuft zurück zum zweiten Kind, das zum Hut läuft, diesen auf dem Kopf (der Schulter, der Hand, dem Knie etc.) zur Gruppe zurückbringt und dem nächsten Kind übergibt etc.
- Die Anzahl der Mannschaften kann erhöht werden.
- Die Kinder können die Bewegungsform variieren.
- Die Kinder können den Weg mit dem Hut durch einen Hindernisparcours (Slalomparcours, Tunnel, Balancierweg o. Ä.) zurücklegen.
- ...

Nach: Schaffner, K. (2002). Bewegen, Spielen und Tanzen für Kinder von drei bis acht Jahren (5., veränd. Aufl.). Celle: Pohl, S. 18 f.

Inselspringen

Mit Springseilen (Kreppband o. Ä.) wird ein breiter Fluss gekennzeichnet. Die Kinder stehen an einem Ufer und versuchen, mit jeweils zwei Bierdeckeln (Inseln) trockenen Fußes an das andere Ufer zu gelangen.

Anregungen

- Statt der Bierdeckel können z. B. Pappteller, Teppichfliesen, Fußmatten o. Ä. benutzt werden.
- Die Kinder überqueren den Fluss mit ihren zwei Inseln und einem Partner oder einer Partnerin.
- Die Kinder können die Bewegungsform und die Anzahl der Inseln variieren.
- „Inselspringen" kann als Wettkampf gestaltet werden.
- ...

Spielmöglichkeiten in ihrer Vielfalt entdecken und als freudvoll erleben
Gemeinsame Spielideen und Spielvereinbarungen entwickeln und situationsgerecht verändern

Außengelände
Bewegungsraum
Sporthalle

Bierdeckel, Springseile

Fühlt sich das Kind wohl?
Welche Spielidee(n)/Spielregel(n) entwickelt das Kind?

Nach: Zimmer, R. (1995). Schafft die Stühle ab! Bewegungsspiele für Kinder. Freiburg i. Br.: Herder, S. 142.

Katze und Maus

Spiel- und Bewegungsräume selbsttätig erschließen und gestalten
Ideen, Regeln und Rollen vorgegebener Spiele nachvollziehen, einhalten und verändern können

Außengelände
Bewegungsraum
Gruppenraum
Sporthalle

Engagiert sich das Kind?
In welcher Spielrolle fühlt sich das Kind wohl?

Die Kinder bilden einen Kreis und fassen sich an den Händen. Ein Kind (Katze) befindet sich außerhalb, ein anderes Kind (Maus) innerhalb des Kreises.
Die Katze ruft: „Maus, Maus, komm heraus!"
Die Maus antwortet: „Ich mag nicht!"
Die Katze droht: „Dann jag ich dich!"
Die Maus antwortet: „Dann reiß ich aus!"
Die Katze versucht nun, die Maus zu fangen. Während die Maus ungehindert aus dem Kreis herausschlüpfen darf, versuchen die den Kreis bildenden Kinder, die Katze nicht hineinzulassen.

Anregungen

- Der Kreis bleibt an einer Stelle offen. Die Lücke dient Katze und Maus als Schlupfloch.
- In den Kreis der Kinder werden Geräte, Möbel o. Ä. eingebaut. Katze und Maus dürfen nur durch diese Schlupflöcher kriechen.
- Die Maus ist gerettet, wenn sie in einer vorher festgelegten Zeit nicht von der Katze gefangen wird.
- Die Anzahl der Mäuse und Katzen kann variiert werden.
- Für die Maus werden Mauselöcher (z. B. Teppichfliesen) eingerichtet, in denen sie nicht gefangen werden kann.
- Die Kinder können die Bewegungsform variieren.
- ...

Nach: Autorenkollektiv unter der Leitung von Dr. W. Knappe (1967). 40 Turnstunden für die 1. und 2. Klasse. Berlin: Volk und Wissen, S. 28.

Klammerjagd

Die Kinder klemmen Wäscheklammern an ihre Kleidung. Auf ein vereinbartes Signal versuchen sie, Klammern der anderen Kinder zu erbeuten. Gewonnen hat, wer die meisten Wäscheklammern gejagt hat.

Anregungen

- Jede Klammer zählt einen Punkt. Die Punktzahl kann z. B. verdoppelt werden, wenn das Kind seine eigenen Wäscheklammern noch hat.
- Die erbeuteten Klammern werden an der eigenen Kleidung befestigt und können von den anderen Kindern wieder gejagt werden.
- Die Kinder können die Bewegungsform variieren.
- Die Kinder bilden Paare bzw. Mannschaften.
- Die Kinder versuchen, Wäscheklammern an der Kleidung der Mitspieler/innen zu befestigen. Gewonnen hat, wer keine Klammern mehr hat.
- Die Kinder bilden Paare. Ein Kind klemmt dem anderen Kind Wäscheklammern an die Kleidung. Das versucht, mit geschlossenen oder verbundenen Augen zu erraten, wo sich die Klammern befinden.
- ...

Spielmöglichkeiten in ihrer Vielfalt entdecken und als freudvoll erleben
Ideen, Regeln und Rollen vorgegebener Spiele nachvollziehen, einhalten und verändern können

Außengelände
Bewegungsraum
Sporthalle

Wäscheklammern

Engagiert sich das Kind? Wie geht das Kind mit Gewinnen und Verlieren um?

Nach: Funke-Wieneke, J. (1992). Ringen und Raufen. In R. Zimmer & H. Cicurs (Hrsg.), Kinder brauchen Bewegung – brauchen Kinder Sport? Referate, Berichte und Beiträge zur Praxis vom Kongreß „Kinder brauchen Bewegung – brauchen Kinder Sport?" vom 21.-23.02.1991 in Osnabrück. Aachen: Meyer & Meyer, S. 67.

Komm mit – Lauf weg

Spielmöglichkeiten in ihrer Vielfalt entdecken und als freudvoll erleben
Ideen, Regeln und Rollen vorgegebener Spiele nachvollziehen, einhalten und verändern können

Außengelände
Bewegungsraum
Sporthalle

Fühlt sich das Kind wohl? Engagiert sich das Kind?

Mehrere Kinder bilden einen Kreis. Ein Kind befindet sich außerhalb des Kreises und wählt ein Kind durch Antippen und den Zuruf „Komm mit“ oder „Lauf weg“ aus. Während die Aufforderung „Komm mit“ bedeutet, dem Kind eine Runde um den Kreis zu folgen, wird beim Ruf „Lauf weg“ die Gegenrichtung eingeschlagen. Das Kind, das zuerst den freien Platz erreicht, bleibt dort. Das zweite Kind fordert ein anderes Kind im Kreis zum Mitkommen oder Weglaufen auf.

Anregungen

- Die Kinder spielen entweder „Komm mit“ oder „Lauf weg“.
- Die Kinder können die Bewegungsform variieren.
- ...

Nach: Durlach, F.-J. (1998). Erlebniswelt Wasser: Spielen, Gestalten, Schwimmen. Handreichungen zum Schwimmen mit Kindern im Vorschul- und Grundschulalter (2., völlig neu bearb. Aufl.). Schorndorf: Hofmann, S. 77f.

Labyrinth

Aus Geräten und Materialien bzw. Möbeln (z. B. Sprungkästen, Springseile, Stühle, Tische) wird ein Labyrinth gebaut. Die Kinder bilden zwei Gruppen. Die eine Gruppe bewegt sich frei im Raum, bis sie durch den Zauberspruch „Lara, Lira, Labyrinth, jetzt versteinere geschwind" zu Statuen erstarrt und Teil des Labyrinths wird. Die Kinder der anderen Gruppe legen gemeinsam Eingang und Ausgang des Labyrinths fest und versuchen, hindurch zu gelangen, ohne es zu berühren. Ist das gelungen, werden die Kinder, die das Labyrinth bilden, durch den Zauberspruch „Lara, Lira, Labyrinth, werde wach und wieder Kind" lebendig.

Anregungen

- Die Gruppen können tauschen.
- Berührt ein Kind das Labyrinth, versteinert es und wird auch Teil des Labyrinths.
- Überwindet ein Kind das Labyrinth, ohne es zu berühren, bekommt es einen Punkt für seine Gruppe.
- ...

Spielmöglichkeiten in ihrer Vielfalt entdecken und als freudvoll erleben
Spiel- und Bewegungsräume selbsttätig erschließen und gestalten

Bewegungsraum
Gruppenraum
Sporthalle

Springseile, Sprungkästen, Stühle, Tische

Wofür interessiert sich das Kind?
Wie gestaltet das Kind den Spiel-/Bewegungsraum?

Mäusejagd

Spielmöglichkeiten in ihrer Vielfalt entdecken und als freudvoll erleben
Ideen, Regeln und Rollen vorgegebener Spiele nachvollziehen, einhalten und verändern können

Außengelände
Bewegungsraum
Sporthalle

Decke

Engagiert sich das Kind?
In welcher Spielrolle fühlt sich das Kind wohl?

Wenige Kinder (Katzen) jagen viele Kinder (Mäuse). Die Katzen versuchen, die Mäuse zu fangen und in ihren Katzenkorb (z. B. Decke, Raumecke o. Ä.) zu bringen. Dort können die Mäuse z. B. durch Antippen von anderen Mäusen befreit werden.

Anregungen

- Die Katzen liegen in der Mitte des Raumes und halten einen Mittagsschlaf. Die Mäuse necken und kitzeln sie, ziehen vorsichtig an ihrem „Fell" etc. Die Katzen werden plötzlich wach und jagen die Mäuse.
- Für die Mäuse werden Mäuselöcher (z. B. Tische, Reifen etc.) eingerichtet, in denen sie von den Katzen nicht gefangen werden können.
- Die Katzen versuchen, sich zu zweit (zu dritt etc.) an den Händen haltend, die Mäuse zu fangen.
- ...

Nach: Zimmer, R. (2001). Bewegungserziehung im Kindergarten. Rahmenkonzeption zur Integration von Spiel und Bewegung im Alltag von Kindertageseinrichtungen. Broschüre hrsg. vom Ministerium für Frauen, Jugend, Familie und Gesundheit des Landes Nordrhein-Westfalen (2. Aufl.). Düsseldorf, S. 33 f.

6 5 4 3 2 1

Mein rechter, rechter Platz ist frei

Die Kinder sitzen im Kreis. Ein Kind hat den rechten Platz neben sich frei, klopft auf diesen und ruft dabei: „Mein rechter, rechter Platz ist frei, ich wünsche mir ... (Name eines Kindes) herbei."
Nun fragt das herbeigewünschte Kind: „Als was soll ich kommen?"
Das andere Kind antwortet z. B.: „Als Tiger."
Das herbeigewünschte Kind bewegt sich wie ein Tiger durch den Sitzkreis und setzt sich auf den leeren rechten Platz. Das Kind, dessen rechter Platz nun frei ist, beginnt von vorn.

Anregungen

- Die Kinder entscheiden sich für ein Tier und haben z. B. entsprechende Tierbilder umgehängt, Tiermasken auf o. Ä. Das Kind, dessen rechter Platz frei ist, ruft nun: „Mein rechter, rechter Platz ist frei, ich wünsche mir den Tiger herbei."
- Die Kinder können „Mein linker, linker Platz ist frei" spielen.
- ...

Spielmöglichkeiten in ihrer Vielfalt entdecken und als freudvoll erleben
Ideen, Regeln und Rollen vorgegebener Spiele nachvollziehen, einhalten und verändern können

Außengelände
Bewegungsraum
Gruppenraum
Sporthalle

Fühlt sich das Kind wohl?
Welche Spielidee(n)/Spielregel(n)/Spielrolle(n) entwickelt das Kind?

Nach: Krawietz, A., Krawietz, C., Rohr, M. & Schröder, F. P. (2003). Heut' bin ich Pirat! Konzepte und Praxisideen für Bewegungsangebote im Kindergarten. Tipps 10 (5. Aufl.). Frankfurt a. M..: Sportjugend Hessen, S. 81.

Minifußball

Spielmöglichkeiten in ihrer Vielfalt entdecken und als freudvoll erleben
Ideen, Regeln und Rollen vorgegebener Spiele nachvollziehen, einhalten und verändern können

Außengelände
Bewegungsraum
Sporthalle

Ball, Tore

Engagiert sich das Kind?
Mit wem bildet das Kind eine Mannschaft?

Die Kinder bilden zwei Mannschaften mit zwei (drei, vier etc.) Spieler/innen. Sie versuchen, sich den Ball mit dem Fuß zuzuspielen und ein Tor zu erzielen. Die andere Mannschaft versucht, das zu verhindern.

Anregungen

- Die Anzahl der Mannschaften, Bälle und Tore kann variiert werden.
- Ein Tor kann erst erzielt werden, wenn alle Kinder einer Mannschaft den Ball mindestens einmal berührt bzw. gespielt haben.
- Eine Mannschaft bekommt einen Punkt, wenn sie sich den Ball z. B. fünfmal nacheinander zugespielt hat. Die andere Mannschaft versucht, das zu verhindern.
- Die Kinder spielen ein Minifußballturnier.
- ...

Minihandball

Die Kinder bilden zwei Mannschaften mit zwei (drei, vier etc.) Spieler/innen. Sie versuchen, sich den Ball mit der Hand zuzuspielen und ein Tor zu erzielen. Die andere Mannschaft versucht, das zu verhindern.

Anregungen

- Die Anzahl der Mannschaften, Bälle und Tore kann variiert werden.
- Ein Tor kann erst erzielt werden, wenn alle Kinder einer Mannschaft den Ball mindestens einmal berührt bzw. gespielt haben.
- Eine Mannschaft bekommt einen Punkt, wenn sie sich den Ball z. B. fünfmal nacheinander zugespielt hat. Die andere Mannschaft versucht, das zu verhindern.
- Die Kinder spielen ein Mini-Handballturnier.
- ...

Spielmöglichkeiten in ihrer Vielfalt entdecken und als freudvoll erleben
Ideen, Regeln und Rollen vorgegebener Spiele nachvollziehen, einhalten und verändern können

Außengelände
Bewegungsraum
Sporthalle

Ball, Tore

Fühlt sich das Kind wohl?
Wofür interessiert sich das Kind?

Minihockey

Spielmöglichkeiten in ihrer Vielfalt entdecken und als freudvoll erleben
Ideen, Regeln und Rollen vorgegebener Spiele nachvollziehen, einhalten und verändern können

Außengelände
Bewegungsraum
Sporthalle

Ball, Hockeyschläger, Tore

Engagiert sich das Kind?
Welche Spielregel(n) entwickelt das Kind?

Die Kinder bilden zwei Mannschaften mit zwei (drei, vier etc.) Spieler/innen. Sie versuchen, sich den Ball mit Hockeyschlägern (Turnstäben o. Ä.) zuzuspielen und ein Tor zu erzielen. Die gegnerische Mannschaft versucht, das zu verhindern.

Anregungen

- Die Anzahl der Mannschaften, Bälle und Tore kann variiert werden.
- Ein Tor kann erst erzielt werden, wenn alle Kinder einer Mannschaft den Ball mindestens einmal berührt bzw. gespielt haben.
- Eine Mannschaft bekommt einen Punkt, wenn sie sich den Ball z. B. fünfmal nacheinander zugespielt hat. Die andere Mannschaft versucht, das zu verhindern.
- Die Kinder spielen ein Mini-Hockeyturnier.
- ...

Moorlandschaft

Unter ein Schwungtuch werden weiche Materialien (z. B. Softbälle, Schaumstoffwürfel) gelegt, sodass ein Moor entsteht. Im Moor werden Schätze (z. B. Bohnensäckchen, Tennisringe) versteckt. Um das Moor herum werden z. B. Wege (mit Brettern, Turnbänken o. Ä.) gebaut, Inseln (mit Zeitungen, Bierdeckeln o. Ä.) angelegt etc.
Die Kinder versuchen, nur auf den Wegen und Inseln der Moorlandschaft zu gehen (krabbeln, stehen etc.), um nicht im Moor zu versinken. Sie können Angeln (z. B. Turnstäbe) und Kescher (z. B. Tücher) benutzen, um an die Schätze im Moor zu gelangen. Die Schätze können z. B. in eine Schatztruhe (Wäschekorb o. Ä.) außerhalb der Moorlandschaft gebracht werden.

Anregungen

- Die Kinder bilden zwei Mannschaften. Die Mannschaft gewinnt, die die meisten Schätze geangelt hat.
- Ein „Moormonster" kann plötzlich auftauchen. Die Kinder versuchen, sich und ihre Schätze in Sicherheit zu bringen.
- Das Moor befindet sich auf einem fremden Planeten. Mit einem Raumschiff fliegen die Astronauten dorthin und erkunden die Moorlandschaft. Vom Raumschiff aus können die Kinder Wege zum Moor bauen etc.
- ...

Spielmöglichkeiten in ihrer Vielfalt entdecken und als freudvoll erleben
Spiel- und Bewegungsräume selbsttätig erschließen und gestalten

Bewegungsraum
Sporthalle

Bierdeckel, Bohnensäckchen, Bretter, Schaumstoffwürfel, Schwungtuch, Softbälle, Tennisringe, Turnbänke, Turnstäbe, Tücher, Wäschekorb, Zeitungen

Engagiert sich das Kind?
Welche Bewegungs-/Spielidee(n) entwickelt das Kind?

Murmelkönig

Spielmöglichkeiten in ihrer Vielfalt entdecken und als freudvoll erleben
Gemeinsame Spielideen und Spielvereinbarungen entwickeln und situationsgerecht verändern

Außengelände
Bewegungsraum
Flur
Gruppenraum

Kreide, Murmeln

Engagiert sich das Kind? Welche Spielidee(n)/Spielregel(n) entwickelt das Kind?

Die Kinder haben jeweils die gleiche Anzahl Murmeln. Sie versuchen nacheinander, eine Murmel von einer (z. B. mit Kreide gezogenen) Linie aus so nah wie möglich an einen Gegenstand (z. B. große Murmel) zu rollen. Das Kind, dessen Murmel am dichtesten am Gegenstand liegt, darf die Murmeln der anderen behalten. Murmelkönig bzw. Murmelkönigin ist das Kind, das am Ende die meisten Murmeln hat.

Anregungen

- Die Kinder haben jeweils drei Murmeln und versuchen, diese nacheinander so dicht wie möglich an den Gegenstand zu rollen. Das Kind, dessen Murmel am dichtesten am Gegenstand liegt, hat in der nächsten Runde eine Murmel weniger zur Verfügung. Murmelkönig bzw. Murmelkönigin ist das Kind, das zuerst keine Murmel mehr hat.
- Die Kinder bilden Paare oder Mannschaften.
- ...

Nach: Zimmer, R. (1995). Schafft die Stühle ab! Bewegungsspiele für Kinder. Freiburg i. Br.: Herder, S. 94.

6 5 4 3 2 1

Papierballstaffel

Die Kinder stehen in ihren Mannschaften hintereinander. Auf ein vereinbartes Startsignal gibt das erste Kind jeder Mannschaft einen Ball aus Zeitungspapier (Papierball) über den Kopf nach hinten. Das letzte Kind krabbelt mit dem Papierball durch die gegrätschten Beine (Tunnel) der anderen. Vorne angelangt, gibt es den Papierball erneut nach hinten. Dies wird so lange wiederholt, bis das erste Kind wieder vorne steht. Die Mannschaft, der das als erste gelingt, gewinnt einen Punkt.

Anregungen

- Die Kinder können die Bewegungsform variieren.
- In einem entsprechenden Abstand zu jeder Mannschaft befindet sich ein Karton (Kasten o. Ä.). Auf einer Bank, die zwischen den Mannschaften und Kartons steht, liegen Papierbälle. Die Kinder versuchen, die Papierbälle auf der Hand (dem Kopf etc.) in die Kartons zu transportieren und laufen dann zu ihrer Mannschaft zurück. Gewonnen hat die Mannschaft, die als erste ihre Papierbälle in den Karton gebracht hat.
- ...

Spielmöglichkeiten in ihrer Vielfalt entdecken und als freudvoll erleben
Ideen, Regeln und Rollen vorgegebener Spiele nachvollziehen, einhalten und verändern können

Außengelände
Bewegungsraum
Flur
Gruppenraum
Sporthalle

Zeitungen

Fühlt sich das Kind wohl?
Wie geht das Kind mit Gewinnen und Verlieren um?

Nach: Frank, G. & Eckers, B. (2001). Bewegungsförderung für Kinder. Eine Übungssammlung mit Alltagsmaterialien und Kleingeräten (3., korr. u. erw. Aufl.). Wiebelsheim: Limpert, S. 22 f.

Reifenrennen

Spielmöglichkeiten in ihrer Vielfalt entdecken und als freudvoll erleben
Ideen, Regeln und Rollen vorgegebener Spiele nachvollziehen, einhalten und verändern können

Außengelände
Bewegungsraum
Flur
Sporthalle

Reifen

Engagiert sich das Kind?
Mit wem bildet das Kind eine Mannschaft?

Die Kinder bilden Mannschaften, die hinter einer Startlinie stehen. Auf ein vereinbartes Startsignal rollt jeweils das erste Kind einer Mannschaft den Reifen neben sich zu einem vereinbarten Punkt, kehrt zu seiner Gruppe zurück und übergibt dem nächsten Kind den Reifen, das dann die Strecke zurücklegt etc.

Anregungen

- Der Reifen wird vom ersten Kind einer Mannschaft zu einem vereinbarten Punkt gerollt. Es läuft (hüpft, kriecht etc.) zurück zum zweiten Kind, das zum Reifen läuft (hüpft, kriecht etc.), diesen zur Mannschaft zurückrollt und dem nächsten Kind übergibt etc.
- Die Kinder können die Art des Reifentransports (durch den Reifen steigen, den Reifen um den Arm kreisen lassen etc.) variieren.
- ...

Nach: Schaffner, K. (2002). Bewegen, Spielen und Tanzen für Kinder von drei bis acht Jahren (5., veränd. Aufl.). Celle: Pohl, S. 110 f.

Riesenschuhlauf

Die Kinder bilden Mannschaften. Jede Mannschaft baut z. B. mit Kegeln einen Slalomparcours. Jeweils das erste Kind einer Mannschaft steht in Schuhschachteln (Riesenschuhen) und läuft damit auf ein vereinbartes Startsignal durch den Slalomparcours um einen Wendepunkt herum zurück zu seiner Gruppe. Das nächste Kind bekommt die Schuhschachteln und durchläuft den Parcours.

Anregungen

- Das erste Kind läuft durch den Slalomparcours, lässt die Schuhschachteln am Wendepunkt stehen und läuft (hüpft, krabbelt etc.) zur Gruppe zurück. Das nächste Kind läuft (hüpft, krabbelt etc.) zu den Schuhschachteln und durchläuft den Parcours etc.
- Alle Kinder einer Mannschaft stehen in Schuhschachteln. Auf ein Startsignal laufen sie hintereinander durch den Parcours.
- Die Kinder sind mit ihren Händen (Händen und Füßen etc.) in Schuhschachteln und versuchen, durch den Slalomparcours zu gelangen.
- ...

Spielmöglichkeiten in ihrer Vielfalt entdecken und als freudvoll erleben
Ideen, Regeln und Rollen vorgegebener Spiele nachvollziehen, einhalten und verändern können

Außengelände
Bewegungsraum
Flur
Sporthalle

Kegel, Schuhschachteln

Engagiert sich das Kind?
Welche Spielidee(n)/ Spielregel(n) entwickelt das Kind?

Nach: Schaffner, K. (2002). Bewegen, Spielen und Tanzen für Kinder von drei bis acht Jahren (5., veränd. Aufl.). Celle: Pohl, S. 24 f.

Tag und Nacht

Spielmöglichkeiten in ihrer Vielfalt entdecken und als freudvoll erleben
Ideen, Regeln und Rollen vorgegebener Spiele nachvollziehen, einhalten und verändern können

Außengelände
Bewegungsraum
Sporthalle

Engagiert sich das Kind? Welche Spielidee(n)/Spielregel(n)/Spielrolle(n) entwickelt das Kind?

Die Kinder bilden zwei Mannschaften, die sich an zwei Linien gegenüberstehen. Die eine Gruppe ist der Tag und die andere die Nacht. Ruft die Erzieherin oder ein Kind „Tag“, versuchen die Kinder der Tag-Gruppe die Kinder der Nacht-Gruppe zu fangen. Haben die Kinder der Nacht-Gruppe einen vorher vereinbarten Ort erreicht, sind sie in Sicherheit. Die gefangenen Kinder wechseln zur Tag-Gruppe. Die Kinder stellen sich in ihren Mannschaften wieder an die Linien und reagieren auf den Ruf der Erzieherin oder eines Kindes.

Anregungen

- Die Mannschaften hocken (liegen etc.) sich gegenüber.
- Die Kinder können die Bewegungsform variieren.
- Wird „Tag" gerufen, werden die Kinder der Tag-Gruppe gefangen.
- Statt des akustischen Signals kann ein optisches Signal (farbige Tücher, Zettel o. Ä.) gegeben werden.
- ...

Nach: Kultusminister der Länder der Bundesrepublik Deutschland & Deutscher Sportbund (Hrsg.) (1968). Die tägliche Bewegungszeit. Eine Fibel für den Unterricht im 1. und 2. Schuljahr. Frankfurt a. M..: Deutscher Sportbund, S. 61.

Tuchraub

Die Kinder stecken ein Tuch in den Hosenbund oder unter den Gürtel, sodass ein großer Teil des Tuchs zu sehen ist. Sie bewegen sich in einer vereinbarten Bewegungsform und versuchen dabei, anderen Kindern das Tuch zu rauben und zugleich ihr eigenes Tuch zu behalten. Am Ende werden die erbeuteten Tücher gezählt. Gewonnen hat, wer die meisten Tücher geraubt hat.

Anregungen

- Jedes Tuch zählt einen Punkt. Die Punktzahl kann z. B. verdoppelt werden, wenn das Kind sein eigenes Tuch noch hat.
- Die Kinder können die Bewegungsform variieren.
- Die Kinder bilden Paare und rauben gemeinsam Tücher.
- ...

Spielmöglichkeiten in ihrer Vielfalt entdecken und als freudvoll erleben
Ideen, Regeln und Rollen vorgegebener Spiele nachvollziehen, einhalten und verändern können

Außengelände
Bewegungsraum
Sporthalle

Tücher

Fühlt sich das Kind wohl?
Welche Spielidee(n)/Spielregel(n)/Spielrolle(n) entwickelt das Kind?

Nach: Kunz, T. (1993). Weniger Unfälle durch Bewegung. Mit Bewegungsspielen gegen Unfälle und Gesundheitsschäden bei Kindergartenkindern. Schorndorf: Hofmann, S. 105 f.

Unser Spielplatz

Spielmöglichkeiten in ihrer Vielfalt entdecken und als freudvoll erleben
Spiel- und Bewegungsräume selbsttätig erschließen und gestalten

Bewegungsraum Sporthalle

Reifen, Rollbretter, Springseile, Sprossenwand, Sprungkästen, Turnbänke, Turnmatten, Weichbodenmatten

Wie kooperiert das Kind?
Wie gestaltet das Kind den Spiel-/Bewegungsraum?

Die Kinder bauen nach ihren Wünschen und Vorstellungen einen Spielplatz. Hierfür stehen ihnen die vielfältigsten Geräte und Materialien (Sprungkästen, Sprossenwand, Turnmatten, Weichbodenmatten, Turnbänke, Rollbretter, Springseile, Reifen etc.) zur Verfügung. Nach dem Aufbau des Spielplatzes probieren ihn die Kinder aus.

Anregungen

- Der Aufbau des Spielplatzes kann in Baugruppen und mit einem Bauleiter bzw. einer Bauleiterin (evtl. nach einem Aufbauplan) erfolgen.
- ...

Nach: Stein, G. (2002). Kleinkinderturnen ganz groß. Drei- bis siebenjährige Kinder erleben Bewegung und Spiel in Verein, Grundschule und Kindergarten (7., überarb. Aufl.). Aachen: Meyer & Meyer, S. 111 f.

Wäschestaffel

Eine Wäscheleine wird gespannt. Die Kinder bilden zwei Mannschaften. Vor jeder Mannschaft befindet sich ein Wäschekorb mit Kleidungsstücken und Wäscheklammern. Auf ein Startsignal läuft das erste Kind jeder Mannschaft mit einem Kleidungsstück und zwei Wäscheklammern zur Wäscheleine und befestigt das Kleidungsstück daran. Anschließend rennt es zur Gruppe zurück und das nächste Kind läuft zur Wäscheleine, um ein weiteres Kleidungsstück an der Wäscheleine zu befestigen etc.

Anregungen

- Die Kinder können die Bewegungsform variieren.
- Die Anzahl der Mannschaften kann erhöht werden.
- Die Kinder können andere Gegenstände an der Leine befestigen.
- Die Kinder können die an der Wäscheleine befestigten Kleidungsstücke abnehmen und in den Korb bringen.
- Die Kinder können den Weg durch einen Hindernisparcours (Slalomparcours, Tunnel, Balancierweg o. Ä.) zurücklegen.
- ...

Spielmöglichkeiten in ihrer Vielfalt entdecken und als freudvoll erleben
Ideen, Regeln und Rollen vorgegebener Spiele nachvollziehen, einhalten und verändern können

Außengelände
Bewegungsraum
Sporthalle

Kleidungsstücke, Wäscheklammern, Wäschekörbe, Wäscheleine

Mit wem bildet das Kind eine Mannschaft?
Engagiert sich das Kind?

Nach: Zimmer, R. (1995). Schafft die Stühle ab! Bewegungsspiele für Kinder. Freiburg i. Br.: Herder, S. 137.

Wer hat den Ball?

Spielmöglichkeiten in ihrer Vielfalt entdecken und als freudvoll erleben
Gemeinsame Spielideen und Spielvereinbarungen entwickeln und situationsgerecht verändern

Außengelände
Bewegungsraum
Sporthalle

Ball

Fühlt sich das Kind wohl?
Welche Spielidee(n)/Spielregel(n) entwickelt das Kind?

Ein Kind hat einen Ball und steht mit dem Rücken zu den anderen Kindern. Es wirft den Ball so nach hinten, dass die Kinder ihn fangen können. Das Kind, das den Ball fängt, gibt sich nicht zu erkennen.
Die Kinder stellen sich nebeneinander und halten die Arme hinter dem Rücken. Das Kind, das den Ball geworfen hat, versucht zu erraten, wer den Ball gefangen hat. Gelingt ihm das, kann es den Ball noch mal werfen. Gelingt ihm das nicht, wirft das Kind den Ball, das ihn gefangen hat.

Anregungen

- Statt des Balls können andere Wurfobjekte genutzt werden.
- Der Ball kann zu den Kindern gerollt (geschossen etc.) werden.
- ...

Nach: Zimmer, R. (1995). Schafft die Stühle ab! Bewegungsspiele für Kinder. Freiburg i. Br.: Herder, S. 98.

Wortspiel

Gemeinsam werden Bewegungen (Handlungen, Körperhaltungen etc.) vereinbart, die bei bestimmten Wörtern vollzogen werden (z. B. legen sich alle bei dem Wort „Schlaf“ auf den Boden und schließen die Augen). Die Erzieherin oder ein Kind erzählt eine Geschichte, in der die vereinbarten Wörter vorkommen. Die zuhörenden Kinder bewegen sich (handeln etc.) entsprechend.

Anregungen

- Die Kinder bilden zwei Mannschaften mit ähnlich klingenden Namen (z. B. Mäuse – Läuse, Affen – Giraffen, Wale – Aale). Die jeweils aufgerufene Gruppe versucht, die andere zu fangen. Die gefangenen Kinder wechseln die Gruppe. Die Gruppe gewinnt, in der die meisten Kinder sind.
- ...

Spielmöglichkeiten in ihrer Vielfalt entdecken und als freudvoll erleben
Gemeinsame Spielideen und Spielvereinbarungen entwickeln und situationsgerecht verändern

Außengelände
Bewegungsraum
Gruppenraum
Sporthalle

Engagiert sich das Kind?
Welche Spielidee(n)/Spielregel(n) entwickelt das Kind?

Nach: Zimmer, R. (2003). Handbuch der Sinneswahrnehmung. Grundlagen einer ganzheitlichen Erziehung (11. Aufl.). Freiburg i. Br.: Herder, S. 95.

Zehnerball

Spielmöglichkeiten in ihrer Vielfalt entdecken und als freudvoll erleben
Gemeinsame Spielideen und Spielvereinbarungen entwickeln und situationsgerecht verändern

Außengelände
Bewegungsraum
Sporthalle

Bälle

Wofür interessiert sich das Kind? Welche Spielidee(n)/Spielregel(n) entwickelt das Kind?

Erzieherin und Kinder vereinbaren zum einen verschiedene Varianten des Ballwerfens und -fangens. Zum anderen legen sie fest, wie oft eine Variante hintereinander ausprobiert wird (z. B. zehnmal, also Zehnerball). Die Kinder probieren die verschiedenen Varianten in der vereinbarten Anzahl alleine aus (z. B. gegen eine Wand).

Anregungen

- Die Kinder können die Wurf- und Fangvarianten miteinander (zu zweit, zu dritt etc.) ausprobieren.
- Statt der Bälle können andere Wurfobjekte genutzt werden.
- „Zehnerball" kann als Wettkampf gestaltet werden.
- ...

Nach: Zimmer, R. (1995). Schafft die Stühle ab! Bewegungsspiele für Kinder. Freiburg i. Br.: Herder, S. 97 f.

3.3 Laufen – Springen – Werfen

Dieses Bildungsthema umfasst wesentliche Grundformen menschlicher Bewegung, die zugleich als Basis vieler Spiel- und Sportaktivitäten gelten können. Lauf-, Sprung- und Wurfformen zu erproben und mit ihnen zu experimentieren, dient der allgemeinen Ausbildung motorischer Fähigkeiten und fördert die Bewegungsentwicklung der Kinder: Neben koordinativ-rhythmischen Anforderungen bei der Entwicklung allgemeiner Lauf-, Sprung- und Wurfgeschicklichkeit stellt das Bildungsthema koordinativ-technische Anforderungen beim schnellen Laufen, weiten und hohen Springen oder Weit- und Hochwerfen sowie konditionell-athletische Anforderungen beim ausdauernden Fortbewegen und Springen.

Mädchen und Jungen haben die Möglichkeit, Laufen, Springen und Werfen als grundlegende und eigenständige Bewegungstätigkeiten zu erfahren. Das Bildungsthema verweist auf den im späteren Lebenslauf wichtigen Bereich der Leichtathletik, darf aber keinesfalls im Sinne einer Vermittlung leichtathletischer Fertigkeiten (miss-)verstanden werden. In vielfältigen Bewegungs- und Spielsituationen können die Kinder ihre motorischen Fähigkeiten entfalten und ihr Bewegungsrepertoire erweitern. So entwickeln sie Kompetenzen, um an unterschiedlichen Bewegungs- und Spielsituationen teilnehmen, vielfältige Anforderungen bewältigen und Bewegungssicherheit gewinnen zu können.

Die Kinder erhalten Gelegenheiten, verschiedene Formen der Fortbewegung auszuprobieren und vielfältige Bewegungserfahrungen zu sammeln. Sie können den Körper beim Laufen erleben (z. B. Atmung, Herzschlag und Schwitzen), Geschwindigkeit, Beschleunigung und Verzögerung (Abbremsen) erfahren sowie vielfältige Lauferfahrungen machen: auf Bahnen, Wegen und Flächen, hoch und runter im Gelände, einzeln, in Paaren und in Gruppen sowie in Staffelform, bei Laufspielen, aber auch mit Hilfsmitteln wie Dosenstelzen, kleinen Herausforderungen (Dreibeinlauf) oder über, unter und durch Hindernisse.

Das Springen kann von den Kindern durch vielfältige Hüpf- und Sprungformen entdeckt und ausprobiert werden: Springen (und zumeist auch Hüpfen) kann man in die Weite, in die Höhe, aber auch in die Tiefe, auf etwas hinauf oder von etwas herunter, auf Zielmarkierungen, mit Geräten und Partner sowie in der Gruppe, mit einem oder zwei Beinen oder in mehreren aufeinander folgenden Sprüngen oder Hüpfern. Jungen und Mädchen macht das Springen nicht nur großen Spaß, sie können dabei auch ihre Kraft, ihre (Anlauf-)Geschwindigkeit, ihr Gewicht sowie Anstrengung und Ermüdung erleben, etwas wagen und die eigenen Leistungsmöglichkeiten ausprobieren und einschätzen.

Das Werfen können Kinder mit verschiedenen Geräten erproben, erfahren, verfeinern und verbessern: große und kleine, schwere und leichte, harte und weiche Bälle, Ringe, Tücher, Papierflieger und -kugeln, Wurfscheiben, mit Wasser teilweise gefüllte Luftballons, eckige, runde oder eiförmige Gegenstände. Würfe in allen Variationen – in die Weite, in die Höhe, über Hindernisse, auf und in Ziele, aus dem Stand und aus der Bewegung, mit ein oder zwei Armen, von unten oder oben, im Gelände (oder von Geräten) hinauf oder herab, gezielt oder kraftvoll, gleichzeitig oder nacheinander mit Partner oder in der Gruppe – bieten ihnen die Möglichkeit, vielfältige Wurfarten und -formen zu entdecken und auszuprobieren sowie Wurfabsichten zu entwickeln. Das Werfen stellt für Kinder eine attraktive Herausforderung dar, eigene Leistungsfähigkeiten zu erleben und zu erweitern, aber auch die eigene Kraft, den genauen Krafteinsatz, das Zusammenspiel von Wurf und Fixierung mit den Augen (Auge-Hand-Koordination) oder das Gewicht, die Beschaffenheit, die Form und die Oberfläche des Wurfgeräts kennenzulernen und altersgerecht zu verstehen.

In der spielerischen und erlebnisorientierten Auseinandersetzung mit vielfältigen Fortbewegungs- und Wurfarten, Hüpf- und Sprungformen erschließen sich die Kinder ein Bewegungs- und sportliches Handlungsfeld. Durch Ausprobieren und Üben erfahren sie, dass sie ihr Können erweitern und individuelle Fortschritte erzielen können. Dieses Bildungsthema bietet Mädchen und Jungen die Möglichkeit, die individuelle Leistungsentwicklung zu erfahren und Leistungen zu vergleichen, aber auch als etwas Gemeinsames zu erleben.

Im Folgenden werden die Bildungsschwerpunkte noch einmal systematisch ausdifferenziert.

Bildungsschwerpunkte

Verschiedene Formen der Fortbewegung ausprobieren und vielfältige Fortbewegungserfahrungen sammeln

- Formen der Fortbewegung erleben (z. B. kriechen, krabbeln, gehen, laufen)
- Sich auf verschiedenen Untergründen fortbewegen
- Sich durch, über, ... Hindernisse fortbewegen.

Den Körper beim Laufen erleben und vielfältige Erfahrungen sammeln

- Auf verschiedenen Untergründen und bei unterschiedlichen Witterungsverhältnissen laufen
- Im Laufen festen und beweglichen Hindernissen ausweichen, bergauf und bergab laufen
- Beim Laufen körperliche Reaktionen (z. B. Herzschlag, Atmung, Schwitzen, Wohlbefinden, Ermüdung) wahrnehmen und Zusammenhänge herstellen
- Hindernisse überlaufen, mit Laufrhythmen experimentieren, verschiedene Laufrichtungen ausprobieren
- Unterschiedliche Laufgeschwindigkeiten erproben (z. B. allein, mit Partner, in der Gruppe).

Vielfältige Hüpf- und Sprungformen entdecken und ausprobieren

- Hüpfformen variieren, rhythmisch hüpfen
- Springen aus dem Stand, aus dem Anlauf, ein- und beidbeinig, weit, hoch, hinüber, herunter, über Hindernisse, auf eine Matte, ... springen
- Sprungformen variieren, rhythmisch springen.

Beim Springen etwas wagen und eigene Leistungsmöglichkeiten einschätzen

- Über, auf, von, ... Hindernissen springen
- An verschiedenen Gerätearrangements in die Weite, Höhe, Tiefe springen.

Vielfältige Wurfarten entdecken und ausprobieren

- Wurfobjekte weit, hoch, über etwas, ... werfen
- Unterschiedliche Wurfarten kennen lernen und anwenden (z. B. beid- und einarmig, mit links und rechts werfen).

Verschiedene Wurfobjekte nutzen und Wurfabsichten entwickeln

- Mit vielfältigen Wurfobjekten auf unterschiedliche Weise werfen
- Auf hohe, weiter entfernte, feste, bewegliche Ziele, durch und über Hindernisse werfen, Werfen in Zonen, Wurfstaffeln
- Verschiedene Wurfarten in Wurfspielen anwenden.

Jeder im Anschluss ausführlich beschriebenen Bildungssituation ist immer mindestens ein Bildungsschwerpunkt zugeordnet.

Auto fahren

Die Kinder entscheiden sich für ein Fahrzeug, das sie darstellen möchten, und fahren durch den Raum.

Anregungen

- Die Kinder können Geräte und Materialien benutzen (z. B. Tennisringe als Lenkrad, Heulrohre zum Erzeugen von Geräuschen eines Feuerwehrautos etc.).
- Mit Turnbänken, Brettern, Springseilen o. Ä. können die Kinder Straßen bauen, auf denen die Autos fahren.
- Die Kinder können einparken, anfahren, beschleunigen, rückwärts fahren etc.
- Eine Ampel wird aufgestellt und deren Funktion besprochen. Hält die Erzieherin oder ein Kind ein rotes, gelbes oder grünes Tuch hoch, reagieren die Kinder entsprechend.
- Am Ende der langen Fahrt können die Autos in ihren Garagen (Teppichfliesen o. Ä.) parken, wo sie z. B. gewaschen werden (Massage), sich von ihrer Tagesreise ausruhen (Phantasiereise) etc.
- …

Verschiedene Formen der Fortbewegung ausprobieren und vielfältige Fortbewegungserfahrungen sammeln
Den Körper beim Laufen erleben und vielfältige Lauferfahrungen sammeln

Außengelände
Bewegungsraum
Flur
Gruppenraum
Sporthalle

Mit welchen Bewegungsformen experimentiert das Kind? Wofür interessiert sich das Kind?

Nach: Zimmer, R. (2001). Bewegungserziehung im Kindergarten. Rahmenkonzeption zur Integration von Spiel und Bewegung im Alltag von Kindertageseinrichtungen. Broschüre hrsg. vom Ministerium für Frauen, Jugend, Familie und Gesundheit des Landes Nordrhein-Westfalen (2. Aufl.). Düsseldorf, S. 43 f.

Bälle einsammeln

In einem Wäschekorb (Sprungkasten ohne Deckel o. Ä.) liegen zahlreiche Bälle. Ein Kind versucht, den Korb schnell leer zu bekommen. Die anderen Kinder verhindern das, indem sie die Bälle einsammeln und wieder in den Wäschekorb legen.

Anregungen

- Nach einer festgelegten Zeit zählen die Kinder, wie viele Bälle noch im Wäschekorb sind.
- Die Kinder können zu zweit (zu dritt etc.) versuchen, den Korb leer zu bekommen.
- Die Kinder, die die Bälle einsammeln, können die Bewegungsform variieren.
- ...

Verschiedene Formen der Fortbewegung ausprobieren und vielfältige Fortbewegungserfahrungen sammeln
Vielfältige Wurfarten entdecken und ausprobieren

Außengelände
Bewegungsraum
Sporthalle

Bälle, Wäschekorb

Engagiert sich das Kind?
Welche Wurfart(en) entwickelt das Kind?

Nach: Autorenkollektiv unter der Leitung von Dr. W. Knappe (1967). 40 Turnstunden für die 1. und 2. Klasse. Berlin: Volk und Wissen, S. 41.

Baustelle

Vielfältige Hüpf- und Sprungformen entdecken und ausprobieren
Beim Springen etwas wagen und eigene Leistungsmöglichkeiten einschätzen

Bewegungsraum Sporthalle

Minisprungkästen, Reifen, Sprossenwand, Sprungkästen, Turnmatten, Weichbodenmatten

Wie geht das Kind mit der (neuen) Anforderung/Situation um? Was wagt das Kind?

Die Kinder errichten eine Baustelle, auf der z. B. Häuser (Minisprungkästen, Sprungkästen o. Ä.) gebaut werden. Baumaterial kann mit einem Kran (z. B. Sprossenwand) transportiert werden. Auf der Baustelle können sich Hindernisse wie z. B. Pfützen (Reifen) etc. befinden. Die Baustelle wird mit Turnmatten und/oder Weichbodenmatten gesichert.
Die Kinder (Bauarbeiter) können auf der Baustelle verschiedene Sprungformen (in die Weite, Höhe, Tiefe, über, auf etwas etc.) ausprobieren.

Anregungen

- Zur akustischen Unterstützung können die bei einem Horchspaziergang aufgenommenen Baustellengeräusche abgespielt werden.
- ...

Das schwingende Seil

Ein langes Springseil (z. B. zwei oder mehr miteinander verbundene Springseile) wird gekreist bzw. über dem Boden hin- und hergeschwungen. Die Kinder versuchen, von einer Seite auf die andere zu kommen, ohne das schwingende Seil zu berühren.

Anregungen

- Die Kinder versuchen, alleine (zu zweit, zu dritt etc.) so oft wie möglich über das schwingende Seil zu springen, ohne es zu stoppen.
- Die Kinder finden alleine (zu zweit, zu dritt etc.) Hüpf- bzw. Sprungformen, um über das schwingende Seil zu gelangen.
- ...

Vielfältige Hüpf- und Sprungformen entdecken und ausprobieren

Außengelände
Bewegungsraum
Sporthalle

Springseile

Engagiert sich das Kind? Welche Hüpf-/Sprungform(en) entwickelt das Kind?

Nach: Zimmer, R. (1995). Schafft die Stühle ab! Bewegungsspiele für Kinder. Freiburg i. Br.: Herder, S. 101 f.

Die Zootiere sind frei

Verschiedene Formen der Fortbewegung ausprobieren und vielfältige Fortbewegungserfahrungen sammeln

Bewegungsraum
Gruppenraum
Sporthalle

Reifen, Tische

Mit welchen Bewegungsformen experimentiert das Kind?
Fühlt sich das Kind wohl?

Die Kinder entscheiden sich für Tiere, die sie darstellen wollen, und bauen Tierkäfige (mit Tischen, Reifen o. Ä.). Die Tiere werden von der Erzieherin oder einem Kind (Tierpfleger) aus den Käfigen gelassen und bewegen sich auf ihre typische Art frei im Zoo. Auf ein vereinbartes Signal, z. B. zur Schlafens- oder Essenszeit, kehren sie in ihren Käfig zurück.

Anregungen

- Für jede Tierart ist ein Käfig vorhanden, der z. B. durch ein entsprechendes Foto, Bild o. Ä. gekennzeichnet ist. Auf ein vereinbartes Signal kehren die Kinder in den Käfig ihrer Tierart zurück.
- Die Rückkehr der Tiere in ihren Käfig kann als Wettkampf gestaltet werden.
- ...

Nach: Zimmer, R. (2001). Bewegungserziehung im Kindergarten. Rahmenkonzeption zur Integration von Spiel und Bewegung im Alltag von Kindertageseinrichtungen. Broschüre hrsg. vom Ministerium für Frauen, Jugend, Familie und Gesundheit des Landes Nordrhein-Westfalen (2. Aufl.). Düsseldorf, S. 37.

Ebbe und Flut

Die Kinder verteilen Zeitungsseiten im Raum. Diese stellen Inseln dar, die bei Flut vom Meer überschwemmt und bei Ebbe wieder sichtbar werden. Bei Flut verlassen die Kinder ihre Inseln und schwimmen im Wasser, bis sie bei Ebbe wieder auf die Inseln können. Anschließend wird eine Zeitung weggenommen, sodass die Kinder bei Ebbe immer weniger Inseln zur Verfügung haben.

Anregungen

- Die Kinder können die Bewegungsform variieren und z. B. ein Meerestier, Wasserfahrzeug o. Ä. darstellen.
- Das Signal für Ebbe und Flut kann variiert werden (optisch, akustisch etc.).
- Statt der Zeitungen können Bierdeckel, Teppichfliesen, Pappteller etc. genutzt werden.
- …

Verschiedene Formen der Fortbewegung ausprobieren und vielfältige Fortbewegungserfahrungen sammeln

Bewegungsraum
Flur
Gruppenraum
Sporthalle

Zeitungen

Mit welchen Bewegungsformen experimentiert das Kind?
Engagiert sich das Kind?

Nach: Zimmer, R. (1995). Schafft die Stühle ab! Bewegungsspiele für Kinder. Freiburg i. Br.: Herder, S. 83.

Fallschirmspringer

Vielfältige Hüpf- und Sprungformen entdecken und ausprobieren
Beim Springen etwas wagen und eigene Leistungsmöglichkeiten einschätzen

Außengelände
Bewegungsraum
Sporthalle

Minisprungkästen, Minitrampoline, Niedersprungmatten, Sprungkästen, Turnbänke, Turnmatten, Tücher

Mit welchen Sprungformen experimentiert das Kind?
Was wagt das Kind?

Mit Minisprungkästen, Sprungkästen, Turnbänken, Minitrampolinen etc. wird eine mit Turnmatten und Niedersprungmatten gesicherte Bewegungslandschaft aufgebaut. Die Kinder können auf den Geräten herumklettern und wie Fallschirmspringer (z. B. mit einem Tuch) auf die Matten herunterspringen.

Anregungen

- Auf den Turn- bzw. Niedersprungmatten werden z. B. mit Kreide Ziele markiert, auf die die Kinder zu springen versuchen.
- ...

Nach: Lehnert, G. & Lachmann, I. (1986). Sport und Spiel mit kleinen Leuten. Körperübungen für jeden Tag, auf dem Spielplatz, im Wasser, auf der Wiese, im Wald, wenn Schnee liegt. Berlin: Sportverlag, S. 107 f.

Fliegender Teppich

Boden, Tische, Minisprungkästen etc. werden mit Teppichfliesen bedeckt, sodass mehrere Kinder auf einem „fliegenden Teppich“ Platz haben.
Erzieherin und Kinder erfinden Länder, in die sie fliegen möchten (z. B. Rutsch-, Hüpf-, Klatsch-, Rückwärtslaufland etc.). Nach jeder Landung steigen die Kinder von ihrem fliegenden Teppich und bewegen sich in der landestypischen Weise (rutschend, hüpfend, klatschend, rückwärts laufend etc.). Auf ein vereinbartes Signal kehren die Kinder zu ihrem fliegenden Teppich zurück und fliegen in ein anderes Land.

Anregungen

- Die erfundenen Länder können in eine (Bewegungs-) Geschichte eingebunden werden.
- ...

Verschiedene Formen der Fortbewegung ausprobieren und vielfältige Fortbewegungserfahrungen sammeln

Außengelände
Bewegungsraum
Gruppenraum
Sporthalle

Minisprungkästen, Teppichfliesen, Tische

Mit welchen Bewegungsformen experimentiert das Kind?
Fühlt sich das Kind wohl?

Nach: Zimmer, R. (2001). Bewegungserziehung im Kindergarten. Rahmenkonzeption zur Integration von Spiel und Bewegung im Alltag von Kindertageseinrichtungen. Broschüre hrsg. vom Ministerium für Frauen, Jugend, Familie und Gesundheit des Landes Nordrhein-Westfalen (2. Aufl.). Düsseldorf, S. 37.

Gletscher

Vielfältige Hüpf- und Sprungformen entdecken und ausprobieren
Beim Springen etwas wagen und eigene Leistungsmöglichkeiten einschätzen

Bewegungsraum Sporthalle

Turnmatten

Mit welchen Hüpf-/Sprungformen experimentiert das Kind?
Wie schätzt das Kind seine Leistungsmöglichkeiten ein?

Turnmatten werden im Raum verteilt (Gletscher). Die Kinder versuchen, über die Zwischenräume (Gletscherspalten) zu springen, ohne in die Gletscherspalten zu fallen.

Anregungen

- Die Kinder können sich wie Gletscherbewohner (Robben, Pinguine etc.) über den Gletscher bewegen.
- Gletscher können in eine Bewegungs- bzw. Gerätelandschaft eingebaut werden.
- Ein Kind (Polarforscher) versucht, die anderen Kinder (Yetis) zu fangen.
- ...

Nach: Sladeczek, B. M. (1993). Laufen-Springen-Werfen-Lernen. Wiesbaden: Hessisches Institut für Bildungsplanung und Schulentwicklung (HIBS), S. 18.

Hasenfamilie

Zwei Kinder (Haseneltern) bewegen sich mit großen Sprüngen. Die anderen (Hasenkinder) hüpfen mit kleinen Sprüngen vor ihren Eltern davon. Die Haseneltern versuchen, ihre Kinder einzufangen. Die gefangenen Kinder werden zu Haseneltern.

Anregungen

- Die gefangenen Hasenkinder helfen den Haseneltern beim Fangen der „Geschwister".
- Die beiden zuletzt gefangenen Kinder werden Haseneltern.
- Die Hasenkinder werden erst nach einer vereinbarten Anzahl von Berührungen zu Haseneltern. Nach jeder Berührung wechseln sie die Hüpf- bzw. Sprungart (z. B. erste Berührung: rückwärts springen, zweite Berührung: auf einem Bein hüpfen etc.).
- ...

Vielfältige Hüpf- und Sprungformen entdecken und ausprobieren

Außengelände
Bewegungsraum
Gruppenraum
Sporthalle

Wie geht das Kind mit der (neuen) Anforderung/Situation um? Fühlt sich das Kind wohl?

Heiße Kartoffel

Vielfältige Wurfarten entdecken und ausprobieren
Verschiedene Wurfobjekte nutzen und Wurfabsichten entwickeln

Außengelände
Bewegungsraum
Gruppenraum
Sporthalle

Softball

Welche Wurfart(en) entwickelt das Kind?
Engagiert sich das Kind?

Die Kinder bilden einen Kreis und werfen sich einen Softball (heiße Kartoffel) schnell zu.

Anregungen

- Die Kinder vereinbaren eine Reihenfolge und verteilen sich im Raum. Die heiße Kartoffel wird dem nächsten Kind zugeworfen. Vorher kann dessen Name gerufen werden (z. B. „Paul, heiße Kartoffel“).
- Die Kinder laufen durch den Raum und versuchen, die heiße Kartoffel dem nächsten Kind in der vereinbarten Reihenfolge zuzuwerfen.
- Anzahl und Art der Bälle können variiert werden.
- Statt zu werfen, können die Kinder die heiße Kartoffel schnell weitergeben.
- ...

Hüpfbahn

Mehrere Minitrampoline werden hintereinander aufgestellt. Vor das erste Minitrampolin wird eine Turnbank (ein Kastendeckel o. Ä.) gestellt, hinter das letzte Minitrampolin wird eine Weichbodenmatte gelegt. Die Kinder können über die Hüpfbahn hüpfen bzw. springen.

Anregungen

- Minitrampoline können in eine Bewegungs- bzw. Gerätelandschaft eingebaut werden bzw. dazu dienen, auf einen Sprungkasten zu gelangen.
- Die Kinder können die Hüpf- und Sprungart variieren.
- Die Kinder können wie Grashüpfer (Frösche o. Ä.) über die Hüpfbahn hüpfen bzw. springen.
- ...

Vielfältige Hüpf- und Sprungformen entdecken und ausprobieren
Beim Springen etwas wagen und eigene Leistungsmöglichkeiten einschätzen

Bewegungsraum Sporthalle

Minitrampoline, Turnbank, Weichbodenmatte

Mit welchen Hüpf-/Sprungformen experimentiert das Kind? Wofür interessiert sich das Kind?

Nach: Grude, U. & Preuss, S. (1995). Kindgerechte Bewegungsförderung. Bewegungserziehung in Kindergarten, Grundschule, Verein und Heim unter Verwendung von Großgeräten und Gerätelandschaften. Hamburg: Czwalina, S. 66.

Hüpfkästchen

Vielfältige Hüpf- und Sprungformen entdecken und ausprobieren

Außengelände
Bewegungsraum
Flur
Gruppenraum
Sporthalle

Kreide, Münzen

Wie geht das Kind mit der (neuen) Anforderung/Situation um? Mit welchen Hüpf-/Sprungformen experimentiert das Kind?

Mit Kreide werden sechs Felder auf den Boden gemalt. Die Felder, die in Größe und Form variieren können, werden hintereinander von eins bis sechs nummeriert. Jedes Kind hat eine Münze, die es von einer vor den Feldern markierten Linie in das erste Feld wirft. Das Kind springt in das erste Feld, nimmt die Münze und springt zurück hinter die Linie.

Im zweiten Durchgang wirft das Kind die Münze ins zweite Feld. Es springt in Feld eins, dann in Feld zwei, nimmt die Münze, springt zurück in Feld eins und dann hinter die Linie.

Im nächsten Durchgang wirft das Kind die Münze ins dritte Feld etc., bis es Feld sechs erreicht.

Anregungen

- Statt mit Kreide können die Kästchen auch mit Kreppband markiert werden.
- Die Kinder können Hüpf- und Sprungformen variieren.
- Zwischen die nummerierten Felder können leere Felder gemalt werden, die die Kinder zu überspringen versuchen.
- Die Kinder bilden Paare. Ein Kind bringt die Münze in das Feld, der Partner bzw. die Partnerin holt die Münze zurück.
- Die Kinder bilden Paare und hüpfen gemeinsam.
- ...

Nach: Köckenberger, H. (1997). Bewegtes Lernen. Lesen, schreiben, rechnen lernen mit dem ganzen Körper. „Die Chefstunde" (2. Aufl.). Dortmund: borgmann, S. 137.

Inselspringen

Mit Springseilen (Kreppband o. Ä.) wird ein breiter Fluss gekennzeichnet. Die Kinder stehen an einem Ufer und versuchen, mit jeweils zwei Bierdeckeln (Inseln) trockenen Fußes an das andere Ufer zu gelangen.

Anregungen

- Statt der Bierdeckel können z. B. Pappteller, Teppichfliesen, Fußmatten o. Ä. benutzt werden.
- Die Kinder überqueren den Fluss mit ihren zwei Inseln und einem Partner oder einer Partnerin.
- Die Kinder können die Bewegungsform und die Anzahl der Inseln variieren.
- „Inselspringen“ kann als Wettkampf gestaltet werden.
- ...

Verschiedene Formen der Fortbewegung ausprobieren und vielfältige Fortbewegungserfahrungen sammeln
Vielfältige Hüpf- und Sprungformen entdecken und ausprobieren

Außengelände
Bewegungsraum
Sporthalle

Bierdeckel, Springseile

Fühlt sich das Kind wohl? Wie geht das Kind mit der (neuen) Anforderung/Situation um?

Nach: Zimmer, R. (1995). Schafft die Stühle ab! Bewegungsspiele für Kinder. Freiburg i. Br.: Herder, S. 142.

Kletten

Verschiedene Formen der Fortbewegung ausprobieren und vielfältige Fortbewegungserfahrungen sammeln

Außengelände
Bewegungsraum
Gruppenraum
Sporthalle

Welche Bewegungsform(en) entwickelt das Kind?
Mit wem bildet das Kind ein Paar?

Die Kinder bilden Paare und bewegen sich in einer vereinbarten Bewegungsform. Nennt die Erzieherin oder ein Kind ein Körperteil, kleben die beiden Kinder an der entsprechenden Stelle wie zwei Kletten aneinander und bewegen sich gemeinsam.

Anregungen

- Die Kinder spielen Kletten-Fangen.
- Die Kletten versuchen, gemeinsam durch einen Hindernisparcours (Slalomparcours, Tunnel, Balancierweg o. Ä.) zu gelangen.
- Die Kinder können die Bewegungsform variieren.
- Die Kletten kleben an mehreren Körperteilen zusammen.
- Die Anzahl der Kletten, die sich gemeinsam bewegen, kann verändert werden.
- ...

Nach: Beudels, W., Lensing-Conrady, R. & Beins, H. J. (2003). ... das ist für mich ein Kinderspiel. Handbuch zur psychomotorischen Praxis (9. Aufl.). Dortmund: borgmann, S. 262.

Laufgarten

Ein Laufgarten mit verschiedenen Untergründen (z. B. Sand, Wasserbecken, Moos), Hügeln (z. B. aus Brettern) etc. wird angelegt. Die Kinder können barfuß durch den Laufgarten laufen.

Anregungen

- Die Kinder bilden Paare. Ein Kind läuft mit geschlossenen oder verbundenen Augen (evtl. von einem sehenden Kind geführt) durch den Laufgarten.
- Die Kinder können über Hindernisse laufen, ihnen ausweichen etc.
- Die Kinder können alleine, zu zweit (zu dritt etc.) mit unterschiedlichen Laufrhythmen und -geschwindigkeiten experimentieren.
- Die Kinder können verschiedene Laufrichtungen ausprobieren.
- Die Kinder können auf körperliche Reaktionen und Empfindungen beim Laufen achten (Herzschlag, Schwitzen, Wohlbefinden, Ermüdung etc.).
- ...

Den Körper beim Laufen erleben und vielfältige Lauferfahrungen sammeln

Außengelände

Bretter, Moos, Sand, Wasserbecken

Fühlt sich das Kind wohl? Wofür interessiert sich das Kind?

Naturlauf

Den Körper beim Laufen erleben und vielfältige Lauferfahrungen sammeln

Außengelände

Wofür interessiert sich das Kind? Fühlt sich das Kind wohl?

Die Kinder laufen auf unterschiedlichen Untergründen in der Natur (Waldweg, Wiese, Moos, Baumstamm etc.).

Anregungen

- Die Kinder können über Hindernisse laufen, Hindernissen ausweichen etc.
- Die Kinder können alleine, zu zweit (zu dritt etc.) Hügel hinauf- und hinunterlaufen.
- Die Kinder können verschiedene Laufrichtungen ausprobieren.
- Die Kinder können alleine, zu zweit (zu dritt etc.) mit unterschiedlichen Laufrhythmen und -geschwindigkeiten experimentieren.
- Die Kinder können barfuß laufen.
- Die Kinder bilden Paare. Ein Kind läuft mit geschlossenen oder verbundenen Augen (evtl. von einem sehenden Kind geführt) durch die Natur.
- Die Kinder können auf körperliche Reaktionen und Empfindungen achten (Herzschlag, Schwitzen, Wohlbefinden, Ermüdung etc.).
- ...

Papierballzielwurf

Die Kinder bilden Mannschaften. In einem entsprechenden Abstand steht vor jeder Mannschaft ein Karton. Die Kinder versuchen, ihren Ball aus Zeitungspapier (Papierball) in den Karton zu werfen. Gewonnen hat die Mannschaft, die als erste alle Papierbälle in den Kasten geworfen hat.

Anregungen

- An den Wänden werden mit Kreppband Ziele markiert, die die Kinder mit ihrem Papierball zu treffen versuchen.
- Die Kinder können versuchen, mit rechts und links zu werfen.
- Ein Kind (Jäger) versucht, die anderen Kinder (Hasen) mit einem Papierball oder mehreren Papierbällen abzuwerfen.
- Die Kinder bilden Paare. Ein Kind formt aus seiner Zeitungsseite eine Tüte. Das andere Kind versucht, seinen Papierball hineinzuwerfen.
- ...

Vielfältige Wurfarten entdecken und ausprobieren
Verschiedene Wurfobjekte nutzen und Wurfabsichten entwickeln

Außengelände
Bewegungsraum
Gruppenraum
Sporthalle

Kartons, Zeitungen

Mit welchen Wurfarten experimentiert das Kind?
Engagiert sich das Kind?

Nach: Frank, G. & Eckers, B. (2001). Bewegungsförderung für Kinder. Eine Übungssammlung mit Alltagsmaterialien und Kleingeräten (3., korr. u. erw. Aufl.). Wiebelsheim: Limpert, S. 22 f.

Schattenspringer

Vielfältige Hüpf- und Sprungformen entdecken und ausprobieren
Beim Springen etwas wagen und eigene Leistungsmöglichkeiten einschätzen

Außengelände
Bewegungsraum
Gruppenraum
Sporthalle

Reifen

Welche Hüpf-/Sprungform(en) entwickelt das Kind?
Mit wem bildet das Kind ein Paar?

Reifen werden auf dem Boden verteilt. Die Kinder bilden Paare. Das eine Kind hüpft bzw. springt von Reifen zu Reifen. Das andere Kind versucht, wie sein Schatten hinterher zu hüpfen bzw. zu springen.

Anregungen

- Die Anzahl der Schattenspringer kann variiert werden.
- Die Kinder können versuchen, möglichst viele unterschiedliche Hüpf- bzw. Sprungformen vorzumachen.
- „Schattenspringer" kann in eine Bewegungs- bzw. Gerätelandschaft eingebaut werden.
- Ein Kind hüpft bzw. springt von Reifen zu Reifen. Der Partner bzw. die Partnerin ist dessen Spiegelbild und versucht, die Hüpf- bzw. Sprungformen nachzumachen.
- ...

Nach: Bucher, W. (Hrsg.) (1997). 1000 Spiel- und Übungsformen zum Aufwärmen (8., unveränd. Aufl.). Schorndorf: Hofmann, S. 120.

Schnell und langsam

Die Kinder überlegen sich ein Tier, das sich schnell bewegt, und ein Tier, das sich langsam bewegt. Wird das langsame bzw. schnelle Tier gerufen, bewegen sich die Kinder entsprechend.

Anregungen

- Die Kinder können die Bewegungsform entsprechend der vereinbarten Tiere variieren.
- Statt des akustischen Signals kann ein optisches Signal (Bilder o. Ä.) gegeben werden.
- Die Kinder bewegen sich zu zweit (zu dritt etc.) als schnelles bzw. langsames Tier.
- Die Kinder können z. B. schnelle und langsame Fahrzeuge (Rennauto – Traktor) o. Ä. darstellen.
- Die Kinder bewegen sich zu einer Musik, die zwischen schnellem und langsamem Rhythmus wechselt.
- ...

Verschiedene Formen der Fortbewegung ausprobieren und vielfältige Fortbewegungserfahrungen sammeln
Den Körper beim Laufen erleben und vielfältige Lauferfahrungen sammeln

Außengelände
Bewegungsraum
Gruppenraum
Sporthalle

Wofür interessiert sich das Kind?
Fühlt sich das Kind wohl?

Nach: Stein, G. (2002). Kleinkinderturnen ganz groß. Drei- bis siebenjährige Kinder erleben Bewegung und Spiel in Verein, Grundschule und Kindergarten (7., überarb. Aufl.). Aachen: Meyer & Meyer, S. 146.

Seitenwechsel

Verschiedene Formen der Fortbewegung ausprobieren und vielfältige Fortbewegungserfahrungen sammeln
Den Körper beim Laufen erleben und vielfältige Lauferfahrungen sammeln

Außengelände
Bewegungsraum
Sporthalle

Welche Bewegungsform(en) entwickelt das Kind?
Fühlt sich das Kind wohl?

Die Kinder bilden zwei Gruppen, die an gegenüberliegenden Seiten stehen (sitzen, liegen etc.). Auf ein vereinbartes Signal wechseln die Gruppen die Seiten.

Anregungen

- Die Kinder können die Bewegungsform variieren oder z. B. Tiere darstellen.
- Zwischen die Gruppen können Hindernisse (z. B. Turnbänke) gestellt werden, die die Kinder beim Seitenwechsel auf verschiedene Arten überwinden.
- Der Seitenwechsel kann auf vier Gruppen erweitert werden, die in einem Viereck stehen.
- Beim Seitenwechsel können die Kinder Bälle auf dem Boden (mit Hockeyschlägern o. Ä.) neben sich her rollen.
- „Seitenwechsel“ kann als Wettkampf gestaltet werden.
- ...

Nach: Krombholz, H. (1996). Spaß an Bewegung: Spiele mit Anleitungen für Kinder von 3 bis 8. München: Don-Bosco-Verlag, S. 83.

Steinwurf

Mit Kreide wird eine Zielscheibe, die z. B. aus drei Kreisen besteht, auf den Boden gemalt. Von einer markierten Linie aus versuchen die Kinder, Steine auf die Zielscheibe zu werfen. Für das Treffen der jeweiligen Kreise gibt es unterschiedliche Punkte (z. B. kleinster Kreis drei Punkte, mittlerer Kreis zwei Punkte, größter Kreis einen Punkt). Gewonnen hat, wer die meisten Punkte erzielen konnte.

Anregungen

- Statt mit Kreide können Zielscheibe und Wurflinie auch mit Kreppband markiert werden.
- Die Kinder bilden Mannschaften. Gewonnen hat die Mannschaft, die die meisten Punkte erzielen konnte.
- Die Kinder können versuchen, die Steine statt auf die Zielscheibe in verschieden große Gefäße zu werfen.
- Die Kinder machen ein Steinwurf-Turnier.
- ...

Vielfältige Wurfarten entdecken und ausprobieren
Verschiedene Wurfobjekte nutzen und Wurfabsichten entwickeln

Außengelände
Bewegungsraum
Gruppenraum

Kreide, Steine

Welche Wurfart(en) entwickelt das Kind?
Engagiert sich das Kind?

Nach: Zimmer, R. (1995). Schafft die Stühle ab! Bewegungsspiele für Kinder. Freiburg i. Br.: Herder, S. 96.

Wehende Fahne

Den Körper beim Laufen erleben und vielfältige Lauferfahrungen sammeln

Außengelände
Bewegungsraum
Sporthalle

Zeitungen

Wofür interessiert sich das Kind?
Fühlt sich das Kind wohl?

Die Kinder halten beim Laufen eine Zeitungsseite mit beiden Händen über den Kopf (wehende Fahne).

Anregungen

- Die Kinder laufen mit wehenden Fahnen. Auf ein vereinbartes Signal bleiben sie wie ein Fahnenmast stehen.
- Die Kinder können Bewegungsart, -geschwindigkeit und -richtung variieren.
- „Wehende Fahne“ kann als Wettkampf bzw. Staffel gestaltet werden.
- Die Kinder halten die Zeitung vor den Bauch und versuchen, so schnell zu laufen, dass die Zeitung festklebt.
- ...

Nach: Frank, G. & Eckers, B. (2001). Bewegungsförderung für Kinder. Eine Übungssammlung mit Alltagsmaterialien und Kleingeräten (3., korr. u. erw. Aufl.). Wiebelsheim: Limpert, S. 21.

Wer hat den Ball?

Ein Kind hat einen Ball und steht mit dem Rücken zu den anderen Kindern. Es wirft den Ball so nach hinten, dass die Kinder ihn fangen können. Das Kind, das den Ball fängt, gibt sich nicht zu erkennen.
Die Kinder stellen sich nebeneinander und halten die Arme hinter dem Rücken. Das Kind, das den Ball geworfen hat, versucht zu erraten, wer den Ball gefangen hat. Gelingt ihm das, kann es den Ball noch mal werfen. Gelingt ihm das nicht, wirft das Kind den Ball, das ihn gefangen hat.

Anregungen

- Statt des Balls können andere Wurfobjekte genutzt werden.
- Der Ball kann zu den Kindern gerollt (geschossen etc.) werden.
- ...

Vielfältige Wurfarten entdecken und ausprobieren
Verschiedene Wurfobjekte nutzen und Wurfabsichten entwickeln

Außengelände
Bewegungsraum
Sporthalle

Ball

Engagiert sich das Kind? Wie geht das Kind mit der (neuen) Anforderung/Situation um?

Nach: Zimmer, R. (1995). Schafft die Stühle ab! Bewegungsspiele für Kinder. Freiburg i. Br.: Herder, S. 98.

Wo ist mein Haus?

Verschiedene Formen der Fortbewegung ausprobieren und vielfältige Fortbewegungserfahrungen sammeln

Bewegungsraum
Sporthalle

Reifen

Welche Bewegungsform(en) entwickelt das Kind?
Engagiert sich das Kind?

Die Kinder verteilen Reifen (Häuser) und bewegen sich im Raum. Auf ein vereinbartes Signal gehen sie in ihr Haus.

Anregungen

- Die Kinder bewegen sich zur Musik bzw. zu einem Rhythmus. Wird die Musik bzw. der Rhythmus angehalten, kehren sie nach Hause zurück.
- Es kann vereinbart werden, dass die Kinder vor (neben, hinter etc.) ihr Haus zurückkehren.
- Die Kinder können die Bewegungsform variieren.
- Die Anzahl der Häuser kann verändert werden.
- Die Kinder treffen sich zu zweit (zu dritt, alle etc.) in einem Haus.
- Die Kinder haben zusätzlich ein Ferienhaus (einen Wohnwagen etc.), für das ein anderes Signal vereinbart wird. Je nach Signal kehren die Kinder in das entsprechende Haus zurück.
- ...

Nach: Stein, G. (2002). Kleinkinderturnen ganz groß. Drei- bis siebenjährige Kinder erleben Bewegung und Spiel in Verein, Grundschule und Kindergarten (7., überarb. Aufl.). Aachen: Meyer & Meyer, S. 143.

Zehnerball

Erzieherin und Kinder vereinbaren zum einen verschiedene Varianten des Ballwerfens und -fangens. Zum anderen legen sie fest, wie oft eine Variante hintereinander ausprobiert wird (z. B. zehnmal, also Zehnerball). Die Kinder probieren die verschiedenen Varianten in der vereinbarten Anzahl alleine aus (z. B. gegen eine Wand).

Anregungen

- Die Kinder können die Wurf- und Fangvarianten miteinander (zu zweit, zu dritt etc.) ausprobieren.
- Statt der Bälle können andere Wurfobjekte genutzt werden.
- „Zehnerball" kann als Wettkampf gestaltet werden.
- ...

Vielfältige Wurfarten entdecken und ausprobieren

Außengelände
Bewegungsraum
Sporthalle

Bälle

Welche Wurfart(en) entwickelt das Kind?
Engagiert sich das Kind?

Nach: Zimmer, R. (1995). Schafft die Stühle ab! Bewegungsspiele für Kinder. Freiburg i. Br.: Herder, S. 97 f.

Zeitungsparcours

Verschiedene Formen der Fortbewegung ausprobieren und vielfältige Fortbewegungserfahrungen sammeln

Bewegungsraum
Gruppenraum
Sporthalle

Zeitungen

Mit welchen Bewegungsformen experimentiert das Kind? Fühlt sich das Kind wohl?

Mit unterschiedlich gefalteten Zeitungsseiten entsteht ein Zeitungsparcours, auf dem sich die Kinder bewegen können.

Anregungen

- Die Kinder bewegen sich, ohne den Zeitungsparcours zu berühren.
- Die Kinder können Gegenstände (Bälle etc.) über den Zeitungsparcours transportieren.
- Die Kinder bewegen sich zur Musik. Wird die Musik angehalten, stellen (setzen, legen etc.) sie sich auf den Zeitungsparcours. Der Zeitungsparcours wird nach jedem Musikstopp verkleinert (Zeitungen werden entfernt, schmaler gefaltet etc.).
- Der Zeitungsparcours kann durch Geräte und andere Materialien erweitert werden.
- ...

Zielwerfen

Mehrere Blechdosen werden z. B. als Pyramide aufgestellt. Die Kinder versuchen, die Blechdosen mit einem Tennisball zu treffen.

Anregungen

- Die Kinder können andere Bälle ausprobieren.
- Die Kinder versuchen, mit links und rechts zu werfen.
- An den Wänden werden Ziele markiert (Figuren aufgemalt etc.), die die Kinder zu treffen versuchen.
- Die Kinder versuchen, Bälle (Bohnensäckchen, Bierdeckel o. Ä.) in einen Papierkorb (Sprungkasten ohne Deckel, Basketballkorb o. Ä.) zu werfen.
- Ein Stuhl wird mit der Sitzfläche auf einen anderen gestellt, sodass die Beine nach oben ragen. Die Kinder können versuchen, Tennisringe über die Stuhlbeine zu werfen.
- Ein Reifen wird an der Decke aufgehängt. Die Kinder versuchen, mit Bällen (Bierdeckeln, Bohnensäckchen etc.) hindurchzuwerfen.
- „Zielwerfen“ kann als Wettkampf gestaltet werden.
- …

Vielfältige Wurfarten entdecken und ausprobieren
Verschiedene Wurfobjekte nutzen und Wurfabsichten entwickeln

Außengelände
Bewegungsraum
Gruppenraum
Sporthalle

Blechdosen, Tennisbälle

Mit welchen Wurfarten experimentiert das Kind? Wie geht das Kind mit der (neuen) Anforderung/Situation um?

Nach: Zimmer, R. (2003). Handbuch der Sinneswahrnehmung. Grundlagen einer ganzheitlichen Erziehung (11. Aufl.). Freiburg i. Br.: Herder, S. 81 f.

3.4 Bewegen an Geräten

Dieses Bildungsthema erfüllt Bedürfnisse von Kindern, ihr Bewegungskönnen zu erproben, sich neuen Herausforderungen zu stellen und ihr Geschick zu zeigen. Beim Bewegen an Geräten bieten sich vielfältige und ausgefallene Erfahrungs- und Handlungsmöglichkeiten: ungewöhnliche Körperlagen im Raum (z. B. beim Drehen, Rollen, Hängen), das nicht alltägliche Experimentieren mit Gleichgewicht und Schwerkraft (wie beim Balancieren, bei der Akrobatik), spektakuläre Körpererfahrungen (z. B. beim Schwingen und Fliegen), Erlebnisse von Körperspannung und Kraft (beim Hangeln, Stützen). Das „Sich-Bewegen an Geräten vermittelt Bewegungsgefühle und Erlebnisse besonderer Art, fördert und fordert bewegungstechnisches Können und Körperbeherrschung und bietet die Gelegenheiten, sich mit [...] Bewegungsweisen und ihrer kunstvollen Gestaltung auseinander zu setzen“ (Bräutigam 2003, S. 123). Daneben haben Kinder die Möglichkeit, Kunststücke zu erfinden, durch- oder vorzuführen und sich etwas zu trauen. Dabei können sie sowohl Bestätigung erfahren und Bewegungsfreude erleben als auch lernen, eigene Fähigkeiten einzuschätzen und Risiken abzuwägen, Angst wahrzunehmen, zu äußern und zu bewältigen. Außerdem bieten sich Gelegenheiten, (neue) soziale Erfahrungen zu machen, indem sie sich miteinander an Geräten bewegen, beim Geräteaufbau mithelfen, sich gegenseitig helfen, gemeinsam neue Bewegungsformen finden und Geräte neu arrangieren.

Die materialen Erfahrungen, die Kinder bei diesem Bildungsthema sammeln, ermöglichen ihnen das Erleben physikalischer Phänomene (wie z. B. Gleichgewicht, Schwerkraft, Beschleunigung) am eigenen Körper. Beim Variieren ihrer Handlungen unter verschiedenen Bedingungen (z. B. beim Balancieren über unterschiedlich breite und hohe Geräte, hinauf oder hinab) erfahren Kinder unmittelbar Ursache und Wirkung und lernen, Zusammenhänge zu erkennen.

Das Entdecken und Erproben von vielfältigen Bewegungsmöglichkeiten und Kunststücken an Geräten, das Erleben des eigenen Körpers sowie das Kennenlernen, selbstständige Entwickeln, Bewältigen und Variieren von Gerätekombinationen dominiert in unserem Konzept gegenüber den Bewegungsablauf genau vorschreibenden Instruktionen, die die Bewegung zerteilen, und der Vermittlung turnerischer Fertigkeiten und Elemente. Wir favorisieren also, in der Fachsprache ausgedrückt, offene gegenüber geschlossenen Vermittlungsmethoden, offene gegenüber geschlossenen Aufgaben. Bewegen an Geräten kann im Bewegungsraum, in der Sporthalle und im Außengelände stattfinden. Die bei diesem Bildungsthema gesammelten Erfahrungen eröffnen von daher auch Möglichkeiten, die Bewegungswelt außerhalb der Kindertageseinrichtung neu wahrzunehmen und mit Bewegung zu füllen.

Im Folgenden werden die Bildungsschwerpunkte noch einmal systematisch ausdifferenziert.

Bildungsschwerpunkte

Den Körper im Gleichgewicht halten

- Balancieren an verschiedenen Geräten mit unterschiedlichen Breiten, Höhen und Neigungen, mit stabilen und instabilen Elementen
- Balancieren mit verschiedenen Bewegungsrichtungen
- Balancieren und dabei Gegenstände transportieren
- Balancieren mit Partner, in der Gruppe.

Den Körper im Drehen und Rollen, Schwingen und Fliegen erleben

- Drehen und Rollen über die Körperlängs- und -querachse, auf unterschiedlichen Flächen
- Drehen und Rollen im freien Gelände, an verschiedenen Geräten, in Gerätelandschaften
- An verschiedenen Geräten sitzen, liegen, hängen, schaukeln, stützen und schwingen
- Springen von verschiedenen Geräten, sicheres Landen und Fliegen
- In die Weite, in die Höhe, auf etwas springen mit Absprunghilfe (z. B. Minitrampolin, Sprungbrett).

Kunststücke erfinden und durch- bzw. vorführen, sich etwas trauen

- Allein und mit anderen Bewegungskunststücke (an, mit, ... Geräten) erproben, variieren, ausprägen und vorführen
- Kleine akrobatische Kunststücke erproben, üben und vorführen
- Kunststücke den individuellen Voraussetzungen entsprechend auswählen
- Elementare Maßnahmen des Sicherns und Helfens kennen lernen und anwenden.

Gerätekombinationen kennen lernen, herstellen, bewältigen und variieren

- Gerätekombinationen für verschiedene Bewegungsabsichten kennen lernen, nutzen, erproben und gegebenenfalls verändern
- Gerätekombinationen nach Bewegungsthemen zu Bewegungslandschaften zusammenstellen und bewältigen
- Elementare Sicherheitsaspekte beim Auf- und Abbau von Gerätekombinationen kennen und berücksichtigen.

Körperspannung und Kraft erleben und aufbauen

- In verschiedenen Spiel- und Bewegungsformen Körperspannung erfahren und aufbauen
- Kraft erproben, erfahren und aufbauen durch Erklimmen und Erklettern verschiedener Geräte, Hangeln von einem zum anderen Gerät, verschiedene Stützformen erproben, Bauen mit Körpern
- Körperspannung bei verschiedenen Absprüngen und beim Landen erfahren und aufbauen.

Jeder im Anschluss ausführlich beschriebenen Bildungssituation ist immer mindestens ein Bildungsschwerpunkt zugeordnet.

Balancierkreuz

Auf zwei Minisprungkästen wird eine Turnbank, darunter eine zweite Turnbank gestellt, sodass ein Kreuz entsteht. Das Balancierkreuz wird mit Turnmatten gesichert.

Anregungen

- Die Kinder können versuchen, auf verschiedene Bewegungsarten und in unterschiedlichen Richtungen über das Balancierkreuz zu gelangen.
- Zur Veränderung der Balancierbreite, können die Turnbänke umgedreht werden, sodass die schmale oder breite Seite oben ist.
- Die Kinder können dabei Gegenstände (z. B. Ball, Bohnensäckchen) vor dem Körper (auf dem Kopf etc.) balancieren.
- Die Kinder können über Hindernisse balancieren, die auf dem Balancierkreuz liegen.
- Die Kinder können versuchen, zu zweit (zu dritt etc.) über das Balancierkreuz zu gelangen.
- ...

Den Körper im Gleichgewicht halten
Kunststücke erfinden und durch- bzw. vorführen, sich etwas trauen

Bewegungsraum
Sporthalle

Minisprungkästen, Turnbänke, Turnmatten

Mit welchen Bewegungsformen experimentiert das Kind?
Was wagt das Kind?

Nach: Grude, U. & Preuss, S. (1995). Kindgerechte Bewegungsförderung. Bewegungserziehung in Kindergarten, Grundschule, Verein und Heim unter Verwendung von Großgeräten und Gerätelandschaften. Hamburg: Czwalina, S. 56.

Balancierweg

Den Körper im Gleichgewicht halten
Gerätekombinationen kennen lernen, herstellen, bewältigen und variieren

Bewegungsraum
Sporthalle

Balancierbalken, Bretter, Minisprungkästen, Schwebebalken, Turnbänke, Turnmatten

Wie geht das Kind mit der (neuen) Gerätekombination um? Welche Bewegungs-/Spielidee(n) entwickelt das Kind?

Mit Brettern, Turnbänken (evtl. auf Minisprungkästen gestellt), Balancierbalken und/oder Schwebebalken wird ein Balancierweg mit unterschiedlichen Balancierhöhen und -breiten gebaut. Er kann mit Turnmatten gesichert werden.

Anregungen

- Die Kinder können versuchen, auf unterschiedliche Bewegungsarten und in verschiedenen Richtungen über den Balancierweg zu gelangen.
- Die Kinder können dabei Gegenstände (z. B. Ball, Bohnensäckchen) vor dem Körper (auf dem Kopf etc.) balancieren.
- Die Kinder können über Hindernisse balancieren, die auf dem Balancierweg liegen.
- Die Kinder können versuchen, zu zweit (zu dritt etc.) über den Balancierweg zu gelangen.
- Im Außengelände kann ein Balancierweg mit Brettern, Baumstämmen, Springseilen o. Ä. gebaut werden.
- ...

Nach: Lehnert, G. & Lachmann, I. (1986). Sport und Spiel mit kleinen Leuten. Körperübungen für jeden Tag, auf dem Spielplatz, im Wasser, auf der Wiese, im Wald, wenn Schnee liegt. Berlin: Sportverlag, S. 105 f.

Baumstämme

Die Kinder (Baumstämme) legen sich mit gestreckten Armen dicht nebeneinander auf den Boden (evtl. auf Turnmatten). Ein Kind legt sich quer auf die anderen und wird durch Drehung der unten liegenden Kinder vorwärts transportiert.

Körperspannung und Kraft erleben und aufbauen

Außengelände
Bewegungsraum
Gruppenraum
Sporthalle

Turnmatten

Wie geht das Kind mit der (neuen) Anforderung/Situation um? Fühlt sich das Kind wohl?

Nach: Krawietz, A., Hörsch, H., Steiert, C. & Schulz-Algie, S. (2003). Von Hexen, Schiffen und Karotten – Mehr Bewegung in den Kindergarten. Tipps 12. Frankfurt a. M.: Sportjugend Hessen, S. 48.

Baustelle

Gerätekombinationen kennen lernen, herstellen, bewältigen und variieren

Bewegungsraum Sporthalle

Minisprungkästen, Reifen, Sprossenwand, Sprungkästen, Turnmatten, Weichbodenmatten

Mit welchen Geräten/Materialien experimentiert das Kind?
Welche Bewegungs-/Spielidee(n) entwickelt das Kind?

Die Kinder errichten eine Baustelle auf der z. B. Häuser (Minisprungkästen, Sprungkästen o. Ä.) gebaut werden. Baumaterial kann mit einem Kran (z. B. Sprossenwand) transportiert werden. Auf der Baustelle können sich Hindernisse wie z. B. Pfützen (Reifen) etc. befinden. Die Baustelle wird mit Turnmatten und/oder Weichbodenmatten gesichert.
Die Kinder (Bauarbeiter) können auf der Baustelle verschiedene Sprungformen (in die Weite, Höhe, Tiefe, über, auf etwas etc.) ausprobieren.

Anregungen

- Zur akustischen Unterstützung können die bei einem Horchspaziergang aufgenommenen Baustellengeräusche abgespielt werden.
- ...

Brücke

Ein Sprungkasten wird quer vor einem Barren aufgebaut. In die Holmengasse des Barrens wird eine Turnbank gestellt und deren eine Seite auf den Sprungkasten gelegt (Brücke). Die Barrenholme werden entsprechend der Bankneigung als Brückengeländer eingestellt. Die Brücke wird mit Turnmatten gesichert. Hinter den Sprungkasten kann eine Weichbodenmatte gelegt werden. Beim Überqueren der Brücke können sich die Kinder am Geländer festhalten.

Anregungen

- Die Brücke kann in eine Bewegungs- bzw. Gerätelandschaft eingebaut werden.
- Statt die eine Seite der Turnbank auf den Sprungkasten zu stellen, kann sie auch in einen um die Barrenholme hängenden Autoschlauch eingehängt werden.
- ...

Den Körper im Gleichgewicht halten
Gerätekombinationen kennen lernen, herstellen, bewältigen und variieren

Bewegungsraum Sporthalle

Barren, Sprungkasten, Turnbank, Turnmatten, Weichbodenmatte

Mit welchen Bewegungsformen/Körperhaltungen experimentiert das Kind?
Welche Bewegungs-/Spielidee(n) entwickelt das Kind?

Nach: Grude, U. & Preuss, S. (1995). Kindgerechte Bewegungsförderung. Bewegungserziehung in Kindergarten, Grundschule, Verein und Heim unter Verwendung von Großgeräten und Gerätelandschaften. Hamburg: Czwalina, S. 59.

Dschungel

Gerätekombinationen kennen lernen, herstellen, bewältigen und variieren
Körperspannung und Kraft erleben und aufbauen

Bewegungsraum Sporthalle

Barren, Bodenturnläufer, Minisprungkästen, Springseile, Sprungkästen, Turnbänke, Turnmatten, Wolle

Welche Rolle nimmt das Kind beim Herstellen der Gerätekombination ein? Wie geht das Kind mit der (neuen) Gerätekombination um?

An alle für den Dschungel benötigten Geräte und Materialien (Sprungkästen, Minisprungkästen, Barren, Turnbänke, Turnmatten, Bodenturnläufer, Springseile etc.) werden verschiedenfarbige Wollfäden befestigt. Die Kinder erfahren, dass ein Unwetter den Dschungel verwüstet hat. Gemeinsam können sie den Dschungel wiederherstellen (evtl. nach einer Landkarte). Die Kinder bilden Farbgruppen, transportieren die Geräte und Materialien mit den entsprechend farbigen Wollfäden, bauen sie auf und können in der entstandenen Dschungellandschaft herumklettern.

Anregungen

- Im Dschungel leben gefährliche Tiere. Die Kinder überlegen, wie sie sich vor ihnen schützen können. Erscheinen die verschiedenen wilden Tiere, reagieren die Kinder entsprechend.
- ...

Nach: Stein, G. (2002). Kleinkinderturnen ganz groß. Drei- bis siebenjährige Kinder erleben Bewegung und Spiel in Verein, Grundschule und Kindergarten (7., überarb. Aufl.). Aachen: Meyer & Meyer, S. 114 f.

Förderband

Eine umgedrehte Turnbank wird auf mehrere Turnstäbe gelegt. Um das Bewegungsausmaß des Förderbandes zu begrenzen, kann an beiden Turnbankenden mit etwas Abstand jeweils ein Minisprungkasten gestellt werden. Die Kinder können über das Förderband laufen (krabbeln etc.) und sich von einem Ort zum anderen befördern.

Anregungen

- Statt der umgedrehten Turnbank kann ein Brett auf die Turnstäbe gelegt werden.
- Die Kinder können sich auf das Förderband setzen (legen, stellen etc.) und sich gegenseitig befördern.
- Die Kinder können auf dem Förderband Gegenstände (Kegel o. Ä.) transportieren.
- Das Förderband kann in eine Bewegungs- bzw. Gerätelandschaft eingebaut werden.
- …

Den Körper im Gleichgewicht halten
Kunststücke erfinden und durch- bzw. vorführen, sich etwas trauen

Bewegungsraum
Sporthalle

Minisprungkästen, Turnbank, Turnstäbe

Wie geht das Kind mit der (neuen) Gerätekombination um? Fühlt sich das Kind wohl?

Nach: Jordan, R. (1999). Schulung von Grundfertigkeiten. In K. Bös & N. Schott (Hrsg.), Kinder brauchen Bewegung – leben mit Turnen, Sport, Spiel. Bericht vom Kongreß der rheinland-pfälzischen Turnverbände vom 12.–14. November 1998 in Worms. Hamburg: Czwalina, S. 137.

Hochwasser in unserer Stadt

Den Körper im Gleichgewicht halten
Gerätekombinationen kennen lernen, herstellen, bewältigen und variieren

Bewegungsraum Sporthalle

Balancierbalken, Bretter, Kartons, Schwebebalken, Sprungkästen, Turnbänke, Turnmatten

Engagiert sich das Kind? Welche Bewegungs-/Spielidee(n) entwickelt das Kind?

Die Kinder bauen eine Stadt mit Häusern (z. B. Sprungkästen, Kartons), Straßen (z. B. Bretter, Turnbänke, Balancier-, Schwebebalken) etc. Sie erfahren, dass ein Hochwasser die Stadt überflutet hat (evtl. Turnmatten auslegen), und versuchen, durch die Stadt zu gelangen, ohne den Boden zu berühren.

Anregungen

- Die Kinder können in Booten (z. B. Teppichfliesen) durch die Stadt fahren und andere Kinder, Tiere etc. von den Dächern ihrer Häuser retten.
- Die Kinder können Gegenstände durch die Stadt transportieren.
- ...

Hüpfbahn

Mehrere Minitrampoline werden hintereinander aufgestellt. Vor das erste Minitrampolin wird eine Turnbank (ein Kastendeckel o. Ä.) gestellt, hinter das letzte Minitrampolin wird eine Weichbodenmatte gelegt. Die Kinder können über die Hüpfbahn hüpfen bzw. springen.

Anregungen

- Minitrampoline können in eine Bewegungs- bzw. Gerätelandschaft eingebaut werden bzw. dazu dienen, auf einen Sprungkasten zu gelangen.
- Die Kinder können die Hüpf- und Sprungart variieren.
- Die Kinder können wie Grashüpfer (Frösche o. Ä.) über die Hüpfbahn hüpfen bzw. springen.
- ...

Den Körper im Drehen und Rollen, Schwingen und Fliegen erleben
Körperspannung und Kraft erleben und aufbauen

Bewegungsraum
Sporthalle

Minitrampoline,
Turnbank,
Weichbodenmatte

Fühlt sich das Kind wohl? Wie geht das Kind mit der (neuen) Gerätekombination um?

Nach: Grude, U. & Preuss, S. (1995). Kindgerechte Bewegungsförderung. Bewegungserziehung in Kindergarten, Grundschule, Verein und Heim unter Verwendung von Großgeräten und Gerätelandschaften. Hamburg: Czwalina, S. 66.

Kastenburg

Ein Kastenunterteil mit einem Kastenzwischenteil und ein Minisprungkasten werden in einem Abstand von etwa einem halben Meter hintereinander gestellt. Auf diese beiden Geräte wird ein weiterer Sprungkasten (ohne Kastenunterteil mit zwei oder mehr Kastenzwischenteilen und einem Kastendeckel) gesetzt. Die entstandene Kastenburg kann mit Turnmatten gesichert werden. Die Kinder können die Kastenburg zum Kriechen (Klettern, Steigen, Hinunterspringen etc.) nutzen.

Anregungen

- Die Kastenburg kann in eine Bewegungs- bzw. Gerätelandschaft eingebaut werden.
- ...

Gerätekombinationen kennen lernen, herstellen, bewältigen und variieren

Bewegungsraum Sporthalle

Minisprungkasten, Sprungkästen, Turnmatten

Welche Bewegungs-/Spielidee(n) entwickelt das Kind? Engagiert sich das Kind?

Nach: Grude, U. & Preuss, S. (1995). Kindgerechte Bewegungsförderung. Bewegungserziehung in Kindergarten, Grundschule, Verein und Heim unter Verwendung von Großgeräten und Gerätelandschaften. Hamburg: Czwalina, S. 61.

Kinderzimmer

Die Kinder können aus Geräten (z. B. Barren, Turnmatten, Sprossenwand, Sprungkästen, Minisprungkästen) Möbel eines Kinderzimmers (Hochbett, Bücherregal, Tisch, Kleiderschrank etc.) nachbauen. Wenn das Kinderzimmer eingerichtet ist, können die Kinder die entstandenen Möbel ausprobieren.

Anregungen

- Die Kinder bilden Gruppen (Möbelfirmen). Jedes Möbelstück wird von einer anderen Firma geliefert.
- Alle Möbel sind in ihre Einzelteile zerlegt und werden von den Firmen (z. B. nach einem Aufbauplan) zusammengebaut.
- Die Kinder können das Kinderzimmer umräumen.
- ...

Gerätekombinationen kennen lernen, herstellen, bewältigen und variieren
Körperspannung und Kraft erleben und aufbauen

Bewegungsraum Sporthalle

Barren, Minisprungkästen, Sprossenwand, Sprungkästen, Turnmatten

Welche Rolle nimmt das Kind beim Herstellen der Gerätekombination ein? Engagiert sich das Kind?

Nach: Stein, G. (2002). Kleinkinderturnen ganz groß. Drei- bis siebenjährige Kinder erleben Bewegung und Spiel in Verein, Grundschule und Kindergarten (7., überarb. Aufl.). Aachen: Meyer & Meyer, S. 113.

Klettergarten

Gerätekombinationen kennen lernen, herstellen, bewältigen und variieren

Bewegungsraum Sporthalle

Kastendeckel, Minisprungkästen, Sprungbretter, Turnbänke, Turnmatten

Wie geht das Kind mit der (neuen) Gerätekombination um? Mit welchen Geräten experimentiert das Kind?

Drei Turnbänke werden in einem Abstand von etwa einem Meter parallel zueinander aufgestellt. Auf bzw. zwischen die Turnbänke werden Turnmatten, Minisprungkästen, Kastendeckel, Sprungbretter etc. gelegt. Die Kinder können den entstandenen Klettergarten zum Kriechen, Klettern, Steigen, Hinunterspringen etc. nutzen.

Anregungen

- Der Klettergarten kann in eine Bewegungs- bzw. Gerätelandschaft eingebaut werden.
- Der Klettergarten kann mit anderen Materialien, Geräten und/oder Gerätekombinationen erweitert werden.
- ...

Nach: Grude, U. & Preuss, S. (1995). Kindgerechte Bewegungsförderung. Bewegungserziehung in Kindergarten, Grundschule, Verein und Heim unter Verwendung von Großgeräten und Gerätelandschaften. Hamburg: Czwalina, S. 62.

Moorlandschaft

Unter ein Schwungtuch werden weiche Materialien (z. B. Softbälle, Schaumstoffwürfel) gelegt, sodass ein Moor entsteht. Im Moor werden Schätze (z. B. Bohnensäckchen, Tennisringe) versteckt. Um das Moor herum werden z. B. Wege (mit Brettern, Turnbänken o. Ä.) gebaut, Inseln (mit Zeitungen, Bierdeckeln o. Ä.) angelegt etc.
Die Kinder versuchen, nur auf den Wegen und Inseln der Moorlandschaft zu gehen (krabbeln, stehen etc.), um nicht im Moor zu versinken. Sie können Angeln (z. B. Turnstäbe) und Kescher (z. B. Tücher) benutzen, um an die Schätze im Moor zu gelangen. Die Schätze können z. B. in eine Schatztruhe (Wäschekorb o. Ä.) außerhalb der Moorlandschaft gebracht werden.

Anregungen

- Die Kinder bilden zwei Mannschaften. Die Mannschaft gewinnt, die die meisten Schätze geangelt hat.
- Ein Moormonster kann plötzlich auftauchen. Die Kinder versuchen, sich und ihre Schätze in Sicherheit zu bringen.
- Das Moor befindet sich auf einem fremden Planeten. Mit einem Raumschiff fliegen die Astronauten dorthin und erkunden die Moorlandschaft. Vom Raumschiff aus können die Kinder Wege zum Moor bauen etc.
- ...

Den Körper im Gleichgewicht halten
Gerätekombinationen kennen lernen, herstellen, bewältigen und variieren

Bewegungsraum
Sporthalle

Bierdeckel, Bohnensäckchen, Bretter, Schaumstoffwürfel, Schwungtuch, Softbälle, Tennisringe, Turnbänke, Turnstäbe, Tücher, Wäschekorb, Zeitungen

Mit welchen Bewegungsformen/Körperhaltungen experimentiert das Kind?
Welche Geräte kombiniert das Kind?

Planwagen

Gerätekombinationen kennen lernen, herstellen, bewältigen und variieren

Bewegungsraum Sporthalle

Kastenzwischenteil, Turnmatte

Wie geht das Kind mit der (neuen) Gerätekombination um? Welche Bewegungs/Spielidee(n) entwickelt das Kind?

In ein Kastenzwischenteil wird eine Turnmatte u-förmig gebogen hineingeklemmt, sodass ein Dach entsteht. Die Kinder können in den entstandenen Planwagen kriechen (krabbeln etc.).

Anregungen

- Ein oder mehrere Planwagen können in eine Bewegungs- bzw. Gerätelandschaft eingebaut werden.
- ...

Nach: Grude, U. & Preuss, S. (1995). Kindgerechte Bewegungsförderung. Bewegungserziehung in Kindergarten, Grundschule, Verein und Heim unter Verwendung von Großgeräten und Gerätelandschaften. Hamburg: Czwalina, S. 47.

Postamt

Kinder und Erzieherin besprechen den Weg eines Briefs z. B. vom Schreiben bis zum Ankommen beim Empfänger. Gemeinsam werden die Stationen (Briefkästen, Postautos, Briefwaage, Stempelmaschine, Förderbänder etc.) z. B. mit Kartons, Rollbrettern, Minisprungkästen, Turnbänken auf Turnstäben aufgebaut. Die Kinder können einen Brief schreiben, ihn abschicken, die Stationen des Postamts besetzen etc. und so den Weg eines Briefes erleben.

Anregungen

- Die Kinder können einen Brief darstellen und am eigenen Körper den Weg durch die Stationen des Postamts erleben.
- ...

Gerätekombinationen kennen lernen, herstellen, bewältigen und variieren

Bewegungsraum Sporthalle

Kartons, Minisprungkästen, Papier, Rollbretter, Stifte, Turnbänke, Turnstäbe

Welche Gerätekombination(en) stellt das Kind her? Wofür interessiert sich das Kind?

Nach: Brockhorst, A. (1992). Bewegungslandschaften. In R. Zimmer & H. Cicurs (Hrsg.), Kinder brauchen Bewegung – brauchen Kinder Sport? Referate, Berichte und Beiträge zur Praxis vom Kongreß „Kinder brauchen Bewegung – brauchen Kinder Sport?" vom 21.–23.02.1991 in Osnabrück. Aachen: Meyer & Meyer, S. 60 f.

Reckhügel

Den Körper im Drehen und Rollen, Schwingen und Fliegen erleben
Körperspannung und Kraft erleben und aufbauen

Bewegungsraum
Sporthalle

Reckstangen, Seitenpfosten, Turnmatten, Weichbodenmatten

Fühlt sich das Kind wohl? Wie geht das Kind mit der (neuen) Gerätekombination um?

Zwei Reckstangen werden übereinander, in verschiedenen Höhen zwischen den Seitenpfosten angebracht. Über die untere Stange wird eine Weichbodenmatte gelegt. Diese sollte den Boden auf beiden Seiten berühren. Die Mattenenden können mit je einer weiteren, auf dem Boden liegenden Weichbodenmatte verlängert werden. Der Reckhügel wird mit Turnmatten gesichert. Die Kinder können am Reckhügel das Hängen, Schwingen, Stützen etc. erproben.

Anregungen

- Der Reckhügel kann in eine Bewegungs- bzw. Gerätelandschaft eingebaut werden.
- ...

Nach: Grude, U. & Preuss, S. (1995). Kindgerechte Bewegungsförderung. Bewegungserziehung in Kindergarten, Grundschule, Verein und Heim unter Verwendung von Großgeräten und Gerätelandschaften. Hamburg: Czwalina, S. 75.

Reckrutsche

Eine Reckstange wird zwischen den Seitenpfosten angebracht. An der Reckstange werden zwei bis drei Turnbänke eingehängt. Auf die Turnbänke werden (glatte) Turnmatten gelegt, sodass eine Rutsche entsteht. Hinter der Reckrutsche wird mit unterschiedlich hohen Sprungkästen eine Treppe gebaut. Die Reckrutsche kann mit Weichbodenmatten gesichert werden. Die Kinder können die Reckrutsche erkunden und ausprobieren.

Anregungen

- Die Reckrutsche kann in eine Bewegungs- bzw. Gerätelandschaft eingebaut werden.
- ...

Gerätekombinationen kennen lernen, herstellen, bewältigen und variieren

Bewegungsraum Sporthalle

Reckstange, Seitenpfosten, Sprungkästen, Turnbänke, Turnmatten, Weichbodenmatten

Wie geht das Kind mit der (neuen) Gerätekombination um? Welche Bewegungs-/Spielidee(n) entwickelt das Kind?

Nach: Grude, U. & Preuss, S. (1995). Kindgerechte Bewegungsförderung. Bewegungserziehung in Kindergarten, Grundschule, Verein und Heim unter Verwendung von Großgeräten und Gerätelandschaften. Hamburg: Czwalina, S. 93.

Schlappseilartist

Zwischen zwei Bäume wird ein Schlappseil und darüber ein straffes Seil (z. B. mehrere miteinander verbundene Springseile) gespannt. Die Kinder versuchen, über das Schlappseil zu balancieren. Sie können sich dabei an dem darüber angebrachten Seil festhalten.

Anregungen

- Das Schlappseil kann in eine Bewegungs- bzw. Gerätelandschaft eingebaut werden.
- Die Kinder können versuchen, Gegenstände über das Schlappseil zu transportieren.
- Zwei Schlappseilartisten versuchen, hintereinander (in entgegengesetzten Richtungen o. Ä.) über das Schlappseil zu balancieren.
- Ein Kind balanciert über das Schlappseil. Ein anderes Kind probiert, es mit einem Softball zu treffen. Der Schlappseilartist versucht, dem Softball auszuweichen.
- Die Kinder können Kunststücke für eine Zirkusvorstellung erfinden.
- ...

Den Körper im Gleichgewicht halten
Kunststücke erfinden und durch- bzw. vorführen, sich etwas trauen

Außengelände

Schlappseil, Springseile

Wie geht das Kind mit der (neuen) Anforderung/Situation um?
Welche Kunststücke erfindet das Kind?

Nach: Institut für Sportwissenschaft der Universität Wien (2003). Video „Mehr Sicherheit durch mehr Bewegung. Bewegungsförderung im Kindergarten".

Tunnel

Kastenzwischenteile werden ineinander gesteckt und mit ihren Längsseiten auf den Boden gelegt. Zur Stabilisierung können Turnmatten in den Tunnel gelegt werden. Die Kinder können durch den Tunnel krabbeln (kriechen etc.).

Anregungen

- Ein oder mehrere Tunnel können in eine Bewegungs- bzw. Gerätelandschaft eingebaut werden.
- Die Kinder können um die Wette durch die Tunnel krabbeln (kriechen etc.).
- ...

Gerätekombinationen kennen lernen, herstellen, bewältigen und variieren

Bewegungsraum Sporthalle

Kastenzwischenteile, Turnmatten

Fühlt sich das Kind wohl?
Welche Bewegungs-/Spielidee(n) entwickelt das Kind?

Nach: Grude, U. & Preuss, S. (1995). Kindgerechte Bewegungsförderung. Bewegungserziehung in Kindergarten, Grundschule, Verein und Heim unter Verwendung von Großgeräten und Gerätelandschaften. Hamburg: Czwalina, S. 49.

Unser Spielplatz

Gerätekombinationen kennen lernen, herstellen, bewältigen und variieren

Bewegungsraum Sporthalle

Reifen, Rollbretter, Springseile, Sprossenwand, Sprungkästen, Turnbänke, Turnmatten, Weichbodenmatten

Mit welchen Geräten/ Materialien experimentiert das Kind? Welche Rolle nimmt das Kind beim Herstellen der Gerätekombination ein?

Die Kinder bauen nach ihren Wünschen und Vorstellungen einen Spielplatz. Hierfür stehen ihnen die vielfältigsten Geräte und Materialien (Sprungkästen, Sprossenwand, Turnmatten, Weichbodenmatten, Turnbänke, Rollbretter, Springseile, Reifen etc.) zur Verfügung. Nach dem Aufbau des Spielplatzes probieren ihn die Kinder aus.

Anregungen

- Der Aufbau des Spielplatzes kann in Baugruppen und mit einem Bauleiter bzw. einer Bauleiterin (evtl. nach einem Aufbauplan) erfolgen.
- ...

Nach: Stein, G. (2002). Kleinkinderturnen ganz groß. Drei- bis siebenjährige Kinder erleben Bewegung und Spiel in Verein, Grundschule und Kindergarten (7., überarb. Aufl.). Aachen: Meyer & Meyer, S. 111 f.

Wackeldeckel

Die Kinder legen einen Kastendeckel mit der geschlossenen Seite nach oben auf eine Turnmatte. Unter den Kastendeckel werden Medizinbälle gelegt, sodass die Seiten des Kastendeckels keinen Bodenkontakt haben. Die Kinder können auf dem so entstandenen Wackeldeckel balancieren.

Anregungen

- Der Wackeldeckel kann in eine Bewegungs- bzw. Gerätelandschaft eingebaut werden.
- Die Kinder können die Bewegungsform variieren.
- Die Kinder können auf dem Wackeldeckel miteinander ringen.
- Die Kinder können alleine (zu zweit, dritt etc.) Kunststücke auf dem Wackeldeckel erfinden (üben, vorführen etc.).
- ...

Den Körper im Gleichgewicht halten
Gerätekombinationen kennen lernen, herstellen, bewältigen und variieren

Bewegungsraum
Sporthalle

Kastendeckel, Medizinbälle, Turnmatten

Mit welchen Bewegungsformen/Körperhaltungen experimentiert das Kind? Wie geht das Kind mit der (neuen) Gerätekombination um?

Nach: Grude, U. & Preuss, S. (1995). Kindgerechte Bewegungsförderung. Bewegungserziehung in Kindergarten, Grundschule, Verein und Heim unter Verwendung von Großgeräten und Gerätelandschaften. Hamburg: Czwalina, S. 53.

Wellenbahn

Den Körper im Drehen und Rollen, Schwingen und Fliegen erleben
Gerätekombinationen kennen lernen, herstellen, bewältigen und variieren

Bewegungsraum Sporthalle

Minisprungkästen, Turnmatten

Welche Bewegungsform(en) entwickelt das Kind?
Wie geht das Kind mit der (neuen) Gerätekombination um?

Minisprungkästen werden mit einem größeren Abstand hintereinander aufgestellt. Über die Minisprungkästen werden Turnmatten gelegt, deren Enden aneinander stoßen. Die Kinder können über die so entstandene Wellenbahn laufen (rollen, wälzen etc.).

Anregungen

- Die Wellenbahn kann in eine Bewegungs- bzw. Gerätelandschaft eingebaut werden.
- ...

Nach: Grude, U. & Preuss, S. (1995). Kindgerechte Bewegungsförderung. Bewegungserziehung in Kindergarten, Grundschule, Verein und Heim unter Verwendung von Großgeräten und Gerätelandschaften. Hamburg: Czwalina, S. 67.

Wippe

Eine umgedrehte Turnbank wird genau in der Mitte (d. h. auf ihrem Schwerpunkt) auf einen Minisprungkasten gelegt. Unter beide Turnbankenden können Turnmatten gelegt werden, um ein hartes Aufsetzen der Turnbank auf den Boden zu verhindern.
Die Kinder können die Wippe erkunden und ausprobieren.

Anregungen

- Eine oder mehrere Wippen können in eine Bewegungs- bzw. Gerätelandschaft eingebaut werden.
- ...

Den Körper im Gleichgewicht halten
Gerätekombinationen kennen lernen, herstellen, bewältigen und variieren

Bewegungsraum
Sporthalle

Minisprungkasten, Turnbank, Turnmatten

Welche Bewegungsform(en)/Körperhaltung(en) entwickelt das Kind?
Wofür interessiert sich das Kind?

Nach: Grude, U. & Preuss, S. (1995). Kindgerechte Bewegungsförderung. Bewegungserziehung in Kindergarten, Grundschule, Verein und Heim unter Verwendung von Großgeräten und Gerätelandschaften. Hamburg: Czwalina, S. 91.

3.5 Gestalten – Tanzen – Darstellen

Dieses Bildungsthema bietet Jungen und Mädchen Möglichkeiten, elementare Bewegungen vielfältig und kreativ zu gestalten. Ausgehend vom erkundenden Umgang mit den vielfältigen Grundformen der Bewegung und ihren rhythmischen, räumlichen und dynamischen Variationen kann unter diesem Bildungsthema die Wahrnehmungsfähigkeit differenziert herausgefordert und mit gestalterischen Erfahrungen verknüpft werden. Hierfür bieten sich zum einen offene Situationen an, in denen Kinder Bewegungs- und Körperinszenierungen alleine und mit anderen erproben, entwickeln und präsentieren können. Zum anderen eigenen sich auch Aufgaben, die eine eher nachvollziehende Auseinandersetzung mit Gelesenem oder Gehörtem (Geschichten darstellen), Gesehenem oder Erlebtem (etwa Tiere beim Zoobesuch) sowie kulturell unterschiedlichen Traditionen (z. B. einfache Volkstänze) ermöglichen. Musik ist ein „lustvoller Reiz“ (Amrhein 2004, S. 203), durch den Kinder von sich aus agieren. Rhythmische und tänzerische Bewegungen haben einen festen Platz im Bewegungsrepertoire und gehören zu den verbreiteten Aktivitäten vieler Kinder. Unter diesem Bildungsthema kann auch den alterstypischen Wünschen und der kindlichen Freude am Nachahmen und Nachmachen, am Verkleiden und Verzaubern sowie am Darstellen eines anderen oder von etwas anderem besondere Rechnung getragen werden.

Bei diesem Bildungsthema können Kinder durch Bewegung etwas darstellen, das Zusammenspiel von Rhythmus, Musik und Bewegung sowie die Vielfalt von Bewegungsmöglichkeiten mit Handgeräten und Objekten entdecken, erproben und variieren. Außerdem werden ihnen Anlässe geboten, Bewegungsgestaltungen und einfache Tänze kennen zu lernen, zu entwickeln und zu präsentieren. Monotones und auf Exaktheit ausgerichtetes Üben ist allerdings vor allem bei jüngeren Kindern zu vermeiden. Vielmehr sollten sie Möglichkeiten zum Entdecken vielfältiger Bewegungsformen und für elementare Improvisationserfahrungen erhalten. Wenn das Bewegen zur Musik bei allen Beteiligten mit freudvollen Erlebnissen verknüpft ist, zeigen sich auch gehemmte Kinder deutlich gelöster und es lässt sich eine Atmosphäre des Vertrauens anbahnen, in der Angst vor Misserfolg in den Hintergrund tritt.

Das Bildungsthema fördert nicht nur die motorischen Fähigkeiten und Fertigkeiten der Kinder, sondern auch deren Kreativität, ihr rhythmisches Bewegungsvermögen, ihre Gestaltungsfähigkeit, Sensibilität, Phantasie und Ausdrucksfähigkeit. Zudem eröffnet es Jungen und Mädchen (neue) Erfahrungen über sich und andere, z. B. beim Vorführen und Präsentieren von Bewegungsgestaltungen und Tänzen. Und schließlich bieten sich auch soziale Erfahrungen und Lernmöglichkeiten: die Abstimmung von oder das Antworten auf Bewegungen der Erzieherin oder der anderen Kinder, die Abstimmung der tänzerischen Aktivitäten in der Gruppe. Indem Kinder miteinander tanzen und zu zweit oder in Gruppen Bewegungsgestaltungen entwickeln, können sie lernen zu kooperieren und sich zu verständigen. In diesem Sinne kann das Bildungsthema soziale Kompetenzen und Kommunikation fördern und auch Erfahrungen von Gemeinsamkeit und Geborgenheit im konkurrenzfreien Tun vermitteln.

Im Folgenden werden die Bildungsschwerpunkte noch einmal systematisch ausdifferenziert.

Bildungsschwerpunkte

Durch Bewegung etwas darstellen

- Gefühle in der Bewegung ausdrücken
- Stimmungen und Strukturen von Musik in der Bewegung erleben und ausdrücken
- Einfache pantomimische Themen erproben und darstellen
- Lieder, Gedichte und Texte gestalten, Szenen entwickeln, einfache Formen des Bewegungstheaters erproben.

Das Zusammenspiel von Rhythmus, Musik und Bewegung entdecken, erproben und variieren

- Verschiedene Rhythmen und Musik wahrnehmen und in Bewegung umsetzen
- Unterschiedliche Bewegungsformen zu Rhythmus und Musik erproben, allein, mit Partner, in der Gruppe
- Unterschiedliche Rhythmen mit (Körper-)Instrumenten erzeugen und sich dazu bewegen
- Die rhythmische Struktur von Bewegungsabläufen wahrnehmen und sie mit (Körper- bzw. Klang-)Instrumenten begleiten
- Verbindungen und Wechsel verschiedener Bewegungsformen zu Rhythmus und Musik entdecken und erproben
- Unterschiede von Tempo und Dynamik erleben
- Raumdimensionen wahrnehmen, unterschiedliche Bewegungsrichtungen und Raumwege finden.

Die Vielfalt von Bewegungsmöglichkeiten mit Handgeräten und Objekten entdecken, erproben und variieren

- Bewegungsmöglichkeiten mit Handgeräten (z. B. Springseilen, Reifen) und (Alltags-)Material (z. B. Tüchern, Luftballons) finden und variieren
- Bewegungsmöglichkeiten mit Partner und in der Gruppe erproben, anpassen und variieren.

Bewegungsgestaltungen und einfache Tänze kennen lernen, entwickeln und präsentieren

- Schritt- und Bewegungsfolgen von Tänzen erlernen, üben und anwenden
- Tänze aus anderen Kulturkreisen kennen lernen und erlernen
- Bewegungsgrundformen in Bewegungsgestaltungen einbringen
- Bewegungsqualität durch Üben weiterentwickeln
- Vorführungen entwickeln, üben und präsentieren.

Jeder im Anschluss ausführlich beschriebenen Bildungssituation ist immer mindestens ein Bildungsschwerpunkt zugeordnet.

Auf- und Unterlied

Anregung zur Bewegungsgestaltung

Die Kinder stehen im Kreis.
„Auf und unter“: Die Kinder legen gedachte Gegenstände auf bzw. unter einen gedachten Gegenstand. **„neben und bei“:** Die Kinder machen einen Schritt nach rechts und zeigen auf die linke Seite. **„stehen und“:** Die Kinder stehen still. **„liegen Dinge vielerlei“:** Die Kinder legen sich schnell hin. **„Über uns ...“:** Die Kinder stehen schnell auf und strecken sich hoch. **„... ha, ha, ha“:** Die Kinder klatschen dreimal in die Hände. **„Fall’n sie dann ...“:** Die Kinder fallen um.

Nach: Bredenbeck, U. (2004). Die Kleine Musikschule. Unveröff. Arbeitspapier. Altenbeken. (Kontakt: ursula.bredenbeck@web.de)

Auf- und Untertanz

Durch Bewegung etwas darstellen
Bewegungsgestaltungen und einfache Tänze kennen lernen, entwickeln und präsentieren

Außengelände
Bewegungsraum
Gruppenraum
Sporthalle

Liedtext „Auf- und Unterlied“

Engagiert sich das Kind? Welche Bewegungsgestaltung(en)/Tänze entwickelt das Kind?

Erzieherin und Kinder überlegen gemeinsam, wie sie das „Auf- und Unterlied“ ausdrücken möchten. Sie singen das Lied und bewegen sich bzw. tanzen wie vereinbart.

Anregungen

- Die Kinder lernen die auf dem Liedtext vorgeschlagene Bewegungsgestaltung kennen.
- Die verschiedenen Präpositionen (Verhältniswörter) können durch Musikinstrumente und/oder Klangerzeuger akustisch unterstützt werden (z. B. kann eine tiefklingende Trommel die Präposition „unter“ ausdrücken).
- Der Liedtext wird nicht gesungen, sondern durch Bewegungen und Musikinstrumente ausgedrückt.
- Wird das Musikinstrument (z. B. Trommel) gespielt, das die vereinbarte Präposition (z. B. unter) ausdrückt, bewegen sich die Kinder zu Gegenständen im Raum, die sich in dem entsprechenden Verhältnis befinden (z. B. Ball unter dem Stuhl).
- Jedes Kind stellt einen Stuhl in den Raum und bewegt sich zum Lied. Bei Einsatz der für die verschiedenen Präpositionen vereinbarten Musikinstrumente nehmen die Kinder die jeweilige Position ein (z. B. Trommel: unter den Stuhl legen).
- Die Kinder singen das Lied und erproben bzw. variieren die vereinbarte Bewegungsgestaltung allein, zu zweit, zu dritt oder in größeren Gruppen.
- ...

Nach: Bredenbeck, U. (2004). Die Kleine Musikschule. Unveröff. Arbeitspapier. Altenbeken. (Kontakt: ursula.bredenbeck@web.de)

Beweg dich geometrisch! – Begrüßungsvers

Guten Tag, eins, zwei, drei,
Kinder ihr, kommt herbei.
Tanzen und klatschen und
singen dabei. – Wir
dreh'n uns im Kreise ganz
schnell eins, zwei, drei. – –
Guten Tag und Hallo!
Wir sind hier sowieso.

Anregungen zur Bewegungsgestaltung

- Ausgangsstellung: Die Kinder hocken im Kreis.
- Der Begrüßungsvers wird im Dreivierteltakt gesprochen.
- Auf 1: Die Kinder klatschen in die Hände.
- Auf 2: Die Kinder klatschen mit der rechten Hand auf ihren rechten Oberschenkel.
- Auf 3: Die Kinder klatschen mit der linken Hand auf ihren linken Oberschenkel.

- Das Tempo kann verändert werden.
- Statt auf den eigenen Oberschenkel, klatschen die Kinder vorsichtig auf den Oberschenkel ihres rechten oder linken Nachbarn.
- ...

Bewegungsgestaltungen und einfache Tänze kennen lernen, entwickeln und präsentieren

Außengelände
Bewegungsraum
Gruppenraum
Sporthalle

Wie lernt das Kind die Bewegungsgestaltung? Engagiert sich das Kind?

Nach: Bredenbeck, U. (2004). Die Kleine Musikschule. Unveröff. Arbeitspapier. Altenbeken. (Kontakt: ursula.bredenbeck@web.de)

Beweg dich geometrisch! – Das Dreiecklied

Anregung zur Bewegungsgestaltung

- Die Zählzeit 1 wird geklatscht.
- Auf die Zählzeit 2 und 3 folgen zwei Schritte
- am Ort, vorwärts, seitwärts oder rückwärts.

Nach: Bredenbeck, U. (2004). Die Kleine Musikschule. Unveröff. Arbeitspapier. Altenbeken. (Kontakt: ursula.bredenbeck@web.de)

Beweg dich geometrisch! – Das Kreislied

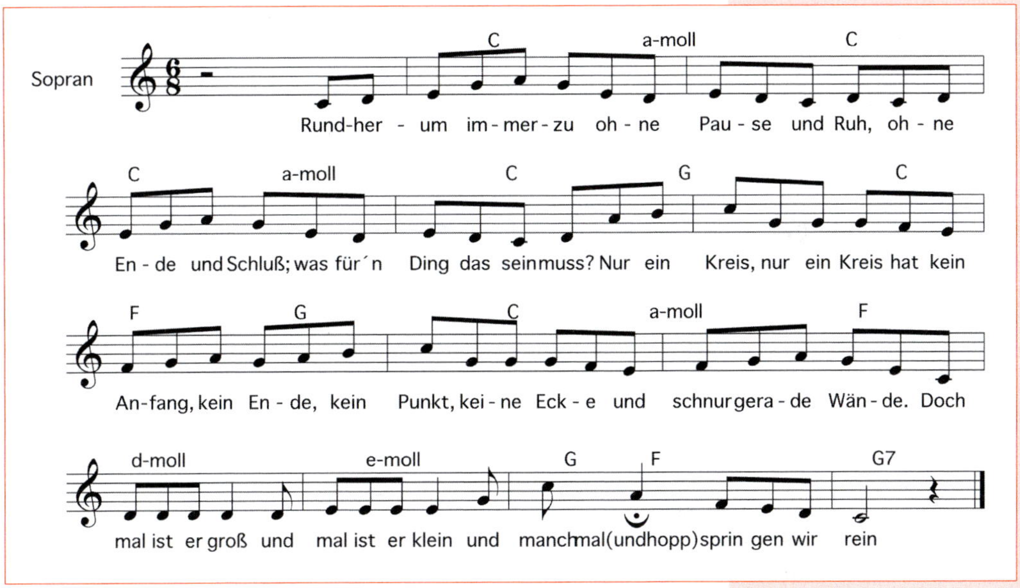

Anregung zur Bewegungsgestaltung

- Die Kinder stehen im Kreis und fassen sich an den Händen.
- Takt 1 bis 4: Die Kinder laufen links herum.
- Takt 5 bis 8: Die Kinder lassen die Hände los und jedes Kind dreht sich um die eigene Achse.
- Takt 9 bis 10: Die Kinder machen sich groß und formen mit den Händen einen großen Kreis.
- Takt 11: Die Kinder machen sich klein und formen mit den Händen einen kleinen Kreis.
- Bei „und hopp“: Die Kinder hüpfen einmal.
- Bei „springen wir rein“: Die Kinder klatschen.

Nach: Bredenbeck, U. (2004). Die Kleine Musikschule. Unveröff. Arbeitspapier. Altenbeken. (Kontakt: ursula.bredenbeck@web.de)

Beweg dich geometrisch! – Das Vierecklied

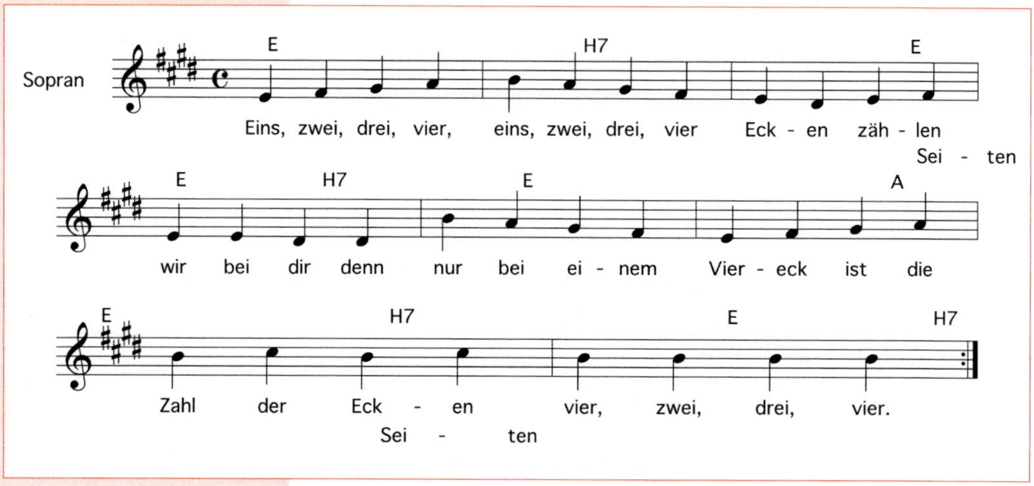

Anregung zur Bewegungsgestaltung

- Die Kinder stehen z.B. in einer Reihe, im Haufen oder im Block.
- Takt 1 und 2: Die Kinder gehen acht Schritte vor.
- Takt 3 und 4: Die Kinder gehen acht Schritte seitwärts nach rechts.
- Takt 5 und 6: Die Kinder gehen acht Schritte rückwärts.
- Takt 7 und 8: Die Kinder gehen acht Schritte seitwärts nach links.

Nach: Bredenbeck, U. (2004). Die Kleine Musikschule. Unveröff. Arbeitspapier. Altenbeken. (Kontakt: ursula.bredenbeck@web.de)

Beweg dich geometrisch!

Erzieherin und Kinder überlegen gemeinsam, wie sie das „Kreis-", „Dreieck-" und/oder „Viereckliedˮ ausdrücken möchten. Sie singen das jeweilige Lied und bewegen sich bzw. tanzen wie vereinbart.

Anregungen

- Die Kinder finden und benennen Dreiecke, Vierecke und/oder Kreise in ihrer Umgebung.
- Die Kinder malen Dreiecke, Vierecke und/oder Kreise, die auf den Boden gelegt werden. Sie singen das Dreieck-, Viereck- bzw. Kreislied und laufen durch den Raum, ohne die Formen zu berühren. Am Ende des Liedes springen sie z. B. in die besungene Form.
- Die Kinder singen das Dreieck-, Viereck- bzw. Kreislied und laufen im Takt auf den gemalten oder mit Kreppband geklebten geometrischen Formen entlang. Dabei springen sie z. B. von Ecke zu Ecke der Drei- und Vierecke, schlängeln sich auf den Linien der Kreise o. Ä.
- Die Kinder bilden Paare oder Gruppen (zu dritt, zu viert etc.). Sie singen das Dreieck-, Viereck- bzw. Kreislied und bewegen sich dazu. Wird die geometrische Form im Lied erwähnt, versuchen die Paare bzw. Gruppen, diese mit ihren Körpern zu bilden.
- Die Kinder entwickeln zum Dreieck-, Viereck- bzw. Kreislied eine Bewegungsgestaltung bzw. einen Tanz.
- Die Kinder lernen die auf den jeweiligen Liedtexten vorgeschlagene Bewegungsgestaltung kennen.
- ...

Nach: Bredenbeck, U. (2004). Die Kleine Musikschule. Unveröff. Arbeitspapier. Altenbeken. (Kontakt: ursula.bredenbeck@web.de)

Bewegungsgestaltungen und einfache Tänze kennen lernen, entwickeln und präsentieren

Außengelände
Bewegungsraum
Gruppenraum
Sporthalle

Liedtext „Das Dreiecklied",
Liedtext „Das Kreislied",
Liedtext „Das Viereckliedˮ

Wofür interessiert sich das Kind?
Welche Bewegungsgestaltung(en)/Tänze entwickelt das Kind?

Bewegte Töne

Die Erzieherin oder ein Kind erzeugt tiefe Töne (z. B. mit einer Trommel) und hohe Töne (z. B. mit einem Glöckchen). Die Kinder versuchen, diese durch verschiedene Bewegungsarten und/oder Körperhaltungen auszudrücken.

Anregungen

- Erklingen hohe Töne, können sich die Kinder z. B. auf Zehenspitzen bewegen (auf Stühle steigen o. Ä.). Erklingen tiefe Töne, können sie z. B. in die Hocke gehen (sich unter Stühle legen o. Ä.).
- Beim Erklingen von hohen Tönen laufen (kriechen, hüpfen o. Ä.) die Kinder zu hellen Teppichfliesen und bei tiefen Tönen zu dunklen Teppichfliesen.
- ...

Das Zusammenspiel von Rhythmus, Musik und Bewegung entdecken, erproben und variieren

Außengelände
Bewegungsraum
Flur
Gruppenraum
Sporthalle

Glöckchen, Trommel

Mit welchen Bewegungsformen/Körperhaltungen experimentiert das Kind? Fühlt sich das Kind wohl?

Nach: Stein, G. (2002). Kleinkinderturnen ganz groß. Drei- bis siebenjährige Kinder erleben Bewegung und Spiel in Verein, Grundschule und Kindergarten (7., überarb. Aufl.). Aachen: Meyer & Meyer, S. 146.

Cowboy und Roboter

Die Kinder bewegen sich z. B. zu Country-Musik wie Cowboys und zu elektronischer Musik wie Roboter.

Anregungen

- Der Raum wird z. B. in den Roboterplatz und den Wilden Westen eingeteilt. Ertönt Country- oder elektronische Musik, laufen die Kinder in das entsprechende Feld und bewegen sich bzw. tanzen dort zur Musik.
- Die Kinder gestalten zu zweit (zu dritt etc.) einen Cowboy- und/oder Robotertanz.
- Die Kinder stellen zu einer (selbst ausgesuchten) Musik jemanden oder etwas dar. Die anderen Kinder raten, um wen oder was es sich dabei handelt.
- ...

Durch Bewegung etwas darstellen
Das Zusammenspiel von Rhythmus, Musik und Bewegung entdecken, erproben und variieren

Außengelände
Bewegungsraum
Gruppenraum
Sporthalle

Musik

Fühlt sich das Kind wohl?
Mit welchen Bewegungsformen/Körperhaltungen experimentiert das Kind?

Nach: Cristian, M. (1991). Vom Spielen zum Tanzen. Wiesbaden: Hessisches Institut für Bildungsplanung und Schulentwicklung (HIBS), S. 29 f.

Das Karussell

Das Zusammenspiel von Rhythmus, Musik und Bewegung entdecken, erproben und variieren

Außengelände
Bewegungsraum
Gruppenraum
Sporthalle

Wofür interessiert sich das Kind? Fühlt sich das Kind wohl?

Die Kinder bilden einen Kreis und fassen sich an (Karussell). Sie sagen den folgenden Vers und versuchen, ihr Bewegungstempo an ihr Sprachtempo anzupassen.

Das Karussell fährt langsam an.
Das Karussell fährt langsam an.
Immer schneller geht es dann.
Immer schneller geht es dann.
Bis es nicht mehr schneller geht.
Bis es nicht mehr schneller geht.
Und dann – steht.

Anregungen

- Die Kinder bilden alleine (zu zweit, zu dritt etc.) ein Karussell.
- Die Kinder können den Vers verändern.
- Die Kinder können zwei (drei, vier etc.) Karussells bilden, die sich in gleicher oder entgegengesetzter Richtung umeinander drehen.
- ...

Nach: Bischoff, K. (1999). Vorschul-, Elementarbereich: Koordinationsschulung, Rhythmik, Spiele, Entspannung, Bewegungskünste. In K. Bös & N. Schott (Hrsg.), Kinder brauchen Bewegung – leben mit Turnen, Sport, Spiel. Bericht vom Kongreß der rheinland-pfälzischen Turnverbände vom 12.-14. November 1998 in Worms. Hamburg: Czwalina, S. 95.

Hundehütten-Suche

Die Kinder bilden Paare und vereinbaren, wer einen Hund und wer dessen Hundehütte (z. B. durch breitbeiniges Stehen) darstellt.
Die Hunde sind in ihren Hütten. Beginnt die Musik zu spielen, kommen sie heraus und bewegen sich zur Musik. Wird die Musik angehalten, kehren die Hunde in ihre Hütten zurück.

Anregungen

- Die Hunde bewegen sich zur Musik. Wird die Musik unterbrochen, sucht sich jeder Hund irgendeine Hütte.
- Die Hundehütten bewegen sich ebenfalls zur Musik. Wird die Musik angehalten, bleiben sie stehen und die Hunde suchen ihre Hütte.
- Die Kinder können andere Tiere etc. darstellen.
- Die Musik bzw. der Rhythmus kann variiert werden.
- Ein Kind („Hundefänger") versucht, die Hunde zu fangen. Diese finden Schutz in ihren Hütten.
- ...

Durch Bewegung etwas darstellen
Das Zusammenspiel von Rhythmus, Musik und Bewegung entdecken, erproben und variieren

Außengelände
Bewegungsraum
Gruppenraum
Sporthalle

Musik

Engagiert sich das Kind?
Mit wem bildet das Kind ein Paar?

Nach: Cristian, M. (1991). Vom Spielen zum Tanzen. Wiesbaden: Hessisches Institut für Bildungsplanung und Schulentwicklung (HIBS), S. 24.

Huttanz

Die Vielfalt von Bewegungsmöglichkeiten mit Handgeräten und Objekten entdecken, erproben und variieren

Außengelände
Bewegungsraum
Gruppenraum
Sporthalle

Hüte, Musik

Welche Bewegungsmöglichkeit(en) entwickelt das Kind mit dem Material?
Wofür interessiert sich das Kind?

Die Kinder tragen einen Hut auf dem Kopf (der Schulter, der Hand, dem Knie etc.) und bewegen sich zur Musik. Wird die Musik angehalten, werfen die Kinder ihren Hut in die Luft und versuchen, ihn mit dem Kopf (der Schulter, der Hand, dem Knie etc.) wieder aufzufangen.

Anregungen

- Die Kinder bilden Paare und bewegen sich zur Musik. Wird die Musik angehalten, werfen sie die Hüte in die Luft und versuchen, den Hut des Partners bzw. der Partnerin mit einem Körperteil zu fangen.
- Die Kinder können einen Gegenstand (z. B. Ball) hochwerfen und diesen mit dem Hut wieder auffangen.
- Die Hüte liegen auf dem Boden und die Kinder bewegen sich bzw. tanzen zur Musik um die Hüte.
- Die Kinder entwickeln einen Tanz mit Hüten.
- ...

Nach: Schaffner, K. (2002). Bewegen, Spielen und Tanzen für Kinder von drei bis acht Jahren (5., veränd. Aufl.). Celle: Pohl, S. 18 f.

Luftballontanz

Die Kinder bewegen sich mit einem Luftballon zur Musik.

Anregungen

- Die Kinder bilden Paare und halten den Luftballon zwischen ihren Händen (Schultern, Rücken etc.). Sie bewegen sich bzw. tanzen, ohne den Luftballon zu verlieren.
- Die Kinder spielen sich z. B. mit der Hand (dem Kopf, dem Fuß etc.) passend zur Musik einen Luftballon zu.
- Die Kinder bewegen sich zur Musik. Wird die Musik angehalten, werfen sie ihren Luftballon in die Luft und versuchen, den des Partners bzw. der Partnerin zu fangen.
- Die Kinder entwickeln einen Tanz mit Luftballons.
- ...

Die Vielfalt von Bewegungsmöglichkeiten mit Handgeräten und Objekten entdecken, erproben und variieren

Außengelände
Bewegungsraum
Gruppenraum
Sporthalle

Luftballons, Musik

Welche Bewegungsmöglichkeit(en) entwickelt das Kind mit dem Material?
Fühlt sich das Kind wohl?

Nach: Cristian, M. (1991). Vom Spielen zum Tanzen. Wiesbaden: Hessisches Institut für Bildungsplanung und Schulentwicklung (HIBS), S. 27 f.

Ohne Rast und Ruhe

Das Zusammenspiel von Rhythmus, Musik und Bewegung entdecken, erproben und variieren

Außengelände
Bewegungsraum
Gruppenraum
Sporthalle

Musik, Trommel

Welche Musik/welchen Rhythmus mag das Kind? Engagiert sich das Kind?

Die Kinder bewegen sich zur Musik und finden sich nach vorher vereinbarten Kriterien in Gruppen zusammen. Erklingen z. B. drei Trommelschläge, bilden sie Gruppen zu dritt und bewegen sich gemeinsam rhythmisch weiter.

Anregungen

- Statt der Musik kann z. B. mit Klangerzeugern ein Rhythmus gespielt werden.
- Einige Kinder haben jeweils ein Musikinstrument bzw. einen Klangerzeuger. Je nachdem, wie viele Instrumente gleichzeitig gespielt werden, bilden die anderen Kinder entsprechend große Gruppen und bewegen sich zur Musik bzw. zum Rhythmus.
- ...

Nach: Cristian, M. (1991). Vom Spielen zum Tanzen. Wiesbaden: Hessisches Institut für Bildungsplanung und Schulentwicklung (HIBS), S. 25 f.

Pinguintanz

Teppichfliesen (Eisschollen) werden im Raum verteilt. Die Kinder bewegen sich darauf zur Musik wie Pinguine und versuchen, nicht auf den Boden (Meer) zu treten. Wird die Musik angehalten, verlassen die Pinguine z. B. die Eisschollen und schwimmen im Meer.

Anregungen

- Statt Teppichfliesen können Turnmatten, Reifen, Bierdeckel o. Ä. als Eisschollen genutzt werden.
- Die Kinder bewegen sich zu zweit (zu dritt etc.) wie Pinguine zur Musik.
- Statt die Musik anzuhalten, kann ein anderer Rhythmus gespielt werden, nach dem sich die Kinder bewegen.
- Die Kinder können andere Tiere etc. darstellen.
- Die Kinder entwickeln einen Pinguintanz.
- ...

Durch Bewegung etwas darstellen
Das Zusammenspiel von Rhythmus, Musik und Bewegung entdecken, erproben und variieren

Außengelände
Bewegungsraum
Gruppenraum
Sporthalle

Musik, Teppichfliesen

Fühlt sich das Kind wohl?
Mit welchen Bewegungsformen/Körperhaltungen experimentiert das Kind?

Polonaise

Bewegungsgestaltungen und einfache Tänze kennen lernen, entwickeln und präsentieren

Außengelände
Bewegungsraum
Gruppenraum
Sporthalle

Musik

Wie lernt das Kind die Bewegungsgestaltung? Fühlt sich das Kind wohl?

Die Kinder stellen sich paarweise hintereinander auf. Zu einer geeigneten Musik können sie z. B. folgende Bewegungsgestaltungen kennen lernen:

- Die Paare gehen vorwärts und schwenken in eine Richtung zum Kreis ab.
- Das erste Paar geht durch die Kreismitte aus dem Kreis. Die anderen Paare folgen.
- Die Tanzpartner/innen trennen sich und gehen jede/r einen Halbkreis. Wenn sie sich treffen, gehen sie nochmals einen Halbkreis aneinander vorbei.
- Begegnen sich die Partner/innen erneut, begrüßen sie sich, gehen aneinander vorbei und treffen sich am Ausgangspunkt wieder.
- Die Paare ordnen sich im Reißverschlussverfahren hintereinander ein und bilden einen Kreis (Schlange).
- Die Schlange geht spiralenförmig nach innen (Schnecke).
- Der Schneckenkopf bahnt sich einen Weg durch die an den Händen gefassten Paare und führt die Kinder zu einem Kreis.
- ...

Nach: Cristian, M. (1991). Vom Spielen zum Tanzen. Wiesbaden: Hessisches Institut für Bildungsplanung und Schulentwicklung (HIBS), S. 40 f.

Riesenschlange

Die Kinder bilden eine Riesenschlange, die sich zur Musik durch den Raum bewegt.

Anregungen

- Wird z. B. die Musik angehalten, läuft das letzte Kind der Schlange nach vorn und bildet den Schlangenkopf.
- Die Kinder können geometrische Formen laufen.
- Die Kinder bilden mehrere Schlangen und bewegen sich zur Musik im Raum.
- Die Kinder sitzen auf dem Boden. Einige Kinder sind Schlangenköpfe und bewegen sich zur Musik. Auf ein vorher vereinbartes Signal (z. B. Musikunterbrechung) berühren die Schlangenköpfe jeweils ein sitzendes Kind. Das Kind bewegt sich hinter dem Schlangenkopf und macht die Bewegungen nach. Wird die Musik unterbrochen, suchen sich die Schlangenköpfe jeweils ein weiteres Kind etc.
- Die Kinder gestalten einen Riesenschlangentanz.
- ...

Durch Bewegung etwas darstellen
Das Zusammenspiel von Rhythmus, Musik und Bewegung entdecken, erproben und variieren

Außengelände
Bewegungsraum
Flur
Gruppenraum
Sporthalle

Musik

Wofür interessiert sich das Kind?
Mit welchen Bewegungsformen/Körperhaltungen experimentiert das Kind?

Nach: Cristian, M. (1991). Vom Spielen zum Tanzen. Wiesbaden: Hessisches Institut für Bildungsplanung und Schulentwicklung (HIBS), S. 36 f.

Roboter und Ingenieur

Durch Bewegung etwas darstellen

Außengelände
Bewegungsraum
Gruppenraum
Sporthalle

Engagiert sich das Kind? Fühlt sich das Kind wohl?

Die Kinder bilden Paare und vereinbaren, wer Roboter und Ingenieur ist. Der Ingenieur hat einen Roboter gebaut, der sich mit steifen Armen und Beinen bewegen und z. B. nur Vierteldrehungen machen kann. Der Ingenieur führt seinen Roboter mit vereinbarten (akustischen, visuellen o. Ä.) Signalen durch den Raum.

Anregungen

- Der Roboter kann per Knopfdruck bedient werden (z. B.: Tippen auf die linke Schulter – Drehung nach links, Tippen auf die rechte Schulter – Drehung nach rechts etc.).
- Der Roboter wird mit geschlossenen oder verbundenen Augen vom Ingenieur durch den Raum geführt.
- Ein Ingenieur versucht, zwei Roboter zu bedienen.
- ...

Nach: Cristian, M. (1991). Vom Spielen zum Tanzen. Wiesbaden: Hessisches Institut für Bildungsplanung und Schulentwicklung (HIBS), S. 31.

Trommelkonzert

Die Kinder singen das „Johaudu"-Lied und trommeln im Rhythmus mit Filztrommelschlägeln auf den Boden.

Anregungen

- Statt mit Filztrommelschlägeln können die Kinder mit ihren Händen (Füßen etc.) trommeln.
- Kinder und Erzieherin singen das „Johaudu"-Lied. Die Erzieherin oder ein Kind begleitet mit einer Trommel. Die Kinder bewegen sich zum Rhythmus. Ist das Lied zu Ende, können sich die Kinder z. B. paarweise zusammenfinden (sich begrüßen o. Ä.).
- Die Kinder bewegen sich zum Lied- bzw. Trommelrhythmus. Erklingt z. B. ein Beckenschlag, bleiben sie wie Statuen stehen und bewegen sich erst wieder, wenn der Rhythmus zu hören ist.
- Die Erzieherin oder ein Kind variiert beim Spielen auf der Trommel z. B. das Tempo, die Lautstärke etc. Die Kinder versuchen, ihre Bewegungen daran anzupassen.
- Die Erzieherin oder ein Kind geht durch den Raum. Die Kinder versuchen, ihr Trommeln (mit den Händen, Filztrommelschlägeln o. Ä.) an Tempo, Rhythmus, Lautstärke etc. der Schritte anzupassen.
- Ein Reifen wird gedreht. Die Kinder trommeln so lange, bis der Reifen zum Stillstand gekommen ist.
- ...

Das Zusammenspiel von Rhythmus, Musik und Bewegung entdecken, erproben und variieren

Außengelände
Bewegungsraum
Gruppenraum
Sporthalle

Filztrommelschlägel, Liedtext „Johaudu"

Engagiert sich das Kind? Wofür interessiert sich das Kind?

Nach: Bredenbeck, U. (2004). Die Kleine Musikschule. Unveröff. Arbeitspapier. Altenbeken. (Kontakt: ursula.bredenbeck@web.de)

Liedtext „Johaudu"

Nach: Traditionelles Lied aus Afrika, arrangiert von Bredenbeck, U. (2004). Die Kleine Musikschule. Unveröff. Arbeitspapier. Altenbeken. (Kontakt: ursula.bredenbeck@web.de)

Tuchtanz

Die Kinder bewegen sich mit Tüchern zur Musik.

Anregungen

- Die Kinder bewegen sich zu zweit (zu dritt etc.) zur Musik. Wird die Musik angehalten, nehmen sie vorher vereinbarte Positionen ein (z. B. auf dem Tuch sitzen, sich in das Tuch wickeln etc.).
- Die Kinder bewegen sich zur Musik. Dabei können sie einen Gegenstand (z. B. Ball) hochwerfen und diesen mit dem Tuch wieder auffangen.
- Die Tücher liegen auf dem Boden und die Kinder bewegen sich bzw. tanzen zur Musik um die Tücher.
- Die Kinder entwickeln einen Tanz mit Tüchern.
- ...

Durch Bewegung etwas darstellen
Die Vielfalt von Bewegungsmöglichkeiten mit Handgeräten und Objekten entdecken, erproben und variieren

Außengelände
Bewegungsraum
Gruppenraum
Sporthalle

Musik, Tücher

Wen/was stellt das Kind dar?
Welche Bewegungsmöglichkeit(en) entwickelt das Kind mit dem Material?

Nach: Frank, G. & Eckers, B. (2001). Bewegungsförderung für Kinder. Eine Übungssammlung mit Alltagsmaterialien und Kleingeräten (3., korr. u. erw. Aufl.). Wiebelsheim: Limpert, S. 28 f.

Vortänzer

Durch Bewegung etwas darstellen
Bewegungsgestaltungen und einfache Tänze kennen lernen, entwickeln und präsentieren

Außengelände
Bewegungsraum
Gruppenraum
Sporthalle

Musik

Wen/was stellt das Kind dar? Fühlt sich das Kind wohl?

Die Kinder stehen im Kreis. Ein Kind ist der Vortänzer und bewegt sich in der Kreismitte zur Musik. Die anderen Kinder versuchen, die Bewegungen oder den Tanz nach- bzw. mitzumachen.

Anregungen

- Die Kinder tanzen zu zweit bzw. zu mehreren vor.
- Handgeräte bzw. Objekte (Tücher, Bälle etc.) können einbezogen werden.
- Die Kinder können sich (passend zum Tanz) verkleiden.
- ...

Nach: Cristian, M. (1991). Vom Spielen zum Tanzen. Wiesbaden: Hessisches Institut für Bildungsplanung und Schulentwicklung (HIBS), S. 21 f.

Was klingt denn da?

Die Kinder hören unterschiedliche Musik oder Töne verschiedener Musikinstrumente bzw. Klangerzeuger. Gemeinsam überlegen sie, welche Bewegungen zu der jeweiligen Musik bzw. den jeweiligen Klängen passen. Ertönt die Musik bzw. der Klang, bewegen sich die Kinder wie vereinbart.

Anregungen

- Die Kinder bilden Gruppen, die sich jeweils einem Musikinstrument bzw. Klangerzeuger zuordnen. Erklingt ein Instrument, bewegen sich nur die Kinder der entsprechenden Gruppe. Die anderen Kinder stehen z. B. wie Statuen.
- Die Lautstärke der Musik bzw. Klänge kann variiert werden. Die Kinder passen ihre Bewegungsart daran an.
- Die Kinder können zu den verschiedenen Klängen z. B. unterschiedliche Tiere darstellen.
- ...

Durch Bewegung etwas darstellen
Das Zusammenspiel von Rhythmus, Musik und Bewegung entdecken, erproben und variieren

Außengelände
Bewegungsraum
Gruppenraum
Sporthalle

Klangerzeuger, Musik, Musikinstrumente

Fühlt sich das Kind wohl?
Mit welchen Bewegungsformen/Körperhaltungen experimentiert das Kind?

3.6 Gleiten – Fahren – Rollen

Die Fortbewegungsarten des Gleitens, Fahrens und Rollens haben in der kindlichen Bewegungswelt eine hohe Bedeutung. Mädchen und Jungen erleben ihre Fähigkeiten, erschließen sich (neue) Bewegungsräume und erfahren ihre Umwelt auf zum Teil ungewohnte Weise. Durch das Erproben verschiedener Gleit-, Fahr- und Rollgeräte unter verschiedensten Geländebedingungen bieten sich Kindern zahlreiche Möglichkeiten, ihr Bewegungsrepertoire zu erweitern. Neben Alltagsmaterialien zum Gleiten, wie etwa Scheuerlappen und Teppichfliesen, kommen Rutschautos, Dreiräder, Laufräder, Rollbretter, Roller, Fahrräder, Pedalos, vielleicht Schlittschuhe, Einräder, Rollschuhe, Inline-Skates und Skateboards in Betracht.

Unter diesem Bildungsthema werden Voraussetzungen für das Gleiten, Fahren und Rollen geschaffen, indem Mädchen und Jungen z. B. den Umgang mit dem Gleichgewicht erproben, Balancieraufgaben bewältigen und mit der Verlagerung des Körperschwerpunktes experimentieren. Sie erhalten Gelegenheiten, den Umgang mit Gleit-, Fahr- und Rollgeräten in natürlicher und selbst gestalteter Umgebung zu erlernen, zu üben und ihr Können zu erweitern.

Beim Gleiten, Fahren und Rollen können Kinder reizvolle und herausfordernde Körper- und Bewegungserfahrungen sammeln, die ihre Wahrnehmungsfähigkeit anregen und subjektiv bedeutsame Bereiche des Empfindens ansprechen. Aufgrund der hohen koordinativen Anforderungen in Fahr-, Gleit- und Rollsituationen werden vor allem die Gleichgewichtsfähigkeit und Bewegungssteuerung angesprochen. Verschiedene Materialien und Geräte sowie unterschiedliche Umgebungs-, Oberflächen- und Geländebedingungen bieten Kindern die Möglichkeit, Geschwindigkeit, Beschleunigung und Verzögerung intensiver zu erleben und zu genießen. Sie können etwas wagen und lernen, verantwortlich mit Risiko umzugehen. Außerdem können sie (spektakuläre) Bewegungsfertigkeiten entwickeln, Kunststücke erproben und diese präsentieren.

Bei diesem Bildungsthema ist der verantwortliche und sicherheitsbewusste Umgang mit Partnern, Material und Geräten besonders bedeutsam. Kinder sollten altersgerechtes Wissen über spezifische Gefahren, Sicherheitsregeln sowie ein angemessenes Verhalten bei der Nutzung der (öffentlichen) Räume und der Natur erlangen. Insofern bietet das Bildungsthema Chancen im Hinblick auf Ziele und Inhalte der Umwelt- und Verkehrserziehung. Indem die Kinder als Paar oder in der Gruppe Abstimmungen beim Gleiten, Fahren oder Rollen vornehmen bzw. die Notwendigkeit dazu erkennen, lernen sie zugleich zu kooperieren und Rücksicht auf andere zu nehmen.

Im Folgenden werden die Bildungsschwerpunkte noch einmal systematisch ausdifferenziert.

Bildungsschwerpunkte

Voraussetzungen für das Gleiten, Fahren und Rollen schaffen

- Balancieren auf labilen Untergründen
- Auf glatten Untergründen, von schiefen Ebenen in verschiedenen Körperlagen und -haltungen rollen, rutschen und gleiten
- Mit verschiedenen Materialien rutschen, schliddern und gleiten (z. B. Teppichfliesen, Tücher).

Den Umgang mit Gleit-, Fahr- und Rollgeräten erlernen und üben

- Mit Gleit-, Fahr- und Rollgeräten in Bewegung und zum Stehen kommen
- Fahrtrichtungen ändern, Kurven fahren, Hindernissen ausweichen
- Beim Gleiten, Fahren und Rollen beschleunigen
- Sich gerätangemessen bewegen
- Gefahrensituationen erkennen und vermeiden, sicheres Fallen üben
- Angemessene Sicherheitsregeln kennen und anwenden.

Gleiten, Fahren und Rollen in natürlicher und selbst gestalteter Umwelt erleben

- Sich unterschiedlichen Geländebedingungen anpassen
- Geschwindigkeiten erleben und verantwortungsbewusst damit umgehen (an die individuellen Voraussetzungen sowie Geländebedingungen anpassen)
- Geräte- und Geländeparcours selbst gestalten und dem Bewegungsvermögen anpassen
- Längere (Parcours-) Strecken bewältigen können.

Das Können im Gleiten, Rollen und Fahren erweitern

- Kunststücke allein, mit Partner, in der Gruppe erfinden, üben und präsentieren
- Sich selbst gesetzten und vorgegebenen Anforderungen stellen.

Jeder im Anschluss ausführlich beschriebenen Bildungssituation ist immer mindestens ein Bildungsschwerpunkt zugeordnet.

Bob fahren

Den Umgang mit Gleit-, Fahr- und Rollgeräten erlernen und üben
Gleiten, Fahren und Rollen in natürlicher und selbst gestalteter Umwelt erleben

Bewegungsraum
Flur
Gruppenraum
Sporthalle

Kegel, Springseile, Teppichfliesen

Wie experimentiert das Kind mit den Geräten/Materialien? Fühlt sich das Kind wohl?

Die Kinder stecken z. B. mit Springseilen und Kegeln eine Bobbahn ab, die sie mit Teppichfliesen befahren.

Anregungen

- Statt der Teppichfliesen können Rollbretter, Scheuerlappen o. Ä. genutzt werden.
- Ein Kind setzt sich auf eine Teppichfliese und wird von einem anderen Kind durch die Bobbahn geschoben oder gezogen.
- „Bob fahren" kann als Wettkampf gestaltet werden.
- …

Feuer, Wasser, Sturm

Erzieherin und Kinder legen gemeinsam fest, welche Reaktion auf den Ruf „Feuer“, „Wasser“ bzw. „Sturm“ folgt. Z. B. Feuer: Die Kinder gleiten mit Teppichfliesen zur Tür. Sturm: Die Kinder legen sich auf die Teppichfliese. Wasser: Die Kinder gleiten zu Turnbänken (Sprossenwand, Stühlen etc.) und springen darauf. Die Kinder gleiten auf ihren Teppichfliesen. Ertönt der Ruf „Feuer“, „Wasser“ oder „Sturm“, reagieren sie wie vereinbart.

Anregungen

- Statt der Teppichfliesen können Rollbretter, Scheuerlappen o. Ä. genutzt werden.
- Es können andere akustische Signale festgelegt werden.
- Statt der akustischen Signale können optische Signale (z. B. farbige Tücher) vereinbart werden.
- Es können weitere Ereignisse (z. B. „Eis“), entsprechende Signale und Reaktionen darauf vereinbart werden.
- ...

Den Umgang mit Gleit-, Fahr- und Rollgeräten erlernen und üben

Außengelände
Bewegungsraum
Sporthalle

Teppichfliesen,
Turnbänke

Engagiert sich das Kind? Welche Bewegungs-/ Spielidee(n) entwickelt das Kind?

Nach: Krawietz, A., Krawietz, C. & Rohr, M. (2003). Bewegung Kunterbunt. Spiel und Sport für behinderte und nichtbehinderte Kinder. Tipps 5 (15. Aufl.). Frankfurt a. M.: Sportjugend Hessen, S. 112.

Voraussetzungen für das Gleiten, Fahren und Rollen schaffen

Bewegungsraum Sporthalle

Minisprungkästen, Turnbank, Turnstäbe

Welche Bewegungs-/ Spielidee(n) entwickelt das Kind? Fühlt sich das Kind wohl?

Förderband

Eine umgedrehte Turnbank wird auf mehrere Turnstäbe gelegt. Um das Bewegungsausmaß des Förderbandes zu begrenzen, kann an beiden Turnbankenden mit etwas Abstand jeweils ein Minisprungkasten gestellt werden. Die Kinder können über das Förderband laufen (krabbeln etc.) und sich von einem Ort zum anderen befördern.

Anregungen

- Statt der umgedrehten Turnbank kann ein Brett auf die Turnstäbe gelegt werden.
- Die Kinder können sich auf das Förderband setzen (legen, stellen etc.) und sich gegenseitig befördern.
- Die Kinder können auf dem Förderband Gegenstände (Kegel o. Ä.) transportieren.
- Das Förderband kann in eine Bewegungs- bzw. Gerätelandschaft eingebaut werden.
- ...

Nach: Jordan, R. (1999). Schulung von Grundfertigkeiten. In K. Bös & N. Schott (Hrsg.), Kinder brauchen Bewegung – leben mit Turnen, Sport, Spiel. Bericht vom Kongreß der rheinland-pfälzischen Turnverbände vom 12.–14. November 1998 in Worms. Hamburg: Czwalina, S. 137.

Hase und Jäger auf Rollbrettern

Die Kinder (Hasen) fahren auf Rollbrettern. Ein Kind (Jäger) versucht, die Hasen mit einem Softball abzuwerfen. Die getroffenen Hasen werden z. B. zu Jagdhunden und helfen dem Jäger.

Anregungen

- Der zuerst getroffene Hase wird neuer Jäger.
- Der zuletzt bzw. gar nicht getroffene Hase wird neuer Jäger.
- Die Anzahl der Jäger und/oder Softbälle kann erhöht werden.
- Statt der Rollbretter können Teppichfliesen, Scheuerlappen o. Ä. genutzt werden.
- ...

Den Umgang mit Gleit-, Fahr- und Rollgeräten erlernen und üben
Das Können im Gleiten, Fahren und Rollen erweitern

Außengelände
Bewegungsraum
Sporthalle

Rollbretter, Softball

Engagiert sich das Kind?
Welche Bewegungs-/Spielidee(n) entwickelt das Kind?

Nach: Krawietz, A., Krawietz, C. & Rohr, M. (2003). Bewegung Kunterbunt. Spiel und Sport für behinderte und nichtbehinderte Kinder. Tipps 5 (15. Aufl.). Frankfurt a. M.: Sportjugend Hessen, S. 112.

Karussell

Voraussetzungen für das Gleiten, Fahren und Rollen schaffen
Den Umgang mit Gleit-, Fahr- und Rollgeräten erlernen und üben

Bewegungsraum
Sporthalle

Rollbretter, Turnbank

Wofür interessiert sich das Kind? Fühlt sich das Kind wohl?

Eine Turnbank wird an beiden Enden auf jeweils ein Rollbrett gestellt, sodass die Kinder auf der Bank sitzend (stehend, liegend etc.) fahren können. Wird die Turnbank im Kreis gedreht, entsteht ein Karussell.

Anregungen

- Die Kinder können versuchen, während der Fahrt auf das Karussell aufzuspringen bzw. vom Karussell abzuspringen.
- Die Kinder können während der Fahrt die Augen schließen. Wird das Karussell angehalten, raten sie, wohin sie schauen, wenn sie die Augen öffnen.
- Ein Karussell oder mehrere Karussells können in eine Bewegungs- bzw. Gerätelandschaft eingebaut werden.
- ...

Nach: Grude, U. & Preuss, S. (1995). Kindgerechte Bewegungsförderung. Bewegungserziehung in Kindergarten, Grundschule, Verein und Heim unter Verwendung von Großgeräten und Gerätelandschaften. Hamburg: Czwalina, S. 102.

Planwagen fahren

Auf zwei Rollbretter wird ein Kastendeckel mit der offenen Seite nach oben gelegt. Als Dach wird eine Turnmatte u-förmig gebogen in den offenen Kastendeckel gestellt. Die Kinder können sich im entstandenen Planwagen von anderen Kindern (Pferden) ziehen bzw. schieben lassen.

Anregungen

- Die Kinder können versuchen, ohne Pferde im Planwagen zu fahren.
- Die Kinder bauen einen Verkehrsgarten (mit Ampeln: farbige Tücher, Straßen: Springseile o. Ä., Parkplätzen: Kegel etc.) auf, den sie mit Planwagen befahren.
- Die Kinder können ihren Planwagen-Führerschein machen.
- „Planwagen fahren" kann als Wettkampf gestaltet werden.
- ...

Voraussetzungen für das Gleiten, Fahren und Rollen schaffen
Den Umgang mit Gleit-, Fahr- und Rollgeräten erlernen und üben

Bewegungsraum
Sporthalle

Kastendeckel, Rollbretter, Turnmatte

Welche Bewegungs-/Spielidee(n) entwickelt das Kind? Fühlt sich das Kind wohl?

Nach: Grude, U. & Preuss, S. (1995). Kindgerechte Bewegungsförderung. Bewegungserziehung in Kindergarten, Grundschule, Verein und Heim unter Verwendung von Großgeräten und Gerätelandschaften. Hamburg: Czwalina, S. 99.

Rollberg

Voraussetzungen für das Gleiten, Fahren und Rollen schaffen
Den Umgang mit Gleit-, Fahr- und Rollgeräten erlernen und üben

Bewegungsraum
Sporthalle

Rollbretter, Weichbodenmatte

Engagiert sich das Kind? Welche Bewegungs-/ Spielidee(n) entwickelt das Kind?

Auf mehrere Rollbretter wird eine Weichbodenmatte gelegt. Die Kinder können auf dem Rollberg durch den Raum fahren.

Anregungen

- Einige Kinder sitzen (liegen, stehen etc.) auf dem Rollberg, der von anderen Kindern mit an der Weichbodenmatte angebrachten Springseilen durch den Raum gezogen wird.
- Die Kinder versuchen, den Rollberg ins Rollen zu bringen, indem sie auf ihn springen.
- Die Kinder können eine Landschaft aufbauen, durch die sie mit dem Rollberg fahren.
- ...

Rollbrettfußball

Die Kinder bilden zwei Mannschaften mit zwei (drei, vier etc.) Spieler/innen. Auf Rollbrettern versuchen sie, sich den Ball mit dem Fuß zuzuspielen und ein Tor zu erzielen. Die andere Mannschaft versucht, das zu verhindern.

Anregungen

- Die Anzahl der Mannschaften, Bälle und Tore kann variiert werden.
- Ein Tor kann erst erzielt werden, wenn alle Kinder einer Mannschaft den Ball mindestens einmal berührt bzw. gespielt haben.
- Eine Mannschaft bekommt einen Punkt, wenn sie sich den Ball z. B. fünfmal nacheinander zugespielt hat. Die andere Mannschaft versucht, das zu verhindern.
- Die Kinder spielen ein Rollbrettfußball-Turnier.
- ...

Den Umgang mit Gleit-, Fahr- und Rollgeräten erlernen und üben
Das Können im Gleiten, Fahren und Rollen erweitern

Außengelände
Bewegungsraum
Sporthalle

Ball, Rollbretter, Tore

Engagiert sich das Kind? Wie zufrieden ist das Kind mit sich und dem, was es erreicht hat?

Nach: Krawietz, A., Krawietz, C. & Rohr, M. (2003). Bewegung Kunterbunt. Spiel und Sport für behinderte und nichtbehinderte Kinder. Tipps 5 (15. Aufl.). Frankfurt a. M.: Sportjugend Hessen, S. 113.

Rollbretthandball

Den Umgang mit Gleit-, Fahr- und Rollgeräten erlernen und üben
Das Können im Gleiten, Fahren und Rollen erweitern

Außengelände
Bewegungsraum
Sporthalle

Ball, Rollbretter, Tore

Fühlt sich das Kind wohl? Wie geht das Kind mit der (neuen) Anforderung/Situation um?

Die Kinder bilden zwei Mannschaften mit zwei (drei, vier etc.) Spieler/innen. Auf Rollbrettern versuchen die Kinder, sich den Ball mit der Hand zuzuspielen und ein Tor zu erzielen. Die andere Mannschaft versucht, das zu verhindern.

Anregungen

- Die Anzahl der Mannschaften, Bälle und Tore kann variiert werden.
- Ein Tor kann erst erzielt werden, wenn alle Kinder einer Mannschaft den Ball mindestens einmal berührt bzw. gespielt haben.
- Eine Mannschaft bekommt einen Punkt, wenn sie sich den Ball z. B. fünfmal nacheinander zugespielt hat. Die andere Mannschaft versucht, das zu verhindern.
- Die Kinder spielen ein Rollbretthandball-Turnier.
- ...

Nach: Krawietz, A., Krawietz, C. & Rohr, M. (2003). Bewegung Kunterbunt. Spiel und Sport für behinderte und nichtbehinderte Kinder. Tipps 5 (15. Aufl.). Frankfurt a. M.: Sportjugend Hessen, S. 113.

Rollbretthockey

Die Kinder bilden zwei Mannschaften mit zwei (drei, vier etc.) Spieler/innen. Auf Rollbrettern versuchen die Kinder, sich den Ball mit Hockeyschlägern (Turnstäben o. Ä.) zuzuspielen und ein Tor zu erzielen. Die andere Mannschaft versucht, das zu verhindern.

Anregungen

- Die Anzahl der Mannschaften, Bälle und Tore kann variiert werden.
- Statt der Hockeyschläger können Turnstäbe genutzt werden.
- Ein Tor kann erst erzielt werden, wenn alle Kinder einer Mannschaft den Ball mindestens einmal berührt bzw. gespielt haben.
- Eine Mannschaft bekommt einen Punkt, wenn sie sich den Ball z. B. fünfmal nacheinander zugespielt hat. Die andere Mannschaft versucht, das zu verhindern.
- Die Kinder spielen ein Rollbretthockey-Turnier.
- ...

Den Umgang mit Gleit-, Fahr- und Rollgeräten erlernen und üben
Das Können im Gleiten, Fahren und Rollen erweitern

Außengelände
Bewegungsraum
Sporthalle

Ball, Hockeyschläger, Rollbretter, Tore

Wofür interessiert sich das Kind? Engagiert sich das Kind?

Nach: Krawietz, A., Krawietz, C. & Rohr, M. (2003). Bewegung Kunterbunt. Spiel und Sport für behinderte und nichtbehinderte Kinder. Tipps 5 (15. Aufl.). Frankfurt a. M.: Sportjugend Hessen, S. 113.

Rollbrettstaffel

Den Umgang mit Gleit-, Fahr- und Rollgeräten erlernen und üben
Gleiten, Fahren und Rollen in natürlicher und selbst gestalteter Umwelt erleben

Außengelände
Bewegungsraum
Sporthalle

Kegel, Rollbretter, Turnbänke, Turnmatten

Wie geht das Kind mit der (neuen) Anforderung/Situation um? Engagiert sich das Kind?

Die Kinder bilden Mannschaften. Jede Mannschaft baut z. B. mit Kegeln einen Slalomparcours und einen Tunnel (z. B. eine auf zwei Turnbänke gelegte Turnmatte). Auf ein vereinbartes Startsignal fährt jeweils das erste Kind einer Mannschaft auf einem Rollbrett durch den Slalomparcours und den Tunnel um einen Wendepunkt herum zurück zu seiner Gruppe. Das nächste Kind bekommt das Rollbrett und durchfährt Parcours und Tunnel etc.

Anregungen

- Das erste Kind durchfährt Slalomparcours und Tunnel, lässt das Rollbrett am Wendepunkt stehen und läuft (hüpft, krabbelt etc.) zur Gruppe zurück. Das nächste Kind läuft (hüpft, krabbelt etc.) zum Rollbrett und durchfährt Tunnel und Parcours etc.
- Statt der Rollbretter können Teppichfliesen, Scheuerlappen o. Ä. genutzt werden.
- Ein Kind wird auf dem Rollbrett von einem anderen Kind durch Slalomparcours und Tunnel gezogen bzw. geschoben.
- Die Kinder transportieren auf dem Rollbrett Gegenstände (z. B. Ball) durch Parcours und Tunnel.
- ...

Nach: Krawietz, A., Krawietz, C. & Rohr, M. (2003). Bewegung Kunterbunt. Spiel und Sport für behinderte und nichtbehinderte Kinder. Tipps 5 (15. Aufl.). Frankfurt a. M.: Sportjugend Hessen, S. 112.

Roller fahren

Die Kinder bauen einen Verkehrsgarten (mit Ampeln: farbige Tücher, Straßen: Springseile o. Ä., Parkplätzen: Kegel etc.) auf, den sie mit Rollern befahren.

Anregungen

- Die Kinder können ihren Roller-Führerschein machen.
- ...

Den Umgang mit Gleit-, Fahr- und Rollgeräten erlernen und üben
Gleiten, Fahren und Rollen in natürlicher und selbst gestalteter Umwelt erleben

Außengelände
Bewegungsraum
Sporthalle

Kegel, Roller, Springseile, Tücher

Wofür interessiert sich das Kind? Wie experimentiert das Kind mit Geräten/Materialien?

Nach: Zimmer, R. (1995). Schafft die Stühle ab! Bewegungsspiele für Kinder. Freiburg i. Br.: Herder, S. 121 f.

Rutschauto fahren

Den Umgang mit Gleit-, Fahr- und Rollgeräten erlernen und üben
Gleiten, Fahren und Rollen in natürlicher und selbst gestalteter Umwelt erleben

Außengelände
Sporthalle

Kegel, Rutschautos, Springseile, Tücher

Wie geht das Kind mit der (neuen) Anforderung/Situation um? Welche Rolle nimmt das Kind beim Herstellen des Verkehrsgartens ein?

Die Kinder bauen einen Verkehrsgarten (mit Ampeln: farbige Tücher, Straßen: Springseile o. Ä., Parkplätzen: Kegel etc.) auf, den sie mit Rutschautos (Bobbycars) befahren.

Anregungen

- Die Kinder können ihren Rutschauto-Führerschein machen.
- Die Kinder können Gegenstände befördern.
- Die Kinder können sich gegenseitig durch den Verkehrsgarten schieben oder ziehen.
- ...

Nach: Zimmer, R. (1995). Schafft die Stühle ab! Bewegungsspiele für Kinder. Freiburg i. Br.: Herder, S. 121 f.

Seilfähre

Zwei Gruppen stehen an gegenüberliegenden Ufern und halten zwischen sich ein Springseil bzw. mehrere miteinander verbundene Springseile gespannt (Seilfähre). Das erste Kind einer Gruppe sitzt (steht, liegt etc.) auf einem Rollbrett und versucht, sich am Seil zur anderen Gruppe zu ziehen. Dort angekommen, übergibt es das Rollbrett an das erste Kind, das sich zur anderen Seite ziehen kann.

Anregungen

- Statt der Rollbretter können Teppichfliesen, Scheuerlappen o. Ä. genutzt werden.
- Die Kinder können von der anderen Gruppe ans Ufer gezogen werden.
- Die Seilfähre kann in eine Bewegungs- bzw. Gerätelandschaft eingebaut werden.
- „Seilfähre“ kann als Wettkampf gestaltet werden.
- ...

Voraussetzungen für das Gleiten, Fahren und Rollen schaffen
Den Umgang mit Gleit-, Fahr- und Rollgeräten erlernen und üben

Außengelände
Bewegungsraum
Sporthalle

Rollbretter, Springseile

Fühlt sich das Kind wohl?
Welche Bewegungs-/Spielidee(n) entwickelt das Kind?

Zug fahren

Den Umgang mit Gleit-, Fahr- und Rollgeräten erlernen und üben
Das Können im Gleiten, Fahren und Rollen erweitern

Außengelände
Bewegungsraum
Sporthalle

Rollbretter, Springseile

Welche Bewegungs-/ Spielidee(n) entwickelt das Kind? Engagiert sich das Kind?

Ein Kind (Lokomotive) zieht ein anderes, das auf einem Rollbrett (Abteil) sitzt (liegt, kniet etc.) mit einem Springseil.

Anregungen

- Statt des Springseils können Reifen, Turnstäbe o. Ä. genutzt werden.
- Statt des Rollbretts können Teppichfliesen, Scheuerlappen o. Ä. genutzt werden.
- Die Kinder können auf Rollbrettern sitzend (liegend, kniend etc.) einen Zug mit mehreren Abteilen bilden, der mit oder ohne Lokomotive fährt.
- Die Kinder können einen Zug bilden, indem sie eine Turnbank auf Rollbretter stellen bzw. eine Turnmatte auf Rollbretter legen.
- „Zug fahren“ kann als Wettkampf gestaltet werden.
- Die Kinder können ein Schienennetz z. B. mit Springseilen bauen, auf dem der Zug fährt.
- Die Kinder können ihren Zug-Führerschein machen.
- ...

Nach: Krawietz, A., Krawietz, C. & Rohr, M. (2003). Bewegung Kunterbunt. Spiel und Sport für behinderte und nichtbehinderte Kinder. Tipps 5 (15. Aufl.). Frankfurt a. M.: Sportjugend Hessen, S. 110.

3.7 Ringen – Raufen – Kämpfen

Raufen ist eine spielerische und faire Form des Zweikampfes, bei der sich die Kinder an allgemeine Verhaltensregeln halten. Beim Kämpfen hingegen werden Kampftechniken eingesetzt sowie Kampfregeln und -rituale im Vorhinein vereinbart. Die Merkmale Wettkampf, Sieg und Niederlage prägen das Kämpfen, das daher sportlichen Charakter trägt (vgl. Mosebach 2001). Das Ringen ist eine spezielle Form des Kampfes. „Kinder möchten ihren Körper sowie ihre Geschicklichkeit erproben und raufen gerne – unabhängig von eventuell vorhandenen Konflikten“ (Hartmann et al. 2000, S. 115), Jungen in der Regel häufiger und lieber als Mädchen. Unter diesem Bildungsthema erhalten Kinder Gelegenheit, ihre Kräfte zu erprobieren und mit anderen zu vergleichen, erleben dabei aber gleichzeitig Fairness und verantwortliches Handeln anderen gegenüber. Die gegenseitige Achtung und die Sorge um die körperliche Unversehrtheit müssen das Kräftemessen in jeder Situation bestimmen.

Dieses Bildungsthema bietet besondere Erfahrungs- und Lernchancen. So können Kinder beim Ringen, Raufen und Kämpfen ihren Körper und ihre körperliche Leistungsfähigkeit erleben. Es werden hohe Anforderungen an die Sinneswahrnehmung – insbesondere im taktilen und kinästhetischen Bereich – gestellt, da die Kinder komplexe Bewegungen koordinieren müssen. Von daher fördert das Bildungsthema ihre sensorischen und motorischen Fähigkeiten und damit auch ihre körperliche Entwicklung. Darüber hinaus ermöglicht der direkte Körperkontakt wichtige Erfahrungen des Miteinanders im Gegeneinander und kann eine besondere Vertrautheit schaffen. Kinder erhalten Gelegenheiten, auf körperlicher Ebene konstruktiv mit ihren Emotionen umzugehen, Konflikte zu bearbeiten und ein Streitklima zu erleben. „Raufen führt nicht zu Gewaltbereitschaft“, gibt Mosebach (2001, S. 339) zu bedenken. Außerdem können geschlechtsspezifische Rollenverteilungen und Vorurteile thematisiert und bearbeitet werden: Mädchen erhalten Gelegenheit, sich ein traditionell männlich besetztes Terrain zu erschließen, sich ihm zu entziehen oder es lustvoll zu genießen. Jungen eröffnet sich die Chance, geschlechtstypische Neigungen und Wünsche auszuleben und mit Freude zu erleben, aber auch geschlechtstypische Erwartungen zu erfahren, zu verstehen, darüber nachzudenken und sich ihnen zu entziehen, sie zu dulden oder sie zu akzeptieren.

Vor diesem Hintergrund sind die körperlichen Erfahrungen beim Ringen, Raufen und Kämpfen für die Entwicklung von Jungen und Mädchen unverzichtbar: Sie ermöglichen besondere, lustvolle Körper- und Bewegungserlebnisse, bieten vielfältige soziale Lerngelegenheiten und können zur Entfaltung des Selbstbildes beitragen.

Unter diesem Bildungsthema können Kinder Ring-, Rauf- und Kampfformen entwickeln, Regelungen treffen, erproben und gegebenenfalls auch verändern. Außerdem lernen sie spielerische Kampfformen ohne sowie mit direktem Körperkontakt kennen. Die Einhaltung von vereinbarten Regeln und die Achtung des Gegners bzw. der Gegnerin steuern die jeweiligen Bewegungssituationen. Ringen, Raufen und Kämpfen in Kindertageseinrichtungen bedeutet nicht vorrangig, Sieger und Verlierer zu ermitteln. Vielmehr geht es um spielerische und regelgeleitete Aspekte der körperlichen Auseinandersetzung.

Im Folgenden werden die Bildungsschwerpunkte systematisch ausdifferenziert.

Bildungsschwerpunkte

Ring-, Rauf- und Kampfformen entwickeln, Regelungen treffen, erproben und verändern

- Formen des Ringens, Raufens und Kämpfens entwickeln
- (Bekannte) Ring-, Rauf- und Kampfformen nach eigenen Bedürfnissen variieren
- Regeln zur Herstellung von Chancengleichheit entwickeln, überprüfen und ggf. verändern
- (Körper-)Signale als Zeichen für das Kampfende vereinbaren
- Regeln beim Ringen, Raufen und Kämpfen als notwendige Voraussetzung erkennen und akzeptieren.

Spielerische Kampfformen kennen lernen und ausführen

- Beim Ringen, Raufen und Kämpfen Regeln kennen und einhalten
- Zieh- und Schiebekämpfe erproben
- Um Räume, Zonen, Geräte/Objekte kämpfen
- Kampfspiele mit Material
- In unterschiedlichen Körperlagen ringen, raufen und kämpfen.

In Ring-, Rauf- und Kampfsituationen Gegner als Partner achten

- Regeln einhalten
- Verschiedene (körperliche) Voraussetzungen von Partnern berücksichtigen
- Verletzungsgefahren erkennen und Sicherheitsregeln einhalten.

Jeder der im Anschluss ausführlich beschriebenen Bildungssituation ist immer mindestens ein Bildungsschwerpunkt zugeordnet.

Bälle schützen

Im Raum verteilt befinden sich halb so viele Turnmatten wie Kinder. Auf jeder Turnmatte liegt ein Ball. Die Kinder bewegen sich zu Musik zwischen den Turnmatten. Wird die Musik angehalten, legen sie sich auf einen Ball. Die Kinder ohne Ball versuchen, die „Ballschützer“ in der Musikpause herunter zu ziehen, um ihrerseits den Ball in Besitz zu nehmen.

Anregungen

- Die Kinder können die Bewegungsform zur Musik variieren.
- ...

Ring-, Rauf- und Kampfformen entwickeln, Regelungen treffen, erproben und verändern
Spielerische Kampfformen kennen lernen und ausführen

Bewegungsraum
Sporthalle

Bälle, Musik, Turnmatten

Welche Regel(n) entwickelt das Kind?
Fühlt sich das Kind wohl?

Nach: Funke-Wieneke, J. (1992). Ringen und Raufen. In R. Zimmer & H. Cicurs (Hrsg.), Kinder brauchen Bewegung – brauchen Kinder Sport? Referate, Berichte und Beiträge zur Praxis vom Kongreß „Kinder brauchen Bewegung – brauchen Kinder Sport?“ vom 21.-23.02.1991 in Osnabrück. Aachen: Meyer & Meyer, S. 67f.

Hahnenkampf

Ring-, Rauf- und Kampfformen entwickeln, Regelungen treffen, erproben und verändern
Spielerische Kampfformen kennen lernen und ausführen

Bewegungsraum
Sporthalle

Turnmatte

Engagiert sich das Kind?
Wie geht das Kind mit Gewinnen und Verlieren um?

Zwei oder mehr Kinder (Hähne) stehen sich auf einer Turnmatte gegenüber und versuchen, sich nach vorher vereinbarten Regeln von der Matte zu drängen. Gewonnen hat das Kind, das zuletzt auf der Turnmatte ist.

Anregungen

- Die Kinder kämpfen z. B. auf einem Bein. Das Kind verliert, das zuerst mit beiden Beinen auf dem Boden steht.
- Die Anzahl der Turnmatten kann erhöht werden.
- Die Kinder kämpfen in Mannschaften gegeneinander.
- ...

Nach: Funke-Wieneke, J. (1992). Ringen und Raufen. In R. Zimmer & H. Cicurs (Hrsg.), Kinder brauchen Bewegung – brauchen Kinder Sport? Referate, Berichte und Beiträge zur Praxis vom Kongreß „Kinder brauchen Bewegung – brauchen Kinder Sport?“ vom 21.–23.02.1991 in Osnabrück. Aachen: Meyer & Meyer, S. 69.

Kampf um den Schatz

Die Kinder bilden Paare. Auf der Handfläche des einen Kindes liegt ein Schatz (z. B. Münze). Nach vorher vereinbarten Regeln versucht das andere Kind, den Schatz von der Handfläche wegzunehmen. Der Schatzbesitzer bzw. die Schatzbesitzerin versucht, dies zu verhindern. Das Kind, das den Schatz bei Kampfende in der Hand hält, bekommt z. B. einen Punkt.

Anregungen

- Das eine Kind versteckt in einer Faust seinen Schatz. Es streckt beide Arme nach vorne aus und öffnet plötzlich eine Faust. Fällt der Schatz heraus, versucht das andere Kind, ihn zu fangen, bevor er auf den Boden fällt. Gelingt ihm das, bekommt das Kind einen Punkt. Fällt nichts aus der Faust, hat sich das andere Kind aber bewegt, bekommt das den Schatz besitzende Kind einen Punkt.
- Der „Kampf um den Schatz“ kann als Turnier gestaltet werden. Gewonnen hat, wer die meisten Punkte bzw. Schätze erkämpft hat.
- ...

Nach: Hartmann, J. (1987). 100 kleine Zweikampfübungen (4. Aufl.). Berlin: Sportverlag, S. 34 u. 37.

Spielerische Kampfformen kennen lernen und ausführen
In Ring-, Rauf- und Kampfsituationen Gegner/innen als Partner/innen achten

Außengelände
Bewegungsraum
Flur
Gruppenraum
Sporthalle

Münzen

Wie geht das Kind mit der (neuen) Anforderung/Situation um? Welche Regel(n) entwickelt das Kind?

Klammerjagd

Spielerische Kampfformen kennen lernen und ausführen

Außengelände
Bewegungsraum
Sporthalle

Wäscheklammern

Engagiert sich das Kind? Fühlt sich das Kind wohl?

Die Kinder klemmen Wäscheklammern an ihre Kleidung. Auf ein vereinbartes Signal versuchen sie, Klammern der anderen Kinder zu erbeuten. Gewonnen hat, wer die meisten Wäscheklammern gejagt hat.

Anregungen

- Jede Klammer zählt einen Punkt. Die Punktzahl kann z. B. verdoppelt werden, wenn das Kind seine eigenen Wäscheklammern noch hat.
- Die erbeuteten Klammern werden an der eigenen Kleidung befestigt und können von den anderen Kindern wieder abgejagt werden.
- Die Kinder können die Bewegungsform variieren.
- Die Kinder bilden Paare bzw. Mannschaften.
- Die Kinder versuchen, Wäscheklammern an der Kleidung der Mitspieler/innen zu befestigen. Gewonnen hat, wer keine Klammern mehr hat.
- Die Kinder bilden Paare. Ein Kind klemmt dem anderen Kind Wäscheklammern an die Kleidung. Dieses versucht, mit geschlossenen oder verbundenen Augen zu erraten, wo sich die Klammern befinden.
- ...

Nach: Funke-Wieneke, J. (1992). Ringen und Raufen. In R. Zimmer & H. Cicurs (Hrsg.), Kinder brauchen Bewegung – brauchen Kinder Sport? Referate, Berichte und Beiträge zur Praxis vom Kongreß „Kinder brauchen Bewegung – brauchen Kinder Sport?“ vom 21.–23.02.1991 in Osnabrück. Aachen: Meyer & Meyer, S. 67.

Linienkampf

Zwei Kinder stehen sich auf einer z. B. mit Kreppband markierten Linie gegenüber und versuchen, ihren Gegner bzw. ihre Gegnerin nach vorher vereinbarten Regeln dazu zu bringen, die Linie mit einem Fuß zu verlassen.

Anregungen

- Die Kinder stehen auf einem Bein und versuchen, den Gegner bzw. die Gegnerin dazu zu bringen, die Linie zu verlassen oder auf beiden Beinen zu stehen.
- Die Anzahl der Linienkämpfer/innen kann variiert werden.
- ...

Ring-, Rauf- und Kampfformen entwickeln, Regelungen treffen, erproben und verändern
Spielerische Kampfformen kennen lernen und ausführen

Außengelände
Bewegungsraum
Gruppenraum
Sporthalle

Kreppband

Welche Regel(n) entwickelt das Kind?
Fühlt sich das Kind wohl?

Nach: Hartmann, J. (1987). 100 kleine Zweikampfübungen (4. Aufl.). Berlin: Sportverlag, S. 45 f.

Spielerische Kampfformen kennen lernen und ausführen
In Ring-, Rauf- und Kampfsituationen Gegner/innen als Partner/innen achten

Bewegungsraum Sporthalle

Bälle, Turnmatten

Engagiert sich das Kind? Wie geht das Kind mit der (neuen) Anforderung/Situation um?

Schatzräuber

Auf Turnmatten (Schatzkammer) liegen mehrere Bälle (Schätze), die zwei bis drei Kinder (Wachen) bewachen. Mehrere Kinder (Räuber) versuchen, in den Besitz der Bälle zu gelangen und diese in eine festgelegte Raumecke o. Ä. (Höhle) zu bringen. Die Wachen versuchen, das zu verhindern.

Anregungen

- Die Anzahl der Schätze, Wachen und Räuber kann variiert werden.
- Die Kinder können die Bewegungsform variieren.
- ...

Nach: Funke-Wieneke, J. (1992). Ringen und Raufen. In R. Zimmer & H. Cicurs (Hrsg.), Kinder brauchen Bewegung – brauchen Kinder Sport? Referate, Berichte und Beiträge zur Praxis vom Kongreß „Kinder brauchen Bewegung – brauchen Kinder Sport?“ vom 21.–23.02.1991 in Osnabrück. Aachen: Meyer & Meyer, S. 68.

Sumo-Ringen

Jeweils zwei Kinder versuchen, sich aus einem z. B. mit Kreide markierten Kreis zu drängen (ziehen, schieben etc.). Verloren hat, wer zuerst den Boden außerhalb des Kreises berührt.

Anregungen

- Die Kinder bilden zwei Mannschaften und nummerieren ihre Ringer/innen. Die Kinder mit derselben Zahl kämpfen gegeneinander.
- „Sumo-Ringen“ kann als Turnier gestaltet werden.
- ...

Spielerische Kampfformen kennen lernen und ausführen
In Ring-, Rauf- und Kampfsituationen Gegner/innen als Partner/innen achten

Außengelände
Bewegungsraum
Gruppenraum
Sporthalle

Kreide

Mit wem bildet das Kind ein Paar? Wie geht das Kind mit der (neuen) Anforderung/Situation um?

Nach: Funke-Wieneke, J. (1992). Ringen und Raufen. In R. Zimmer & H. Cicurs (Hrsg.), Kinder brauchen Bewegung – brauchen Kinder Sport? Referate, Berichte und Beiträge zur Praxis vom Kongreß „Kinder brauchen Bewegung – brauchen Kinder Sport?“ vom 21.-23.02.1991 in Osnabrück. Aachen: Meyer & Meyer, S. 68.

Ring-, Rauf- und Kampfformen entwickeln, Regelungen treffen, erproben und verändern
Spielerische Kampfformen kennen lernen und ausführen

Außengelände
Bewegungsraum
Gruppenraum
Sporthalle

Wie geht das Kind mit der (neuen) Anforderung/Situation um?
Welche Kampfform(en) entwickelt das Kind?

Tierkampf

Die Kinder bilden Paare. Diese stehen sich wie Frösche (in tiefer Kniebeuge) gegenüber und versuchen, den Partner bzw. die Partnerin aus dem Gleichgewicht zu bringen.

Anregungen

- Die Kinder stehen sich wie Krebse (im Liegestütz rücklings) gegenüber und strecken jeweils das linke bzw. rechte Bein nach vorne aus. Die Fußsohlen der Kinder berühren sich und sie versuchen, den Partner bzw. die Partnerin aus dem Gleichgewicht zu bringen.
- Die Kinder können andere Tierkämpfe entwickeln.
- ...

Nach: Hartmann, J. (1987). 100 kleine Zweikampfübungen (4. Aufl.). Berlin: Sportverlag, S. 49.

Tuchraub

Die Kinder stecken ein Tuch in den Hosenbund oder unter den Gürtel, sodass ein großer Teil des Tuchs zu sehen ist. Sie bewegen sich in einer vereinbarten Bewegungsform und versuchen dabei, anderen Kindern das Tuch zu rauben und zugleich ihr eigenes Tuch zu behalten. Am Ende werden die erbeuteten Tücher gezählt. Gewonnen hat, wer die meisten Tücher geraubt hat.

Anregungen

- Jedes Tuch zählt einen Punkt. Die Punktzahl kann z. B. verdoppelt werden, wenn das Kind sein eigenes Tuch noch hat.
- Die Kinder können die Bewegungsform variieren.
- Die Kinder bilden Paare und rauben gemeinsam Tücher.
- ...

Spielerische Kampfformen kennen lernen und ausführen

Außengelände
Bewegungsraum
Sporthalle

Tücher

Engagiert sich das Kind? Fühlt sich das Kind wohl?

Nach: Kunz, T. (1993). Weniger Unfälle durch Bewegung. Mit Bewegungsspielen gegen Unfälle und Gesundheitsschäden bei Kindergartenkindern. Schorndorf: Hofmann, S. 105 f.

Zwergenkampf

Spielerische Kampfformen kennen lernen und ausführen
In Ring-, Rauf- und Kampfsituationen Gegner/innen als Partner/innen achten

Außengelände
Bewegungsraum
Gruppenraum
Sporthalle

Turnmatten

Fühlt sich das Kind wohl? Mit wem bildet das Kind ein Paar?

Zwei Kinder (Zwerge) stehen sich barfuß (evtl. auf einer Turnmatte) gegenüber und versuchen, in einer vorgegebenen Zeit so oft wie möglich z. B. die Schultern (Oberschenkel, Füße o. Ä.) des Gegners bzw. der Gegnerin leicht zu berühren. Für jede Berührung gibt es einen Punkt.

Anregungen

- Die Kinder bilden zwei Mannschaften und nummerieren ihre Kämpfer/innen. Die Kinder mit derselben Zahl kämpfen gegeneinander.
- Die Anzahl der Zwerge kann variiert werden.
- ...

Nach: Hartmann, J. (1987). 100 kleine Zweikampfübungen (4. Aufl.). Berlin: Sportverlag, S. 40 f.

3.8 Bewegen im Wasser

Wasser ist ein Bewegungsraum, der Kindern besondere Körper- und Bewegungserfahrungen ermöglicht – im Planschbecken ebenso wie im Hallen-, Frei- oder Naturschwimmbad. Dabei erleben sie physikalische Phänomene (Wasserwiderstand, Wasserdruck, Auftrieb und Kälte) am eigenen Körper oder mit Materialien und lernen das Element Wasser kennen.

Im Rahmen dieses Bildungsthemas können Kinder Wasser als Spielraum nutzen, vielfältige Körper- und Bewegungserfahrungen im und unter Wasser sammeln, Bewegungen im Wasser gestalten sowie Sprungmöglichkeiten ins Wasser erfinden und erproben. Beim Bewegen im Wasser geht es nicht um die Schwimmtechniken, wie das Brustschwimmen, sondern um das Kennenlernen dieses Elements als Erfahrungsraum. Dabei ist es notwendig, Kindern elementare Kenntnisse über Gefahren und Risiken im Bewegungsraum Wasser zu vermitteln, die sie in angemessenes und verantwortungsbewusstes Handeln umsetzen können.

Durch die aktive und selbsttätige Auseinandersetzung mit dem Bewegungsraum Wasser haben Kinder Gelegenheiten, Eindrücke hinsichtlich der Beschaffenheit und der Eigenschaften des Wassers zu sammeln. Sie können versuchen, im Wasser zu gleiten, Bewegungen in diesem Medium zu gestalten und sich körperlich auszudrücken. Sie können sich im Wasser etwas trauen, indem sie sich auf das Wasser legen, ihren Kopf unter Wasser nehmen oder gar erste Tauchversuche unternehmen.

Ebenso bietet der Bewegungsraum Wasser vielfältige Möglichkeiten des Miteinanders. So können Kinder gemeinsam Bewegungsmöglichkeiten erfinden und nachvollziehen. Sie erhalten die Möglichkeit, sich gegenseitig zu helfen, Regeln einzuhalten und sich über Regeln zu verständigen.

Jungen und Mädchen sollten sich frühzeitig mit dem Bewegungsraum Wasser vertraut machen. Im Kindergartenalter ist die Auflösung von Wasserhemmung bzw. -angst einfacher als bei Neun- oder Zehnjährigen.

Im Folgenden werden die Bildungsschwerpunkte noch einmal systematisch ausdifferenziert.

Bildungsschwerpunkte

Sich mit dem Bewegungsraum Wasser vertraut machen, das Wasser als Spielraum nutzen

- Möglichkeiten des Bewegens ins und im Wasser erfinden und erproben
- Vorgegebene Bewegungsformen und Spiele im Wasser nachvollziehen
- Im Wasser ohne und mit Material (z. B. Bälle, Schwimmbretter) spielen
- Die Eigenschaften des Wassers sowie des eigenen Körpers in Wechselbeziehung erfahren, wahrnehmen und verantwortungsvoll damit umgehen
- Spiele allein, mit Partner, in der Gruppe erfinden, erproben und variieren.

Sich im Wasser etwas trauen

- Sich aufs Wasser legen, statischen/dynamischen Auftrieb erleben und nutzen
- Den Kopf unter Wasser nehmen, unter Wasser die Augen öffnen
- Bewegungen unter Wasser wagen, sich unter Wasser orientieren
- Weit und tief tauchen
- Aus unterschiedlichen Höhen, mit Anlauf, ... ins Wasser springen.

Bewegungen im Wasser gestalten

- Kunststücke im Wasser erfinden, gestalten und präsentieren
- Bewegungsformen alleine, mit Partner, in der Gruppe ausgestalten.

Vielfältige Bewegungsmöglichkeiten unter Wasser erfinden und nachvollziehen

- Tauchgelegenheiten selbst schaffen und Tauchregeln kennen lernen
- Unterschiedliche Materialien zum Tauchen nutzen und erproben
- Unterschiede des Tief- und Streckentauchens erleben.

Vielfältige Sprungmöglichkeiten erfinden und nachvollziehen

- Sprünge aus unterschiedlichen Höhen, Weiten und Positionen im bzw. ins Wasser erfinden und nachvollziehen
- Sprünge mit Zusatz- und Kombinationsaufgaben erfinden und nachvollziehen.

Jeder im Anschluss ausführlich beschriebenen Bildungssituation ist immer mindestens ein Bildungsschwerpunkt zugeordnet.

Ball-Jongleur

Die Kinder versuchen, einen Ball zu jonglieren, ohne dass dieser ins Wasser fällt.

Anregungen

- Die Kinder können versuchen, den Ball mit dem Kopf (dem Fuß etc.) zu jonglieren.
- Die Kinder können z. B. Schwimmbretter benutzen, um den Ball zu jonglieren.
- Anzahl und Art der Bälle können variiert werden.
- ...

Sich mit dem Bewegungsraum Wasser vertraut machen, das Wasser als Spielraum nutzen

Planschbecken
Schwimmbad

Bälle

Fühlt sich das Kind wohl?
Welche Bewegungs-/Spielidee(n) entwickelt das Kind?

Boot fahren

Sich mit dem Bewegungsraum Wasser vertraut machen, das Wasser als Spielraum nutzen

Schwimmbad

Autoschläuche, Schwimmsprossen

Welche Bewegungs-/Spielidee(n) entwickelt das Kind?
Engagiert sich das Kind?

Die Kinder können versuchen, in Autoschläuchen (Boote) sitzend (liegend oder stehend) mit Schwimmsprossen (Paddel) auf dem Wasser zu „fahren".

Anregungen

- Die Kinder können im stehtiefen Wasser oder vom Beckenrand in ihre Boote springen (Wassertiefe beachten).
- Die Kinder können in und durch Autoschläuche tauchen.
- „Boot fahren" kann als Wettkampf gestaltet werden.
- ...

Nach: Durlach, F.-J. (1998). Erlebniswelt Wasser: Spielen, Gestalten, Schwimmen. Handreichungen zum Schwimmen mit Kindern im Vorschul- und Grundschulalter (2., völlig neu bearb. Aufl.). Schorndorf: Hofmann, S. 60.

Entdeckungsreise unter Wasser

Um in die Unterwasserwelt einzutauchen, können sich die Kinder z. B. an einem festen Gegenstand (Einstiegsleiter o. Ä.) zum Beckenboden hangeln und dabei durch Mund und Nase ausatmen (Blasen blubbern).

Anregungen

- Die Kinder können erproben, mit welchen Bewegungen sie zum Beckenboden gelangen.
- Die Kinder versuchen, sich auf den Boden zu setzen (hocken, legen etc.).
- Die Kinder bilden Paare, tauchen unter Wasser und versuchen, sich zu unterhalten (ein Lied zu singen etc.).
- Die Kinder zählen unter Wasser z. B. die Stufen der Einstiegsleiter.
- ...

Sich im Wasser etwas trauen
Vielfältige Bewegungsmöglichkeiten unter Wasser erfinden und nachvollziehen

Schwimmbad

Was wagt das Kind?
Mit welchen Bewegungsformen/Körperhaltungen experimentiert das Kind?

Nach: Durlach, F.-J. (1998). Erlebniswelt Wasser: Spielen, Gestalten, Schwimmen. Handreichungen zum Schwimmen mit Kindern im Vorschul- und Grundschulalter (2., völlig neu bearb. Aufl.). Schorndorf: Hofmann, S. 98.

Feuer, Wasser, Sturm

Sich mit dem Bewegungsraum Wasser vertraut machen, das Wasser als Spielraum nutzen
Sich im Wasser etwas trauen

Planschbecken
Schwimmbad

Schwimmbretter

Welche Bewegungs-/Spielidee(n) entwickelt das Kind? Engagiert sich das Kind?

Erzieherin und Kinder legen gemeinsam fest, welche Reaktion auf den Ruf „Feuer“, „Wasser“ bzw. „Sturm“ folgt. Z. B. Feuer: Die Kinder laufen (schwimmen etc.) zum Beckenrand. Sturm: Die Kinder tauchen unter. Wasser: Die Kinder halten sich an Gegenständen im Wasser (z. B. Schwimmbretter) fest.
Die Kinder bewegen sich im Wasser. Ertönt der Ruf „Feuer“, „Wasser“ oder „Sturm“, reagieren sie wie vereinbart.

Anregungen

- Andere akustische Signale können festgelegt werden.
- Statt der akustischen Signale können optische Signale (z. B. farbige Tücher) vereinbart werden.
- Die Kinder können die Bewegungsform variieren und z. B. Tiere darstellen.
- Es können weitere Ereignisse (z. B. Eis), entsprechende Signale und Reaktionen darauf vereinbart werden.
- ...

Nach: Krombholz, H. (1996). Spaß an Bewegung: Spiele mit Anleitungen für Kinder von 3 bis 8. München: Don-Bosco-Verlag, S. 78.

Fische fangen

Ein oder mehrere Fänger (Fischer) versuchen, die anderen Kinder (Fische) zu fangen. Die gefangenen Fische bleiben z. B. mit gegrätschten Beinen und erhobenen Armen stehen. Sie können befreit werden, indem Fische zwischen ihren Beinen hindurchtauchen.

Anregungen

- Die Kinder können die Bewegungsform variieren.
- Fische, die einen auf dem Wasser liegenden Gegenstand (z. B. Schwimmbrett) berühren, können nicht gefangen werden. Die Zahl der Spieler/innen, die gleichzeitig ein Brett berühren dürfen, kann festgelegt werden.
- Die gefangenen Kinder werden zu Fischern und helfen dem ersten Fischer beim Fangen.
- ...

Sich mit dem Bewegungsraum Wasser vertraut machen, das Wasser als Spielraum nutzen
Sich im Wasser etwas trauen

Planschbecken
Schwimmbad

Welche Bewegungs-/Spielidee(n) entwickelt das Kind? Fühlt sich das Kind wohl?

Haltet das Wasser sauber

Das Spielfeld wird durch eine über der Wasseroberfläche gespannte Zauberschnur o. Ä. geteilt. In jeder Spielfeldhälfte befindet sich die gleiche Anzahl an Bällen, Luftballons etc. Die Kinder bilden zwei Mannschaften und versuchen, das eigene Feld von den Bällen zu „säubern“, indem sie diese über die Zauberschnur in das andere Feld werfen. Gewonnen hat die Mannschaft, in deren Feld am wenigsten Bälle sind.

Anregungen

- Statt der Bälle können Tauchringe verwendet werden.
- ...

Sich mit dem Bewegungsraum Wasser vertraut machen, das Wasser als Spielraum nutzen

Schwimmbad

Bälle, Luftballons, Zauberschnur

Welche Bewegungs-/Spielidee(n) entwickelt das Kind? Engagiert sich das Kind?

Hasenfamilie

Zwei Kinder (Haseneltern) bewegen sich mit großen Sprüngen. Die anderen Kinder (Hasenkinder) hüpfen mit kleinen Sprüngen vor ihren Eltern davon.
Die Haseneltern versuchen, ihre Kinder einzufangen.
Die gefangenen Kinder werden zu Haseneltern.

Anregungen

- Die gefangenen Hasenkinder helfen den Haseneltern beim Fangen der „Geschwister".
- Die beiden zuletzt gefangenen Kinder werden Haseneltern.
- Die Hasenkinder werden erst nach einer vereinbarten Anzahl von Berührungen zu Haseneltern. Nach jeder Berührung wechseln sie die Hüpf- bzw. Sprungart (z. B. erste Berührung: rückwärts springen, zweite Berührung: auf einem Bein hüpfen etc.).
- ...

Sich mit dem Bewegungsraum Wasser vertraut machen, das Wasser als Spielraum nutzen

Planschbecken
Schwimmbad

Engagiert sich das Kind? Welche Bewegungs-/Spielidee(n) entwickelt das Kind?

Komm mit – lauf weg

Sich mit dem Bewegungsraum Wasser vertraut machen, das Wasser als Spielraum nutzen

Planschbecken
Schwimmbad

Fühlt sich das Kind wohl?
Welche Bewegungs-/Spielidee(n) entwickelt das Kind?

Mehrere Kinder bilden im Wasser einen Kreis. Ein Kind befindet sich außerhalb des Kreises und wählt ein Kind durch Antippen und den Zuruf „Komm mit“ oder „Lauf weg“ aus. Während die Aufforderung „Komm mit“ bedeutet, dem Kind eine Runde um den Kreis zu folgen, wird beim Ruf „Lauf weg“ die Gegenrichtung eingeschlagen. Das Kind, das zuerst den freien Platz erreicht, bleibt dort. Das zweite Kind fordert ein anderes Kind im Kreis zum Mitkommen oder Weglaufen auf.

Anregungen

- Die Kinder spielen entweder „Komm mit“ oder „Lauf weg“.
- Die Kinder können die Bewegungsform variieren.
- ...

Nach: Durlach, F.-J. (1998). Erlebniswelt Wasser: Spielen, Gestalten, Schwimmen. Handreichungen zum Schwimmen mit Kindern im Vorschul- und Grundschulalter (2., völlig neu bearb. Aufl.). Schorndorf: Hofmann, S. 77 f.

Qualle

Um die Wirkung des statischen Auftriebs (d. h. bewegungsloses Schweben) am eigenen Körper zu erfahren, können die Kinder versuchen, wie eine Qualle (in Hockschwebe: der Rücken ist rund, die Beine sind angehockt, die Hände umfassen die Unterschenkel) an der Wasseroberfläche gleichsam zu schweben.

Anregungen

- Die Kinder können verschiedene Quallenpositionen ausprobieren und erfahren, was geschieht.
- Die Kinder können sich auf ein Schwimmbrett (eine Schwimmsprosse, einen Ball etc.) legen und sich im Wasser treiben lassen.
- Die Kinder können mit dem Rücken im Wasser liegend ein Schwimmbrett mit beiden Händen fest an ihren Bauch drücken.
- ...

Sich mit dem Bewegungsraum Wasser vertraut machen, das Wasser als Spielraum nutzen
Sich im Wasser etwas trauen

Schwimmbad

Fühlt sich das Kind wohl?
Mit welchen Bewegungsformen/Körperhaltungen experimentiert das Kind?

Nach: Durlach, F.-J. (1998). Erlebniswelt Wasser: Spielen, Gestalten, Schwimmen. Handreichungen zum Schwimmen mit Kindern im Vorschul- und Grundschulalter (2., völlig neu bearb. Aufl.). Schorndorf: Hofmann, S. 101 f.

Schatzsucher

Sich im Wasser etwas trauen
Vielfältige Bewegungsmöglichkeiten unter Wasser erfinden und nachvollziehen

Schwimmbad

Münzen, Tauchringe

Was wagt das Kind? Welche Bewegungsform(en)/Körperhaltung(en) entwickelt das Kind?

Die Kinder (Schatzsucher) können in der Unterwasserwelt auf die Suche nach Schätzen (z. B. Tauchringe, Münzen) gehen und diese nach oben holen.

Anregungen

- Die Kinder bilden Paare. Die beiden Schatzsucher tauchen nach den Schätzen und verständigen sich unter Wasser mit einer vorher vereinbarten Geheimsprache.
- „Schatzsucher" kann als Wettkampf gestaltet werden.
- ...

Nach: Bleul-Gohlke, C. (2001). Prozessorientiertes Lernen im Anfängerschwimmunterricht. In H. Altenberger, et al. (Hrsg.), Im Sport lernen – mit Sport leben. 2. Kongress des Deutschen Sportlehrerverbandes an der Universität Augsburg. Augsburg: Ziel/Herold, S. 248 f.

Schwimmtiertransport

Die Kinder versuchen, ein Schwimmtier mit der Nase (der Stirn etc.) durch das Wasser zu transportieren.

Anregungen

- Die Kinder versuchen, das Schwimmtier durch Pusten zu bewegen.
- Die Kinder versuchen, so ins Wasser auszuatmen, dass es sprudelt und das Schwimmtier sich bewegt.
- „Schwimmtiertransport" kann als Wettkampf bzw. Staffel gestaltet werden.
- ...

Sich mit dem Bewegungsraum Wasser vertraut machen, das Wasser als Spielraum nutzen

Planschbecken
Schwimmbad

Schwimmtiere

Fühlt sich das Kind wohl?
Welche Bewegungs-/Spielidee(n) entwickelt das Kind?

Nach: Lehnert, G. & Lachmann, I. (1986). Sport und Spiel mit kleinen Leuten. Körperübungen für jeden Tag, auf dem Spielplatz, im Wasser, auf der Wiese, im Wald, wenn Schnee liegt. Berlin: Sportverlag, S. 195.

Sprungbälle

Sich im Wasser etwas trauen
Vielfältige Sprungmöglichkeiten erfinden und nachvollziehen

Schwimmbad

Bälle

Was wagt das Kind?
Mit welchen Bewegungsformen/Körperhaltungen experimentiert das Kind?

Die Kinder springen mit einem Ball ins Wasser und versuchen, diesen beim Eintauchen festzuhalten.

Anregungen

- Anzahl und Art der Bälle kann variiert werden.
- Die Kinder werfen einen Ball nach dem Abspringen im Flug weg z. B. nach vorn, hinten, oben etc.
- ...

Nach: Durlach, F.-J. (1998). Erlebniswelt Wasser: Spielen, Gestalten, Schwimmen. Handreichungen zum Schwimmen mit Kindern im Vorschul- und Grundschulalter (2., völlig neu bearb. Aufl.). Schorndorf: Hofmann, S. 91.

Sprungbretter

Die Kinder versuchen, über ein im Wasser liegendes Schwimmbrett zu springen.

Anregungen

- Die Kinder versuchen, auf das im Wasser liegende Schwimmbrett zu springen.
- „Sprungbretter“ kann als Wettkampf gestaltet werden.
- ...

Sich im Wasser etwas trauen
Vielfältige Sprungmöglichkeiten erfinden und nachvollziehen

Planschbecken
Schwimmbad

Schwimmbretter

Engagiert sich das Kind? Mit welchen Bewegungsformen/Körperhaltungen experimentiert das Kind?

Nach: Durlach, F.-J. (1998). Erlebniswelt Wasser: Spielen, Gestalten, Schwimmen. Handreichungen zum Schwimmen mit Kindern im Vorschul- und Grundschulalter (2., völlig neu bearb. Aufl.). Schorndorf: Hofmann, S. 90 f.

Surfbrett

Die Kinder liegen (sitzen etc.) auf einem Schwimmbrett (Surfbrett) und versuchen, sich mit Armen und/oder Beinen im Wasser vorwärts (rückwärts etc.) zu bewegen.

Anregungen

- Die Kinder bilden Paare. Jedes Kind sitzt (liegt etc.) auf einem Schwimmbrett. Durch Anfassen o. Ä. verbunden, bewegen sie sich gemeinsam durch das Wasser.
- Die Kinder bilden Paare. Ein Kind sitzt (liegt etc.) auf einem Schwimmbrett und lässt sich von dem anderen Kind durch das Wasser ziehen (schieben etc.).
- Die Kinder bilden auf Schwimmbrettern liegend (sitzend etc.) eine Schlange, die sich durch das Wasser bewegt.
- Die Kinder machen eine Surfbrett-Staffel.
- ...

Sich mit dem Bewegungsraum Wasser vertraut machen, das Wasser als Spielraum nutzen
Sich im Wasser etwas trauen

Planschbecken
Schwimmbad

Schwimmbretter

Fühlt sich das Kind wohl?
Mit welchen Bewegungsformen/Körperhaltungen experimentiert das Kind?

Nach: Durlach, F.-J. (1998). Erlebniswelt Wasser: Spielen, Gestalten, Schwimmen. Handreichungen zum Schwimmen mit Kindern im Vorschul- und Grundschulalter (2., völlig neu bearb. Aufl.). Schorndorf: Hofmann, S. 63 f.

Tag und Nacht

Die Kinder bilden zwei Mannschaften, die sich gegenüberstehen. Die eine Gruppe ist der Tag, die andere die Nacht. Ruft die Erzieherin oder ein Kind „Tag", versuchen die Kinder der Tag-Gruppe die Kinder der Nacht-Gruppe zu fangen. Haben die Kinder der Nacht-Gruppe einen vorher vereinbarten Ort erreicht, sind sie in Sicherheit. Die gefangenen Kinder wechseln zur Tag-Gruppe. Die Kinder stellen sich in ihren Mannschaften wieder gegenüber hin und reagieren auf den Ruf der Erzieherin oder eines Kindes.

Anregungen

- Die Kinder können die Bewegungsform variieren.
- Wird „Tag" gerufen, werden die Kinder der Tag-Gruppe gefangen.
- Statt des akustischen Signals kann ein optisches Signal (farbige Tücher, Zettel o. Ä.) gegeben werden.
- Die gejagten Kinder sind in Sicherheit, wenn sie z. B. auf dem Beckenrand sitzen.
- ...

Sich mit dem Bewegungsraum Wasser vertraut machen, das Wasser als Spielraum nutzen

Schwimmbad

Engagiert sich das Kind? Welche Bewegungs-/Spielidee(n) entwickelt das Kind?

Nach: Durlach, F.-J. (1998). Erlebniswelt Wasser: Spielen, Gestalten, Schwimmen. Handreichungen zum Schwimmen mit Kindern im Vorschul- und Grundschulalter (2., völlig neu bearb. Aufl.). Schorndorf: Hofmann, S. 77.

Unterwassertunnel

Sich im Wasser etwas trauen
Vielfältige Bewegungsmöglichkeiten unter Wasser erfinden und nachvollziehen

Schwimmbad

Was wagt das Kind?
Mit welchen Bewegungsformen/Körperhaltungen experimentiert das Kind?

Die Kinder bilden Paare. Ein Kind versucht, durch die gegrätschten Beine des Partners bzw. der Partnerin zu tauchen.

Anregungen

- Die Anzahl der Kinder, die den Unterwassertunnel bilden, kann variiert werden.
- Die Kinder versuchen durch Reifen, die unter Wasser gehalten werden, zu tauchen.
- ...

Wasserbewohner

Die Kinder stellen Wasserbewohner (Delphin, Nilpferd, Fisch etc.) dar und bewegen sich entsprechend im und/oder unter Wasser.

Anregungen

- Alle Kinder stellen den gleichen Wasserbewohner dar und versuchen, z. B. so lange wie möglich unter Wasser zu bleiben, möglichst weit zu tauchen etc.
- Die Kinder versuchen zu erraten, welche Wasserbewohner andere Kinder darstellen.
- Die Wasserbewohner können Sprünge in das Wasser machen.
- ...

Sich im Wasser etwas trauen
Bewegungen im Wasser gestalten

Schwimmbad

Welche Bewegungs-/Spielidee(n) entwickelt das Kind? Engagiert sich das Kind?

Wassergleiter

Sich mit dem Bewegungsraum Wasser vertraut machen, das Wasser als Spielraum nutzen
Bewegungen im Wasser gestalten

Schwimmbad

Schwimmbretter

Fühlt sich das Kind wohl?
Mit welchen Bewegungsformen/Körperhaltungen experimentiert das Kind?

Die Kinder bilden Paare. Ein Kind hält sich mit gestreckten Armen an einem Schwimmbrett fest und wird daran von dem anderen Kind durch das Wasser gezogen.

Anregungen

- Die Kinder versuchen, sich mit den Beinen von der Beckenwand abzustoßen und durch das Wasser zu gleiten.
- Die Kinder halten mit gestreckten Armen ein Schwimmbrett und gleiten nach dem Abstoß von der Beckenwand damit durch das Wasser.
- Die Kinder können alleine (zu zweit, zu dritt etc.) Wassergleiter-Kunststücke erfinden.
- ...

Nach: Lehnert, G. & Lachmann, I. (1986). Sport und Spiel mit kleinen Leuten. Körperübungen für jeden Tag, auf dem Spielplatz, im Wasser, auf der Wiese, im Wald, wenn Schnee liegt. Berlin: Sportverlag, S. 197f.

Wasserschlange

Die Kinder bilden Paare (Wasserschlange) und bewegen sich (angefasst) im Wasser.

Anregungen

- Eine Wasserschlange macht Bewegungen vor. Eine andere macht die Bewegungen wie ein Schatten oder wie ein Spiegelbild nach.
- Ein Paar fängt die anderen Wasserschlangen. Das zuerst/zuletzt bzw. gar nicht gefangene Paar wird neue Fänger-Wasserschlange.
- Alle Kinder bilden eine Riesenwasserschlange und bewegen sich gemeinsam im Wasser.
- ...

Sich mit dem Bewegungsraum Wasser vertraut machen,
das Wasser als Spielraum nutzen
Bewegungen im Wasser gestalten

Planschbecken
Schwimmbad

Engagiert sich das Kind?
Welche Bewegungsgestaltung(en) entwickelt das Kind?

Nach: Durlach, F.-J. (1998). Erlebniswelt Wasser: Spielen, Gestalten, Schwimmen. Handreichungen zum Schwimmen mit Kindern im Vorschul- und Grundschulalter (2., völlig neu bearb. Aufl.). Schorndorf: Hofmann, S. 54.

Wassersprünge

Sich im Wasser etwas trauen
Vielfältige Sprungmöglichkeiten erfinden und nachvollziehen

Schwimmbad

Was wagt das Kind?
Mit welchen Bewegungsformen/Körperhaltungen experimentiert das Kind?

Die Kinder sitzen am Beckenrand und lassen sich seitlich ins Wasser fallen.

Anregungen

- Zwei Kinder sitzen hintereinander. Das hintere Kind legt seine Hände auf die Schultern des vorderen Kindes. Auf ein vereinbartes Signal lässt sich das hintere Kind seitlich ins Wasser fallen und zieht das vordere Kind mit.
- Die Kinder versuchen, mit oder ohne Anlauf vom Beckenrand ins Wasser zu springen.
- Die Kinder können versuchen, sich im Flug zu drehen bzw. hoch oder weit zu springen etc.
- Die Kinder können zu zweit Sprünge erfinden.
- ...

Nach: Durlach, F.-J. (1998). Erlebniswelt Wasser: Spielen, Gestalten, Schwimmen. Handreichungen zum Schwimmen mit Kindern im Vorschul- und Grundschulalter (2., völlig neu bearb. Aufl.). Schorndorf: Hofmann, S. 89.

Wassertanz

Die Kinder bewegen sich zur Musik im Wasser.

Anregungen

- Die Kinder können Materialien einbeziehen (z. B. Luftballons).
- Die Kinder erfinden alleine (zu zweit, zu dritt etc.) einen Tanz im Wasser.
- ...

Bewegungen im Wasser gestalten

Planschbecken
Schwimmbad

Musik

Welche Bewegungsgestaltung(en) entwickelt das Kind?
Engagiert sich das Kind?

Wer hat Angst vor dem weißen Hai?

Sich mit dem Bewegungsraum Wasser vertraut machen, das Wasser als Spielraum nutzen

Schwimmbad

Engagiert sich das Kind? Welche Bewegungs-/Spielidee(n) entwickelt das Kind?

Ein Fänger (weißer Hai) steht den Kindern (Fischen) auf der anderen Seite des Schwimmbeckens gegenüber.
Der Hai fragt: „Wer hat Angst vor dem weißen Hai?"
Die Fische antworten: „Niemand."
Der Hai fragt: „Und wenn ich komme?"
Die Fische antworten: „Dann schwimmen wir davon."

Hai und Fische bewegen sich in der vereinbarten Bewegungsform. Die Fische versuchen, die andere Seite zu erreichen. Der Hai versucht, Fische zu fangen. Die gefangenen Fische werden zu Haien. Das zuletzt bzw. gar nicht gefangene Kind wird neuer Hai.

Anregungen

- Gefangene Kinder bleiben stehen. Sie werden Helfer des weißen Hais (z. B. Kraken).
- Das zuerst gefangene Kind wird neuer Hai.
- Die Anzahl der Haie kann variiert werden.
- Die Haie fangen paarweise (als „Kette" etc.).
- Die Kinder können die Bewegungsform variieren.
- ...

Nach: Durlach, F.-J. (1998). Erlebniswelt Wasser: Spielen, Gestalten, Schwimmen. Handreichungen zum Schwimmen mit Kindern im Vorschul- und Grundschulalter (2., völlig neu bearb. Aufl.). Schorndorf: Hofmann, S. 76.

Zwillingstaucher

Die Kinder bilden Paare. Ein Kind macht Bewegungen unter Wasser vor, das andere Kind versucht, die Bewegungen nachzumachen.

Anregungen

- Die Zwillingstaucher gehen unter Wasser auf die Suche nach wertvollen Gegenständen (z. B. Tauchringe, Münzen), wobei sie vorher vereinbarte Bewegungen ausprobieren.
- Die Zwillingstaucher versuchen, gemeinsam ein vorher vereinbartes Tauchziel (weit, tief, bestimmte Anzahl an Tauchringen sammeln etc.) zu erreichen.
- ...

Sich im Wasser etwas trauen
Vielfältige Bewegungsmöglichkeiten unter Wasser erfinden und nachvollziehen

Schwimmbad

Mit welchen Bewegungsformen/Körperhaltungen experimentiert das Kind? Wofür interessiert sich das Kind?

Literatur

Amrhein, F. (2004). Lustvolle Integration der Sinne – die Bedeutung der Musik für die Bewegungserziehung. In R. Zimmer & I. Hunger (Hrsg.), Wahrnehmen – Bewegen – Lernen. Kindheit in Bewegung (S. 202–206). Schorndorf: Hofmann.

Autorenkollektiv unter der Leitung von Dr. W. Knappe (1967). 40 Turnstunden für die 1. und 2. Klasse. Berlin: Volk und Wissen.

Ayres, A. J. (2002). Bausteine der kindlichen Entwicklung. Die Bedeutung der Integration der Sinne für die kindliche Entwicklung (4. Aufl.). Berlin & Heidelberg: Springer.

Balz, E. & Kuhlmann, D. (2003). Sportpädagogik. Ein Lehrbuch in 14 Lektionen. Aachen: Meyer & Meyer.

Balz, E. & Neumann, P. (1999). Erziehender Sportunterricht. In W. Günzel & R. Laging (Hrsg.), Neues Taschenbuch des Sportunterrichts. Band 1: Grundlagen und Pädagogische Orientierungen (S. 162–192). Baltmannsweiler: Schneider.

Baumann, K., Butte, A., Giar, F., Sladeczek, B. M. & Stündl, H. (2001). Rollen – Fahren – Gleiten lernen in der Grundschule. Wiesbaden: Hessisches Institut für Bildungsplanung und Schulentwicklung (HIBS).

Beckmann, H. (2001). Wahrnehmen und Reagieren auf rollendem Gerät. In R. Zimmer & I. Hunger (Hrsg.), Kindheit in Bewegung (S. 175–180). Schorndorf: Hofmann.

Beudels, W., Lensing-Conrady, R. & Beins, H. J. (2003). ... das ist für mich ein Kinderspiel. Handbuch zur psychomotorischen Praxis (9. Aufl.). Dortmund: borgmann.

Bischoff, K. (1999). Vorschul-, Elementarbereich: Koordinationsschulung, Rhythmik, Spiele, Entspannung, Bewegungskünste. In K. Bös & N. Schott (Hrsg.), Kinder brauchen Bewegung – leben mit Turnen, Sport, Spiel. Bericht vom Kongreß der rheinland-pfälzischen Turnverbände vom 12.–14. November 1998 in Worms (S. 94–97). Hamburg: Czwalina.

Bleul-Gohlke, C. (2001). Prozessorientiertes Lernen im Anfängerschwimmunterricht. In H. Altenberger, Hecht, S., Osterhelt, V., Scholz, M. & Weitl, M. (Hrsg.), Im Sport lernen – mit Sport leben. 2. Kongress des Deutschen Sportlehrerverbandes an der Universität Augsburg (S. 241–250). Augsburg: Ziel/Herold.

Bös, K. (2003). Motorische Leistungsfähigkeit von Kindern und Jugendlichen. In W. Schmidt, I. Hartmann-Tews & W.-D. Brettschneider (Hrsg.), Erster Deutscher Kinder- und Jugendsportbericht (S. 85–107). Schorndorf: Hofmann.

Bös, K. & Brehm, W. (1998). Gesundheitssport. Ein Handbuch. Schorndorf: Hofmann.

Bräutigam, M. (2003). Sportdidaktik. Ein Lehrbuch in 12 Lektionen. Aachen: Meyer & Meyer.

Bredenbeck, U. (2004). Die Kleine Musikschule. Unveröff. Arbeitspapier. Altenbeken.

Brockhorst, A. (1992). Bewegungslandschaften. In R. Zimmer & H. Cicurs (Hrsg.), Kinder brauchen Bewegung – brauchen Kinder Sport? Referate, Berichte und Beiträge zur Praxis vom Kongreß „Kinder brauchen Bewegung – brauchen Kinder Sport?“ vom 21.–23.02.1991 in Osnabrück (S. 60–62). Aachen: Meyer & Meyer.

Bucher, W. (Hrsg.). (1997). 1000 Spiel- und Übungsformen zum Aufwärmen (8., unveränd. Aufl.). Schorndorf: Hofmann.

Bücken, H. (1991). Kimspiele: Spiele zum Sehen, Schmecken, Riechen, Tasten, Hören und Denken (3. Aufl.). München: Hugendubel.

Cristian, M. (1991). Vom Spielen zum Tanzen. Wiesbaden: Hessisches Institut für Bildungsplanung und Schulentwicklung (HIBS).

Cristian, M. (1997). „Tanzprojekte in der Grundschule“. Wiesbaden: Hessisches Institut für Bildungsplanung und Schulentwicklung (HIBS).

Duncker, L. (2004). Mehrperspektivität als didaktisches Prinzip – Grundlagen und Begründungen aus erziehungswissenschaftlicher Sicht. In P. Neumann & E. Balz (Hrsg.), Mehrperspektivischer Sportunterricht. Orientierungen und Beispiele (S. 20–33). Schorndorf: Hofmann.

Durlach, F.-J. (1998). Erlebniswelt Wasser. Spielen, Gestalten, Schwimmen. Handreichungen zum Schwimmen mit Kindern im Vorschul- und Grundschulalter (2., völlig neu bearb. Aufl.). Schorndorf: Hofmann.

Frank, G. & Eckers, B. (2001). Bewegungsförderung für Kinder. Eine Übungssammlung mit Alltagsmaterialien und Kleingeräten (3., korr. u. erw. Aufl.). Wiebelsheim: Limpert.

Funke-Wieneke, J. (1992). Ringen und Raufen. In R. Zimmer & H. Cicurs (Hrsg.), Kinder brauchen Bewegung – brauchen Kinder Sport? Referate, Berichte und Beiträge zur Praxis vom Kongreß „Kinder brauchen Bewegung – brauchen Kinder Sport?“ vom 21.–23.02.1991 in Osnabrück (S. 66–70). Aachen: Meyer & Meyer.

Grude, U. & Preuss, S. (1995). Kindgerechte Bewegungsförderung. Bewegungserziehung in Kindergarten, Grundschule, Verein und Heim unter Verwendung von Großgeräten und Gerätelandschaften. Hamburg: Czwalina.

Hartmann, J. (1987). 100 kleine Zweikampfübungen (4. Aufl.). Berlin: Sportverlag.

Hartmann, W., Stoll, M., Christé, N. & Hajszan, M. (2000). Bildungsqualität im Kindergarten. Transaktionale Prozesse, Methoden, Modelle. Wien: öbv & hpt.

Heck, A. (2002). Themen der Kinder. Bildungsprozesse der Wahrnehmung und Bewegung. In H.-J. Laewen & B. Andres (Hrsg.), Forscher, Künstler, Konstruk-

teure. Werkstattbuch zum Bildungsauftrag von Kindertageseinrichtungen (S. 88–99). Weinheim u. a.: Beltz.
Heim, R. (2002). Sportpädagogische Kindheitsforschung – Bilanz und Perspektiven. Sportwissenschaft, 32 (3), 284–302.
Heim, R. & Stucke, C. (2003). Körperliche Aktivitäten und kindliche Entwicklung – Zusammenhänge und Effekte. In W. Schmidt, I. Hartmann-Tews & W.-D. Brettschneider (Hrsg.), Erster Deutscher Kinder- und Jugendsportbericht (S. 127–144). Schorndorf: Hofmann.
Hengstenberg, E. (2002). Entfaltungen. Bilder und Schilderungen aus meiner Arbeit (3. Aufl.). Freiamt: Arbor-Verlag.
Hildebrandt, R. (1999). Erfahrungsoffenes Lernen im Wasser. In B. Heinz & R. Laging (Hrsg.), Bewegungslernen in Erziehung und Bildung. Tagung der dvs-Sektion Sportpädagogik vom 11.–13.6.1998 in Magdeburg (S. 255–262). Hamburg: Czwalina.
Hölling, H. & Schlack, R. (2007). Essstörungen im Kindes- und Jugendalter. Erste Ergebnisse aus dem Kinder- und Jugendgesundheitssurvey (KIGGS). Bundesgesundheitsblatt – Gesundheitsforschung – Gesundheitsschutz, 50, 794–799.
Institut für Sportwissenschaft der Universität Wien (2003). Video „Mehr Sicherheit durch mehr Bewegung. Bewegungsförderung im Kindergarten".
Jordan, R. (1999). Schulung von Grundfertigkeiten. In K. Bös & N. Schott (Hrsg.), Kinder brauchen Bewegung – leben mit Turnen, Sport, Spiel. Bericht vom Kongreß der rheinland-pfälzischen Turnverbände vom 12.–14. November 1998 in Worms (S. 135–138). Hamburg: Czwalina.
Kazemi-Veisari, E. (1996). Offene Planung im Kindergarten. Ideen und Hilfe. Freiburg i. Br.: Herder.
Knauf, T. (2005). Reggio-Pädagogik: kind- und bildungsorientiert. Kindergartenpädagogik – Online-Handbuch, 85 Absätze. Letzter Zugriff am 30.08.2008 unter http://www.kindergartenpaedagogik.de/1138.html
Köckenberger, H. (1996). Bewegungsräume. Entwicklungs- und kindorientierte Bewegungserziehung. Dortmund: borgmann.
Köckenberger, H. (1997). Bewegtes Lernen. Lesen, schreiben, rechnen lernen mit dem ganzen Körper. „Die Chefstunde" (2. Aufl.). Dortmund: borgmann.
Kottmann, L. & Küpper, D. (1999). Gesundheitserziehung. In W. Günzel & R. Laging (Hrsg.), Neues Taschenbuch des Sportunterrichts. Band 1: Grundlagen und Pädagogische Orientierungen (S. 235–252). Baltmannsweiler: Schneider.
Kramm-Rettberg, C. M. (1999). Was machen wir jetzt? Kreative Spielideen. In K. Bös & N. Schott (Hrsg.), Kinder brauchen Bewegung – leben mit Turnen, Sport, Spiel. Bericht vom Kongreß der rheinland-pfälzischen Turnverbände vom 12.–14. November 1998 in Worms (S. 112–115). Hamburg: Czwalina.

Krawietz, A., Hörsch, H., Steiert, C. & Schulz-Algie, S. (2003). Von Hexen, Schiffen und Karotten – Mehr Bewegung in den Kindergarten. Tipps 12. Frankfurt a. M.: Sportjugend Hessen.

Krawietz, A., Krawietz, C. & Rohr, M. (2003). Bewegung Kunterbunt. Spiel und Sport für behinderte und nichtbehinderte Kinder. Tipps 5 (15. Aufl.). Frankfurt a. M.: Sportjugend Hessen.

Krawietz, A., Krawietz, C., Rohr, M. & Schröder, F. P. (2003). Heut' bin ich Pirat! Konzepte und Praxisideen für Bewegungsangebote im Kindergarten, Tipps 10 (5. Aufl.). Frankfurt a. M.: Sportjugend Hessen.

Krombholz, H. (1996). Spaß an Bewegung: Spiele mit Anleitungen für Kinder von 3 bis 8. München: Don-Bosco-Verlag.

Kultusminister der Länder der Bundesrepublik Deutschland & Deutscher Sportbund (Hrsg.). (1968). Die tägliche Bewegungszeit. Eine Fibel für den Unterricht im 1. und 2. Schuljahr. Frankfurt a. M.: Deutscher Sportbund.

Kunz, T. (1993). Weniger Unfälle durch Bewegung. Mit Bewegungsspielen gegen Unfälle und Gesundheitsschäden bei Kindergartenkindern. Schorndorf: Hofmann.

Kurz, D. (1977). Elemente des Schulsports. Schorndorf: Hofmann.

Laewen, H.-J. & Andres, B. (2002a). Arbeitsblatt 2. Erziehung als Gestaltung der Umwelt. Räume und komplexe Erfahrungen. In H.-J. Laewen & B. Andres (Hrsg.), Forscher, Künstler, Konstrukteure. Werkstattbuch zum Bildungsauftrag von Kindertageseinrichtungen (S. 114–123). Weinheim u. a.: Beltz.

Laewen, H.-J. & Andres, B. (2002b). Arbeitsblatt 3. Erziehung als gestaltete Interaktion I. Den Kindern Themen zumuten. In H.-J. Laewen & B. Andres (Hrsg.), Forscher, Künstler, Konstrukteure. Werkstattbuch zum Bildungsauftrag von Kindertageseinrichtungen (S. 124–138). Weinheim u. a.: Beltz.

Laewen, H.-J. & Andres, B. (2002c). Arbeitsblatt 4. Erziehung als gestaltete Interaktion II. Die Themen der Kinder beantworten. In H.-J. Laewen & B. Andres (Hrsg.), Forscher, Künstler, Konstrukteure. Werkstattbuch zum Bildungsauftrag von Kindertageseinrichtungen (S. 139–147). Weinheim u. a.: Beltz.

Laewen, H.-J. & Andres, B. (2002d). Arbeitsblatt 7. Beobachtung und fachlicher Diskurs. In H.-J. Laewen & B. Andres (Hrsg.), Forscher, Künstler, Konstrukteure. Werkstattbuch zum Bildungsauftrag von Kindertageseinrichtungen (S. 177–189). Weinheim u. a.: Beltz.

Lause, R. (1999). Bewegen im Wasser. Konkrete Praxisvorschläge für den Schwimmunterricht in der Primarstufe. Dortmund: borgmann.

Lehnert, G. & Lachmann, I. (1986). Sport und Spiel mit kleinen Leuten. Körperübungen für jeden Tag, auf dem Spielplatz, im Wasser, auf der Wiese, im Wald, wenn Schnee liegt. Berlin: Sportverlag.

Miedzinski, K. (1996). Die Bewegungsbaustelle. Kinder bauen ihre Bewegungsanlässe selbst (7., erw. Aufl.). Dortmund: verlag modernes lernen.

Montessori, M. (1992). Kinder sind anders (Neuauflage. Aufl.). München: dtv.
Mosebach, U. (2001). Kämpfen und Raufen – Effekte für Bildung und Bewegung. In R. Prohl (Hrsg.), Bildung & Bewegung. Jahrestagung der dvs-Sektion Sportpädagogik vom 22.–24.6.2000 in Frankfurt/Main (S. 338–340). Hamburg: Czwalina.
Neumann, P. (1998). Das Wagnis im Sport. Grundlagen und pädagogische Folgerungen. Schorndorf: Hofmann.
Neumann, P. (2004). Erziehender Sportunterricht. Grundlagen und Perspektiven. Baltmannsweiler: Schneider.
Nickel, F. U. (2003). Bewegen, Spielen, Darstellen. Schorndorf: Hofmann.
Piaget, J. (1959/1991). Das Erwachen der Intelligenz beim Kinde. Stuttgart: Klett-Cotta.
Quast, M. (1999). Körpererfahrung in Bewegungsgeschichten für Kinder im Vorschulalter. In K. Bös & N. Schott (Hrsg.), Kinder brauchen Bewegung – leben mit Turnen, Sport, Spiel. Bericht vom Kongreß der rheinland-pfälzischen Turnverbände vom 12.–14. November 1998 in Worms (S. 107–110). Hamburg: Czwalina.
Schäfer, G. E. (2003). Was ist frühkindliche Bildung? In G. E. Schäfer (Hrsg.), Bildung beginnt mit der Geburt. Ein offener Bildungsplan für Kindertageseinrichtungen in Nordrhein-Westfalen (S. 10–42). Weinheim u. a.: Beltz.
Schaffner, K. (2002a). Auf deinem Rücken tut sich was ... Rückenwahrnehmungsspiele für Kinder im Alter von zwei bis acht Jahren. Celle: Pohl.
Schaffner, K. (2002b). Bewegen, Spielen und Tanzen für Kinder von drei bis acht Jahren (5., veränd. Aufl.). Celle: Pohl.
Scherler, K. (1975). Sensomotorische Entwicklung und materiale Erfahrung. Schorndorf: Hofmann.
Schmidt, W. (1998). Sportpädagogik des Kindesalters. Hamburg: Czwalina.
Schmidt, W. (2003). Kindersport im Wandel der Zeit. In W. Schmidt, I. Hartmann-Tews & W.-D. Brettschneider (Hrsg.), Erster Deutscher Kinder- und Jugendsportbericht (S. 109–126). Schorndorf: Hofmann.
Seiffge-Krenke, I. (2002). Gesundheit als aktiver Gestaltungsprozess im menschlichen Lebenslauf. In R. Oerter & L. Montada (Hrsg.), Entwicklungspsychologie (S. 833–846). Weinheim u. a.: Beltz.
Sladeczek, B.-M. (1993). Laufen-Springen-Werfen-Lernen. Wiesbaden: Hessisches Institut für Bildungsplanung und Schulentwicklung (HIBS).
Stein, G. (2002). Kleinkinderturnen ganz groß. Drei- bis siebenjährige Kinder erleben Bewegung und Spiel in Verein, Grundschule und Kindergarten (7., überarb. Aufl.). Aachen: Meyer & Meyer.
von der Beek, A., Buck, M. & Rufenach, A. (2001). Kinderräume bilden. Ein Ideenbuch für Raumgestaltung in Kitas. Neuwied u. a.: Luchterhand.

von der Beek, A., Fuchs, R., Schäfer, G. E. & Strätz, R. (2003). Schlussfolgerungen für die Gestaltung von Bildungsprozessen in Kindertagesstätten. In G. E. Schäfer (Hrsg.), Bildung beginnt mit der Geburt. Ein offener Bildungsplan für Kindertageseinrichtungen in Nordrhein-Westfalen (S. 103–139). Weinheim u. a.: Beltz.

von Hentig, H. (2004). Bildung. Ein Essay (5., akt. Aufl.). Weinheim: Beltz.

Zimmer, R. (1981). Motorik und Persönlichkeitsentwicklung bei Kindern. Eine empirische Studie zur Bedeutung der Bewegung für die kindliche Entwicklung. Schorndorf: Hofmann.

Zimmer, R. (1995). Schafft die Stühle ab! Bewegungsspiele für Kinder. Freiburg i. Br.: Herder.

Zimmer, R. (2001). Bewegungserziehung im Kindergarten. Rahmenkonzeption zur Integration von Spiel und Bewegung im Alltag von Kindertageseinrichtungen. Broschüre hrsg. vom Ministerium für Frauen, Jugend, Familie und Gesundheit des Landes Nordrhein-Westfalen (2. Aufl.). Düsseldorf.

Zimmer, R. (2003a). Handbuch der Bewegungserziehung. Didaktisch-methodische Grundlagen und Ideen für die Praxis (13. Aufl.). Freiburg i. Br.: Herder.

Zimmer, R. (2003b). Handbuch der Sinneswahrnehmung. Grundlagen einer ganzheitlichen Erziehung (11. Aufl.). Freiburg i. Br.: Herder.

Anhang Beobachtungsbogen

Beobachtungsbogen Nr.:	Datum:
Name des Kindes:	
Beginn der Beobachtung:	Ende der Beobachtung:
Beobachterin:	

Beobachtungssituation

Das Kind wird in einer Situation beobachtet, die
- ❑ von der Erzieherin initiiert wurde.
- ❑ vom Kind initiiert wurde.

Beschreibung der Ausgangslage:

Handlungsverlauf (Was geschieht? Was macht, sagt das Kind?):

Beobachtungsbogen Nr.:	Datum:
Name des Kindes:	
Beginn der Beobachtung:	Ende der Beobachtung:
Beobachterin:	

Selbstreflexion der Beobachterin:

- Was macht die Situation mit mir?
- Welche Reaktion(en) wird/werden in mir hervorgerufen (emotional, körperlich)?
- Was berührt mich, löst Bilder, Erinnerungen, Gedanken, Ideen o. Ä. aus?

Beobachtungsbogen Nr.:	Datum:
Name des Kindes:	
Beginn der Beobachtung:	Ende der Beobachtung:
Beobachterin:	

Perspektivenübernahme der Beobachterin:

- Wie fühlt sich das Kind aus meiner Sicht? Woran erkenne ich das?
- Engagiert sich das Kind aus meiner Sicht? Woran erkenne ich das?
- Wofür interessiert sich das Kind aus meiner Sicht? Woran erkenne ich das?
- Wie teilt sich das Kind mit? Wie drückt sich das Kind aus?
- Welche Bedeutung hat die Situation für das Kind aus meiner Sicht?

Beobachtungsbogen Nr.:	Datum:
Name des Kindes:	
Beginn der Beobachtung:	Ende der Beobachtung:
Beobachterin:	

Reflexion mit Kolleginnen – Überlegungen, Erkenntnisse, weiterführende Fragen

- Welche Schlüsse ziehen wir intuitiv aus der Beobachtung?
- Welche fachlich begründeten Schlüsse ziehen wir aus der Beobachtung?
- Welches Thema interessiert/welche Themen interessieren das Kind aus unserer Sicht?
- Welches Thema interessiert/welche Themen interessieren das Kind aus Sicht des Kindes?

- Welche Schlussfolgerungen ziehe ich/ziehen wir für mein/unser pädagogisches Handeln (z. B. hinsichtlich sozialer Erfahrungen, räumlicher, zeitlicher und/oder materieller Bedingungen)?
- Braucht das Kind neue/andere Herausforderungen oder Unterstützung?

- Welche Fragen ergeben sich für mich/uns aus der Beobachtung?
- Worauf möchte ich/möchten wir bei der nächsten Beobachtung besonders achten?